本书为安徽师范大学博士科研启动基金项目"城市群协调发展问题研究：基于纵向府际整合治理的视角"研究成果，是芜湖市社会治理研究院学术论丛系列研究成果之一。

城市群协调发展问题研究：基于纵向府际整合治理的视角

陈鹏　著

CHENGSHIQUN XIETIAO FAZHAN WENTI YANJIU

JIYU ZONGXIAGN FUJI ZHENGHE ZHILI DE SHIJIAO

武汉大学出版社

图书在版编目(CIP)数据

城市群协调发展问题研究:基于纵向府际整合治理的视角/陈鹏
著.—武汉:武汉大学出版社,2023.10
ISBN 978-7-307-23771-1

Ⅰ.城…　Ⅱ.陈…　Ⅲ.城市群—协调发展—研究—中国
Ⅳ.F299.21

中国国家版本馆 CIP 数据核字(2023)第 096311 号

责任编辑:陈　帆　　责任校对:鄢春梅　　版式设计:韩闻锦

出版发行:**武汉大学出版社**　(430072　武昌　珞珈山)
（电子邮箱:cbs22@whu.edu.cn　网址:www.wdp.whu.edu.cn）
印刷:武汉邮科印务有限公司
开本:720×1000　1/16　印张:18　字数:256 千字　插页:1
版次:2023 年 10 月第 1 版　　2023 年 10 月第 1 次印刷
ISBN 978-7-307-23771-1　　定价:76.00 元

目　　录

导　　论

一、研究背景和研究意义

(一) 研究背景

我国的城镇化进程虽起步较晚，但发展速度非常快。诺贝尔经济学奖获得者、美国著名经济学家斯蒂格利茨曾指出，"美国的高科技和中国的城市化将是影响 21 世纪人类社会进程的两大课题"[①]。改革开放以来，在快速推进的工业化进程的驱动下，我国的城镇化率不断提高，城市和建制镇的数量不断增加。截至 2018 年底，我国以城镇常住人口为标准统计的城镇化率达到了 59.58%，城市的数量由 1978 年的 193 个增加到 2018 年的 672 个，建制镇的数量由 1978 年的 2000 个左右增加到 2018 年的 21297 个。[②] 伴随城镇化进程的快速推进，城市群开始在我国出现，并逐渐成为我国城镇化的主体形态。"城市群是工业化和城镇化发展到高级阶段的产物，也是都市区和都市圈发展到高级阶段的产物，是指在特定地域范围内，以 1 个以上特大城市为核心，由至少 3 个以上大城市为构成单元，依托发达的交通通信等基础设施网络，所形成的空间组织紧凑、经济联系紧密，并最终实现高度同城化和高度一体化的城

[①]　吴良镛、吴唯佳、武廷海：《论世界与中国城市化的大趋势和江苏省城市化道路》，载《科技导报》2003 年第 9 期。

[②]　张学良、杨朝远：《发挥中心城市和城市群在区域协调发展中的带动引领作用》，载《光明日报》2020 年 1 月 14 日，第 11 版。

市群体。"①按照城市群是否跨越省级行政区域，可以将城市群分为跨省域城市群和省域内城市群两种类型。

城市群的出现及其快速发展，推动着我国经济发展空间结构发生着深刻变革，中心城市和城市群正逐渐成为承载发展要素的主要空间形式，以中心城市引领城市群发展、以城市群带动区域发展已经成为我国区域发展的新模式。《国家新型城镇化规划（2014—2020 年）》指出，城市群是我国推进城镇化的主体形态，要以城市群为主要平台，推动跨区域城市间产业分工、基础设施、环境治理等协调联动。2017 年，党的十九大提出要实施区域协调发展战略，要以城市群为主体构建大中小城市和小城镇协调发展的城镇格局。目前，以长江三角洲城市群、京津冀城市群、粤港澳大湾区城市群和长江中游城市群等为代表的城市群在我国国民经济和社会发展中的重要性和影响力正不断提升。截至 2017 年底，我国长三角、京津冀和珠三角三大城市群的 GDP 总和占全国的比重为 38.86%，三大城市群的人口总和占全国的比重为 23.5%。② 不过，在看到我国的城市群从无到有、快速发展的同时，我们也要注意到我国城市群在协调发展上仍然存在一些问题，不同区域城市群之间的发展差距相对较大，中西部地区城市群内部各地区之间发展不平衡的问题较为突出，城市群产业布局不合理和地区间低水平同质化竞争问题日渐凸显，推动城市群协调发展的机制还不尽完善。城市群协调发展困境不仅制约了我国城市群协调发展水平的提升，而且也给区域协调发展目标的实现带来了一定的影响。探寻城市群协调发展困境的生成逻辑并通过相应的治理路径来加以化解，进而不断提升城市群协调发展的水平，已经成为当前我国城市群发展和城市群治理所面临的重要任务。

政府和市场是推动城市群发展的两大动力，府际关系是影响城市群协调发展水平的重要因素，而府际关系的实质是政府间的权力配置和利

① 方创琳：《中国城市群研究取得的重要进展与未来发展方向》，载《地理学报》2014 年第 8 期。
② 徐鹏程、叶振宇：《新中国 70 年城市群发展的回顾与展望》，载《发展研究》2019 年第 11 期。

益分配关系。① 央地之间的事权配置结构和财权划分格局会对地方政府的决策权限、决策动机和行为策略产生深刻的影响，并由此塑造出特定的地方政府间关系格局，进而影响到城市群协调发展的水平。因此，我们在充分发挥市场在城市群内部资源配置中的决定性作用的同时，也需要协调好城市群内部各地方政府之间的关系，以及城市群上级政府与城市群内部各地方政府之间的关系，充分发挥城市群内部各地方政府和城市群上级政府在推动城市群协调发展上的重要作用。造成当前我国城市群协调发展困境的原因，除了与不同区域的城市群和城市群内部的不同地区各自所处的地理区位及其所拥有的自然资源禀赋存在一定的差异有关外，也与 20 世纪 90 年代以来由中央政府主导实施的行政分权改革和财政分权改革所引发的地方政府间关系格局的深刻变革、纵向政府间基本公共服务事权配置的不合理以及城市群上级政府在推动城市群协调发展上的统筹力度不足等因素密切相关。"自上世纪 90 年代以来，中国开展了行政权力下放和财税体制改革。随着中央行政权力逐渐向地方政府下放，地方政府逐渐拥有制定地方经济发展规划和配置资源的权力；财政制度改革使地方政府成为相对独立的利益主体，具备了相对独立的行政决策权，这就为地方政府间竞争提供了制度条件"②，同时也给地区间政策壁垒的形成和无序竞争问题的出现埋下了隐忧。中央政府实施的行政分权改革和财政分权改革，有助于充分激发地方政府发展经济的主动性、积极性和创造性，进而为我国经济在较长时期内保持高速增长提供了强大的动力支撑。但同时，伴随经济社会管理权限和财政管理权限的日渐增多，以及以经济增长速度为核心指标的政绩评价标准的确立，地方政府不仅拥有了制造政策壁垒和开展无序竞争的能力，还拥有了制造政策壁垒和开展无序竞争的强烈动机，驱动着行政区经济格局的形成。城市群内部地区间政策壁垒和无序竞争问题的存在，阻碍了人口

---

① 谢庆奎：《中国政府的府际关系研究》，载《北京大学学报（哲学社会科学版）》2000 年第 1 期。

② 张明军、汪伟全：《论和谐地方政府间关系的构建：基于府际治理的新视角》，载《中国行政管理》2007 年第 11 期。

和生产要素在城市群内部的合理流动和均衡配置，不利于城市群协调发展格局的形成。同时，我国现有的在纵向政府间基本公共服务事权配置上的不合理，使得城市群内部基本公共服务供给的统筹层次相对较低；加之城市群内部不均衡的公共服务资源配置格局，使得城市群基本公共服务不均等的问题日渐凸显，制约了人口和生产要素在城市群范围内的合理流动和均衡配置。此外，伴随行政分权改革和财政分权改革力度的不断加大，城市群上级政府在推动城市群协调发展上的统筹力度也随之呈现出一定程度的弱化，这也在很大程度上阻碍了我国城市群协调发展水平的不断提升。

中共中央和国务院印发的《关于建立更加有效的区域协调发展新机制的意见》指出，要坚决破除地区之间利益藩篱和政策壁垒，加快形成统筹有力、竞争有序、绿色协调、共享共赢的区域协调发展新机制，促进区域协调发展。城市群治理是化解城市群协调发展困境、推动城市群协调发展水平不断提升的重要动力。城市群内部地区间政策壁垒和无序竞争问题的形成，以及城市群基本公共服务不均等问题的出现，从表象上看是城市群内部各地方政府的府际协作意识不够所引发的，实质上则主要源于我国现有的与行政区经济相适应的、纵向政府间的事权配置和财权划分格局。城市群的出现及其快速发展，推动着我国经济发展格局发生着深刻变革，传统的省域经济、市域经济等行政区经济正逐步向城市群经济转变，而现有的与行政区经济相适应的纵向政府间的权力配置和利益分配格局已经越来越难以适应城市群经济发展的需要，进而阻碍了城市群协调发展格局的形成。因此，如何有效地破除城市群内部地区间的政策壁垒，弱化地方政府开展无序竞争的能力与动机并不断提升城市群基本公共服务的均等化水平，进而构建起有利于城市群协调发展的地方政府事权和财权运行格局，已经成为当前我国城市群治理所面临的重要任务。

目前，我国城市群治理所采用的主要治理模式是以城市群内部的各地方政府为核心治理主体的城市群府际协作治理，而对于以城市群上级政府为核心治理主体的城市群治理模式的探究相对较少。城市群内部的各地方政府和城市群上级政府是城市群治理体系中的核心治理主体，城市群治理水平的提升和城市群发展质量的提高，不仅需要充分发挥城市群内部各地方政府的重要作用，也需要积极发挥城市群上级政府的重要作用。城市群府际协作治理作为一种以城市群内部的各地方政府为核心治理主体的城市群治理模式，其运行成效的发挥以城市群内部的各地方政府具有较为强烈的参与府际协作治理的意愿和动机、各地方政府能够自觉遵守城市群府际协作治理机制所达成的共识等为基本前提和重要保障。在市场机制发育较为成熟、城市群内部的各地方政府参与府际协作治理的意愿和动机较为强烈的城市群中，城市群府际协作治理在化解城市群协调发展困境、推动城市群协调发展水平不断提升等方面通常能够发挥较为明显的成效。例如，在我国的长三角城市群中，长三角城市经济协调会就在化解地区间的政策壁垒和利益藩篱、推动城市群协调发展等方面发挥了非常重要的作用。但是，在市场机制发育不太成熟、各地方政府参与府际协作治理的意愿和动机相对较弱的城市群中，城市群府际协作治理在化解城市群协调发展困境、推动城市群协调发展水平不断提升等方面所能发挥的成效就较为有限。例如，有学者从积极性、实质性、自主性与制度性等维度对我国城市群府际协作治理水平进行测度后发现，目前我国城市群内部的府际协作治理虽正在不断加强，但实质性较低、自主性较弱、一体化动能较弱。[①] 为此，我们在不断提升城市群府际协作治理水平的同时，也需要积极探索以城市群上级政府为核心治理主体的城市群治理模式，通过推动以城市群内部各地方政府为核心治理主体的城市群府际协作治理模式和以城市群上级政府为核心治理主体的城市群治理模式的有机结合，进而实现构建双重治理机制来推动城市群协调发展水平不断提升。

区域治理是一项由多元治理主体参与的治理活动，区域内部的各地方政府和区域上级政府是区域治理体系中的核心治理主体。在当前我国

---

① 锁利铭：《面向府际协作的城市群治理：趋势、特征与未来取向》，载《经济社会体制比较》2016 年第 6 期。

区域治理的实践中，因纵向政府间事权配置的不合理所引发的与区域治理和区域发展密切相关的部分治理权限运行的碎片化，以及因纵向政府间财权划分的不尽合理所引发的各地方政府之间激烈的竞争关系，是阻碍我国区域治理和区域发展水平提升的重要因素。区域治理难题的化解和区域协调发展水平的提升，不仅需要依靠以区域内部的各地方政府为核心治理主体的府际协作治理模式，也需要充分发挥区域上级政府在区域治理中的重要作用。作为一种治理手段，整合在国家治理中发挥着重要的作用。区域治理难题的化解和区域协调发展水平的提升，不仅要依靠区域内部各地方政府之间的密切协作，也需要由区域上级政府对区域内部各地方政府所拥有的、与区域治理和区域发展密切相关的部分事权和财权进行必要的整合，以此来弱化区域内部碎片化的事权和财权运行格局给区域治理和区域发展带来的阻碍，进而更好地推动区域治理和区域发展目标的实现。为此，本书在学界现有整合治理模式研究成果的基础上，尝试提出了纵向府际整合治理的概念，并尝试将其应用于城市群治理中，以实现化解城市群协调发展困境和不断提升城市群协调发展水平的目的。作为一种区域治理模式，纵向府际整合治理是指由区域上级政府对区域内部各地方政府所拥有的、与区域治理和区域发展密切相关的部分事权和财权进行适度的整合，不断强化区域上级政府在区域治理和区域发展中的统筹与协调能力，以此来改变区域内部各地方政府的决策动机和行为策略，不断提升区域内部各地方政府与区域上级政府之间，以及区域内部各地方政府之间决策和行为上的协同性，进而实现特定的区域治理目标的治理模式。

城市群协调发展是一项复杂的系统性工程，不仅要处理好政府与市场、政府与社会、城市群内部各地方政府之间的关系，也需要处理好城市群上级政府与城市群内部各地方政府之间的关系。城市群协调发展格局的形成以城市群内部各地区经济社会发展规划之间的有效衔接，统一开放和竞争有序的城市群市场体系的形成，地区间较为完备的产业分工与协作体系等为基本前提和重要保障。而现有的与行政区经济相适应的纵向政府间事权配置和财权划分格局，使得城市群内部与城市群协调发展密切相关的部分事权和财权的运行呈现出碎片化的格局，进而制约了城市群协调发展水平的提升。因此，城市群协调发展目标的实现，既要依赖于城市群内部各地方政府之间的密切协作，又有赖于城市群上级政府自上而下的适度整合。作为一种由区域上级政府主导实施的区域治理模式，纵向府际整合治理可以为我国的城市群，特别是市场机制发育不太成熟、各地方政府参与府际协作治理的意愿和动机较弱的城市群的协调发展提供一个较为可行的治理路径。本书尝试将纵向府际整合治理模式应用于城市群治理中，计划通过构建以城市群地方政府事权整合和城市群地方政府财权整合为主要内容的城市群治理框架，来不断强化城市群上级政府在推动城市群协调发展上的统筹与协调能力，并逐步弱化城市群内部各地方政府制造政策壁垒和开展恶性竞争的能力与动机，不断提升城市群基本公共服务均等化水平，进而实现引导人口和生产要素在城市群范围内合理流动和均衡配置，不断提升城市群协调发展水平和质量的目的。

（二）研究意义

城市群的出现及其快速发展，给我国经济发展格局和经济发展空间结构带来了深刻变革，行政区经济正逐步向城市群经济转变，以中心城市引领城市群发展、以城市群带动区域发展已经成为我国区域发展的新模式，城市群协调发展的重要性正日渐凸显。如何运用合适的城市群治理模式来化解城市群协调发展所面临的困境，不断提升城市群协调发展的水平和质量，具有非常重要的理论价值和实践意义。本书在学界既有研究成果的基础上尝试提出了纵向府际整合治理的概念，不仅为城市群协调发展问题的研究提供了新的视角，同时也为我国的城市群特别是市场机制发育不太成熟、各地方政府参与府际协作治理的意愿和动机较弱的城市群的协调发展提供了一个较为可行的治理路径。

1. 在理论价值上，本书在学界既有研究成果的基础上尝试提出了纵向府际整合治理的概念，为城市群协调发展问题的研究提供了新的视角。城市群治理是化解城市群协调发展困境和推动城市群协调发展水平不断提升的重要动力。目前学界对于推动城市群协调发展的城市群治理模式的探讨主要以地方政府间的府际协作治理为主，而对于如何充分发挥城市群上级政府在推动城市群协调发展上的重要作用的治理模式的探究相对较少。城市群府际协作治理是以城市群内部各地方政府为核心治理主体的城市群治理模式，其在推动城市群协调发展方面成效的发挥受到城市群内部各地方政府参与府际协作治理的意愿和动机以及各地方政府是否能够严格执行府际协作治理机制所达成的治理协议等因素的影响和制约，单纯依靠地方政府间的府际协作治理，难以从根本上化解城市群协调发展所面临的困境。城市群协调发展是一个内部因素与外部力量共同作用的过程。城市群协调发展目标的实现，既要依赖于城市群内部各地方政府之间的合理分工与密切协作，又有赖于城市群上级政府自上而下的适度整合。作为一种重要的治理手段，整合在国家治理中发挥着重要的作用。学界现有关于整合治理模式的研究主要着眼于政府与社会和政府与市场之间的整合，即将社会组织和市场主体整合进由政府主导的治理体系，以实现特定的治理目标。本书在学界既有研究成果的基础上，尝试提出了纵向府际整合治理的概念，并尝试将其应用于城市群治理中，以实现化解城市群协调发展困境和推动城市群协调发展水平不断提升的目标。本书的研究在丰富整合治理模式类型的同时，也为城市群协调发展问题的研究提供了新的视角。

2. 在实践意义上，本书提出的纵向府际整合治理为我国的城市群特别是市场机制发育不太成熟、各地方政府参与府际协作治理的意愿和动机较弱的城市群的协调发展提供了一个较为可行的治理路径。推动城市群协调发展是当前我国正在实施的区域协调发展战略的重点之一。城市群内部的各地方政府是推动城市群协调发展的主要动力，城市群协调发展目标的实现，以各地方政府之间形成有序竞争和积极合作的府际关系为基本前提和重要保障。在市场机制发育不太成熟、各地方政府参与府际协作治理的意愿和动机较弱的城市群，城市群府际协作治理在推动城市群协调发展方面的成效通常难以得到有效的发挥，城市群协调发展目标的实现不仅需要依靠城市群内部各地方政府之间的积极协作，还需要依赖于城市群上级政府自上而下的适度整合。将纵向府际整合治理模式应用于城市群治理中，通过城市群上级政府对城市群内部各地方政府拥有的、与城市群协调发展密切关联的部分事权和财权进行适度的整合，不断强化城市群上级政府在推动城市群协调发展上的统筹与协调能力，有助于破除阻碍城市群协调发展的地区间的政策壁垒和利益藩篱，不断提升城市群基本公共服务均等化水平，进而实现城市群协调发展的目标。

二、国内外研究综述

城市群是城镇化发展到中高级阶段的城镇空间形态，是引领区域经济增长的重要增长极和推动区域协调发展的重要载体，是国家和地区参与全球竞争的重要空间载体。改革开放以来，伴随城市群在我国新型城镇化战略中主体地位的日渐凸显及其在推动区域协调发展中重要性的日渐增强，城市群协调发展和城市群治理等问题逐渐成为我国学界研究的热点。对国内外有关城市群协调发展和城市群治理方面的文献进行梳理，有助于我们更好地选择合适的城市群治理模式来化解我国城市群协调发展面临的困境，推动城市群协调发展水平和质量的不断提升，进而实现以城市群协调发展带动区域协调发展的目标。

(一)国外研究综述

西方发达国家的城市化起步较早，在大都市区、都市圈、城市群等城市区域治理和协调发展方面形成了较为丰富的理论成果和实践经验。对西方发达国家大都市区、都市圈、城市群等城市区域治理和协调发展等方面研究成果的分析，有助于为我国城市群治理水平的提升和城市群协调发展质量的提高提供较为坚实的理论支撑。

1. 关于城市群及相关城市区域概念的研究

自近代英国工业革命开启了人类城市化进程的序幕以来，城市空间开始不断蔓延，城市数量不断增加。伴随西方国家城市化进程的快速推进，城市空间的区域化趋势和区域空间的城市化浪潮相互激荡，城市区域形态也在不断变迁，城市群开始出现并加速发展，推动着人类经济社会发展格局发生着深刻变革。19 世纪末 20 世纪初，针对英国工业化进程所带来的城市治理难题，英国田园城市理论学派的创始人霍华德主张将城市与城市周边地区的乡村进行有机整合，构建城乡功能互补的"城市集群"（town cluster）①，也即田园城市。此后，帕特里克·格迪斯提出了集合城市（conurbation）的概念②，将其作为人口组群发展的新的形态。后来，为方便统计，美国联邦政府提出了"大都市地区"（metropolitan area）的概念③，将其作为国家统计单位之一。大都市地区通常由一个较大的人口中心和与中心具有高度经济联系和社会交往的相邻地区组合而成，内部包含着一定数量的行政区。1957 年，法国著名地理学家戈特曼在对美国大西洋沿岸的纽约与华盛顿之间长约 970 公里、宽 50~160 公里地带范围内的、由多个城市和城镇所构成的都市密集区现象进行分析和研究的基础上，在"Megalopolis or the Urbanization of the Northeastern Seaboard"一文中提出了"大都市带"（megalopolis）④的概念。此后，"大都市带"概念被很多国家的学者认可并被引介到多个国家，戈特曼也因此被公认为城市群研究的开拓者。此后，又有很多学者分别从不同的视角来对城市空间蔓延现象及其所形成的城市区域概念进行了界定。例如，美国的斯科特通过对纽约、巴黎等全球城市的研究，提出了全球城市区域的概念⑤；霍尔提出了"巨型城市区域"的概念⑥。

2. 关于区域治理范式的研究

伴随西方国家城市化进程的快速推进，一定区域内部各地区之间的

---

① 张京祥：《西方城市规划思想史纲》，东南大学出版社 2005 年版，第 95 页。

② ［英］帕特里克·格迪斯：《进化中的城市——城市规划与城市研究导论》，李浩等译，中国建筑工业出版社 2012 年版，第 3 页。

③ 许学强等：《城市地理学》，高等教育出版社 1996 年版，第 22 页。

④ Jean Gottmann, Megalopolis or the Urbanization of the Northeastern Seaboard, Economic Geography, 1957（03）.

⑤ Scott A J, Regional Motors of the Global Economy, Future, 1996（05）.

⑥ Peter Hall, Kathy Pain（eds）, The Polycentric Metropolis: Learning from Mega-City Regions in Europe, London: Earthscan Publications, 2006.

经济联系和社会交往日益紧密，跨行政区的区域性公共事务不断增多，碎片化的行政管理体制日渐成为区域性公共事务治理和区域协调发展目标实现的障碍，区域治理的重要性开始日渐凸显，一些区域治理范式随之出现并在区域治理实践的推动下不断演进，城市区域的治理问题逐渐成为学界研究的热点。自20世纪初至今，按照产生时间的先后，西方国家区域治理中的四种主流范式分别是旧区域主义（大都市政府）、多中心主义（公共选择）、新区域主义和尺度重组①，这四种区域治理范式产生的大体时间和主要观点如表0-1所示。

表0-1　　20世纪以来西方国家区域治理的四种主流范式②

理论范式	产生时间	主要观点
大都市政府理论	20世纪40年代	以提高政府治理的效率为导向，主张通过区域内中小城市的合并来扩展城市的疆界，区域内中心城市演化为大都市城市，并将城市政府定义为大都市政府，负责整个区域的城市治理问题，以期解决和克服地方政府的碎片化导致的城市治理无效的问题
公共选择理论	20世纪50年代	重新界定了城市治理过程中的治理主体，打破大都市政府治理中仅有政府作为治理主体的现状，主张城市治理过程中要发挥非政府组织和公民在城市治理过程中的作用，提倡政府依靠市场机制提供并协调基本的公共服务，进行城市治理

---

① ［美］乔纳森·S.戴维斯（Jonathan S. Davies）、［美］戴维·L.英布罗肖（David L. Imbroscio）：《城市政治学理论前沿（第二版）》，何艳玲译，格致出版社2013年版，第128页。

② 邬晓霞、卫梦婉：《城市治理：一个文献综述》，载《经济研究参考》2016年第30期。

续表

理论范式	产生时间	主要观点
新区域主义理论	20 世纪 90 年代	以跨地方公共事务治理与协作网络为基础组合形成治理制度，不再仅着眼于城市区域治理结构的改革，而是聚焦于城市治理过程及其功能，主张通过在不同层次政府间、地方公民团体间或各地方政府与私营(组织)间建立健全有效的协调与协作机制，提高大都市区的城市治理能力和竞争力
地域重划与再区域化①	21 世纪初期	主张对国家、区域、地方进行地域重划，将更多的地方服务向下转移给新的更低层次的单位，同时，提倡大都市和区域拥有更大的决策能力，以提升城市区域在世界经济体制中的竞争力

20 世纪初，伴随西方国家城市化进程的快速推进，部分大城市的核心区域不断向外拓展，大城市核心区与周边地区的经济交往和社会联系日益紧密，由大城市核心区及其周边区域所构成的大都市区逐渐成形。在大都市区形成的同时，区域性公共事务日渐增多，大都市区空间内碎片化的地方行政区划设置格局逐渐成为大都市区治理的主要障碍。在此背景下，区域主义治理范式开始出现。区域主义因主张通过设立大都市区政府来解决跨域事务治理难题，又被称为大都市政府学派。同时，为了区别于 20 世纪 90 年代出现的新区域主义理论，区域主义又被习惯性地称为旧区域主义。在具体理论主张上，"大都市政府学派寻求以中心城市来控制政府边缘地区的扩展，使中心城市成为大都市城市，并将城市政府定义为大都市政府"②。通过地区之间的合并等方式组建而来的大都市区政府，在跨域事务的治理和推动区域经济一体化进程等

---

① 地域重划与再区域化理论也称为尺度重组理论。

② ［美］乔纳森·S. 戴维斯(Jonathan S. Davies)、［美］戴维·L. 英布罗肖(David L. Imbroscio)：《城市政治学理论前沿(第二版)》，何艳玲译，格致出版社2013 年版，第 128 页。

方面发挥了非常重要的作用。但是，在建立大都市区政府之后，由于行政层级的增加和政府规模的扩大，导致行政运行成本不断攀升。同时，大都市区政府提供的公共服务难以有效满足辖区内居民在公共服务上的多元化需求，如何提升大都市区政府在公共服务供给上的针对性和有效性逐渐成为学界关注的焦点。

从 20 世纪 60 年代初开始，伴随公共选择理论在公共管理领域中的兴起，公共选择理论对于西方国家区域治理的影响不断加深。公共选择理论认为，大都市区内部碎片化的地方政府设置格局不仅不是区域治理的障碍，而是一种优势，它可以鼓励各地方政府在基本公共服务供给等方面展开有效的竞争，以此来提升公共服务供给的有效性和提高政府运行的效率。公共选择理论试图打破以政府为核心的大都市区治理体系，主张充分发挥企业、社会组织和公民等治理主体在大都市区等区域治理中的重要作用，倡导政府通过市场机制来供给公共服务并不断提升区域治理水平。例如，文森特·奥斯特罗姆等指出，"多中心政治体系通过不同规模的组织提供不同公共产品，以及为生产和消费公共产品提供最优安排是可行的"[①]。公共选择理论鼓励大都市区等区域内的各地方政府在公共服务供给上展开充分的竞争，不仅有利于满足区域内部居民的多元化的公共服务需求，而且也有利于提高公共服务供给的效率。在20 世纪 90 年代，伴随区域经济一体化进程的不断加速，碎片化的行政管理体制已经越来越难以适应区域性公共事务治理和区域协调发展的要求，新区域主义作为一种新型的区域治理范式开始在西方国家出现。

治理作为一种不同于管理的理念，"目的是在各种不同的制度关系中运用权力去引导、控制和规范各类治理主体的各种活动，以最大限度地增进公共利益"[②]。从 20 世纪 90 年代开始，伴随治理理念的出现，

[①]　Vincent Ostrom, Charles M. Tiebout and Robert Warren, The Organization of Government in Metropolitan Areas: A Theoretical Inquiry, American Political Science Review, Vol. 55, 1996.

[②]　俞可平：《治理和善治：一种新的政治分析框架》，载《南京社会科学》2001 年第 9 期。

新区域主义开始在美国逐渐兴起。新区域主义者因意识到大都市区政府在组建和运行等方面面临的重重困难，而不主张像旧区域主义者那样通过行政区合并等方式来组建大都市区政府，他们将城市区域治理研究的重心从结构转变为过程，主张通过在不同层级的政府、企业、公民、社会组织等多元治理主体之间建立有效的网络化的区域协作治理机制，来化解大都市区等区域治理困境，提升大都市区等区域治理水平。"新区域主义者呼吁给地方政府提供更多的资源和自治权，以解决它们的问题，并重构政府间关系"①，从而实现新区域主义所倡导的缩小都市核心区和郊区之间发展差距的目的。新区域主义的出现及其在区域治理中影响力的不断提升，使得区域协作治理机制在大都市区等城市区域治理中得到了较为广泛的应用，为大都市区等城市区域治理水平和城市区域发展质量的不断提升提供了一个很好的治理工具。从 21 世纪初开始，伴随全球城市的兴起及其在全球经济竞争中重要性的日渐凸显，尺度重组理论（rescaling）开始出现。②"尺度重组过程的首要目标是提升世界城市的经济竞争力（Scott，2001）。区域政府在发展全球城市中扮演着重要的角色，无论是在重新设计城市以满足全球资本的需要方面，还是在通过基础设施发展和政府政策以提升经济竞争力方面（Savitch，1988；Fainstein，1994）。改变区域边界和大都市城市治理的制度安排，整体上关系到区域的领导能力和发展战略，进而关系到城市在世界经济中的竞争力。"③为此，尺度重组理论主张赋予大都市区等城市区域以更多的决策权限，以不断提升大都市区等城市区域在全球经济中的竞争力。

3. 关于城市群发展和城市群治理方面的研究

伴随大都市区、都市圈、都市带、城市群等城市区域形态在西方国

---

① ［美］乔纳森·S. 戴维斯（Jonathan S. Davies）、［美］戴维·L. 英布罗肖（David L. Imbroscio）：《城市政治学理论前沿（第二版）》，何艳玲译，格致出版社2013 年版，第 137 页。

② 又称为地域重划与再区域化理论。

③ ［美］乔纳森·S. 戴维斯（Jonathan S. Davies）、［美］戴维·L. 英布罗肖（David L. Imbroscio）：《城市政治学理论前沿（第二版）》，何艳玲译，格致出版社2013 年版，第 140 页。

家的兴起和快速发展，如何有效地化解城市群等城市区域治理难题、推动城市群等城市区域协调发展，逐渐成为西方发达国家区域治理中的研究热点。从既有的研究成果来看，城市群内部碎片化的治理体制、各地方政府将地区利益最大化作为自身决策和行为的基本逻辑等因素引发了城市群治理难题，并阻碍城市群协调发展。城市群内部各地方政府间的府际协作，是化解城市群治理难题和推动城市群协调发展的主要路径。在城市群内部各地方政府之间，存在各城市政府间的信息交换、签订府际协议、各地方政府在政策上的共同学习、联合规划、设立区域性政府、开展跨区域和跨部门合作、成立府际服务特区、成立联盟型大都会政府等多种形式。

在城市群治理难题和城市群协调发展困境生成的原因方面，西方学者认为城市群内部碎片化的治理体制、各地方政府将地区利益最大化作为自身决策和行为的基本逻辑等因素引发了城市群治理难题，并阻碍城市群协调发展。例如，唐纳德（Donald）与米尔沃德（MilWaukee）将自然界中动物所具有的领地意识推演到大都市区等区域内部各城市政府之间的关系上，以此来寻求城市政府间合作困境出现的原因。他们认为，大都市区等城市区域内部的各城市政府所管辖的行政区域就是他们的领地，各城市政府拥有较为强烈的领地意识。为了确保其领地不被其他城市政府所侵犯并实现本地区利益最大化的目标，在其管辖区域内拥有相对较为独立的决策权限的各城市政府通常会对其他城市政府采取不合作甚至是敌对的行为策略，进而给区域治理和区域发展带来不利的影响。① 保罗·多梅尔（Paul Domeier）以大都市区等城市区域内部的生态环境治理为例，分析了城市政府之间的合作通常会陷入困境的主要原因。他指出，大都市区内部的各城市政府是理性的利益主体，各城市政府在生态环境治理方面的决策和行为通常遵循本地区利益最大化的逻辑，而忽视其在生态环境治理方面的决策和行为对整个区域生态环境的

---

① 　Donald, MilWaukee, A Public Management for All Seasons? Public Administration, 2006(01).

影响，进而导致各城市政府在生态环境治理上往往各自为政，各地区在生态环境治理上的政策壁垒极易引发区域生态环境治理难题，以至于大都市区内部两个或多个城市交界地区和跨行政区的污染问题难以得到及时和有效的治理。① 威廉·安德森（William Anderson）以场域理论为分析工具，他在对城市群内部城市政府间的关系进行分析后认为，城市群内部的各城市政府是理性的具有特定利益诉求的经济人，各城市政府在博弈策略选择上的冲突会使得城市政府间的合作共识难以有效达成，既有的府际合作也难以长久地维系下去。② 汉斯约·阿希姆（Hansa Achim）认为，城市群内部各城市间合理的产业分工和基础设施上的互联互通等是推动城市群协调发展的重要保障。但是，由于各城市政府在现有的产业项目和基础设施建设上已经投入了一定数量的资源和资金，城市群内部的各城市政府基于自身经济利益和政治利益上的考量，大多不愿意放弃已有的产业和基础设施建设项目，进而使得城市政府间的合作协议大多难以被各城市政府认真执行，城市间的产业同构和无序竞争等问题难以得到有效化解。③

在城市群治理难题和城市群协调发展困境的化解路径方面，西方学者主要将城市群内部各地方政府间的府际协作视为主要方案。例如，史蒂芬森（Stevenson）和波克森（Poxson）认为，为了实现城市群等区域协调发展的目标，需要对现有的碎片化的政府管理体制进行必要的变革，推动各地方政府间开展联合治理。④ 诺特（Nott）认为，相互依赖、信息不对称和利益冲突是影响和制约城市群内部府际合作水平的三个基本方

① Paul Domeier, Enviormental Management and Governance: Intergovermental Approaches to Hazards and Sustainability, Psychology Press, 2008.

② William Anderson, Progress in International Relations Theory: Appraising the Field, MIT Press, 2009.

③ Hans Joachim, Cultural Clusters and the Post-industrial City: Towards the Remapping of Urban Cultural Policy, Urban Studies, 2013(03).

④ Stevenson, Poxson, Varieties of City Regionalism and the Quest for Political Cooperation: A Comparative Perspective, Urban Research and Practice, 2007(02).

面，地方政府间的协调与合作是城市群内部府际关系协调的重要模式。① 克里斯·泰勒(Chris Taylor)认为，城市群内部府际关系的协调会大体经历行政区划调整、府际功能整合和府际伙伴关系建立三个阶段，而府际伙伴关系的建立对于城市群治理难题的化解和城市群协调发展质量的提高非常重要。② 同时，也有部分学者主张发挥较高层级政府在提升城市群等区域治理水平和推动城市群等区域协调发展方面的重要作用。例如，文森特·奥斯特罗姆(Vincent Ostrom)认为，美国大都市区内部的各地方政府在管理上存在的府际冲突，可以由联邦政府或州政府等较高层级的政府来予以协调，方式主要包括制定大都市区整体性发展规划、政策协调等。通过较高层级政府对大都市区内部各地方政府之间关系的协调，能够较为有效地提高地方政府间的协同治理水平，不断提升大都市区协调发展的水平。③

在城市群内部各地方政府间的府际合作，存在城市政府间的信息交换、签订府际协议、政策上的共同学习、联合规划、设立区域性政府、开展跨区域和跨部门合作、成立府际服务特区、成立联盟型大都会政府等多种形式。例如，克里斯藤森(Christensen)认为，各城市政府间的信息交换、政策上的共同学习、联合规划、共同筹措财源、政府联合行动、共同开发、共同经营等是府际合作的主要方式。④ 爱丽丝·沃克(Alice Walker)将设立区域性政府、签订府际协议、开展跨区域和跨部门合作、成立府际服务特区、成立联盟型大都会政府等作为府际合作的主要方式。⑤

---

① Nott, Intergovernmental Cooperation, Metropolitan Equity and the New Regionalism, Wash. L. Rev, 2006(07).

② Chris Taylor, Intergovernmental Cooperation: An Analysis of Cities and Counties in Georgia, Public Administration Quarterly, 2009.

③ Vincent Ostrom, Local Government in the United States, Ics Press, 2008.

④ Christensen, Collaborative Mechanisms in Interlocal Cooperation: A Longitudinal Examination, State and Local Government Review, 1999(08).

⑤ Alice Walker, Intergovernmental Cooperation, Metropolitan Equity and the New Regionalism, Wash. L. Rev, 2000(09).

4. 国外研究述评

西方发达国家的城市化进程起步较早，大都市区、都市圈、城市群和都市带等城市区域在发展过程中遇到的各种治理难题，推动着学界对于大都市区、都市圈、城市群和都市带等区域治理和区域协调发展问题研究的不断深入。从西方发达国家现有的关于大都市区、都市圈、城市群和都市带等区域治理和区域协调发展方面的研究成果来看，西方发达国家在城市群等区域治理上形成了区域主义、公共选择理论、新区域主义和地域重划与再区域化等区域治理范式，为西方发达国家区域治理难题的化解提供了有力的理论支撑。同时，西方的很多学者对于城市群等区域治理难题和区域协调发展所面临的困境及其形成原因进行了深刻的分析，将区域内部各地方政府间的府际合作视为化解城市群等区域治理难题和提升城市群等区域协调发展水平的主要路径，并对政府间的合作形式进行了深入的探讨，有利于推动城市群等区域治理，不断提升区域协调发展水平。

（二）国内研究综述

改革开放以来，快速推进的城镇化进程和国家城镇化战略的重大转向，推动着我国城镇空间形态发生着深刻变革，都市区、都市带、都市圈和城市群等开始出现。目前，城市群已经成为承载我国发展要素的主要空间形式之一，以中心城市引领城市群发展、以城市群带动区域发展已经成为我国区域发展的新模式，城市群在推动区域协调发展上的重要性正日渐凸显。伴随城市群的兴起和快速发展及其在区域协调发展中重要性的不断提升，国内学者关于城市群、城市群协调发展和城市群治理方面的研究成果日渐丰富。在城市群研究上，国内学者对于都市区、都市圈、城市群、都市连绵区等城市区域概念的界定逐步清晰，关于城市群的内涵和城市群界定标准的研究也不断增多。在城市群协调发展上，国内学者对于城市群协调发展的内涵、我国城市群协调发展所面临的问题等进行了研究。在城市群治理上，城市群内部各地方政府间的府际协作治理、合作治理、协同治理等是被大部分学者认可的、化解我国城市群治理难题和推动城市群协调发展的主要治理模式，整体性治理等治理模式也被部分学者应用于城市群等区域治理的研究中。

1. 关于城市群的研究

(1)关于城市群及相关城市区域概念的研究

与西方发达国家的城市化进程相比，我国的城镇化进程起步相对较晚，都市区、都市圈、城市群等城镇空间形态出现的时间也相对较迟，国内学界对于城市群及相关城市区域概念的研究大体从 20 世纪 80 年代初才开始。1983 年，于洪俊和宁越敏首先将法国学者戈特曼的有关城市区域的理论引入国内，将其翻译为"巨大都市带"。① 此后，伴随我国城镇化进程的不断加速，我国城镇空间形态日渐丰富，国内有关城市群及相关城市区域概念的研究也随之不断增多，很多学者从不同视角提出了不同的城市区域称谓，如周一星②、顾朝林③、崔功豪④、刘君德⑤、宁越敏⑥等提出的都市区和大都市区概念；高汝熹和阮红⑦、沈立人⑧、涂人猛⑨、罗明义⑩、周克瑜⑪、谭成文和李国平⑫、张京

---

①　于洪俊、宁越敏：《城市地理概论》，安徽科学技术出版社 1983 年版，第86 页。

②　周一星：《关于明确我国城镇概念和城镇人口统计口径的建议》，载《城市规划》1986 年第 3 期。

③　顾朝林：《中国城市地理》，商务印书馆 1999 年版，第 3 页。

④　崔功豪：《都市区规划——地域空间规划的新趋势》，载《国外城市规划》2001 年第 5 期。

⑤　刘君德：《都市区概念辨析与行政地域都市区类型的划分》，载《中国方域》2003 年第 4 期。

⑥　宁越敏：《国外大都市区规划评述》，载《世界地理研究》2003 年第 12 期。

⑦　高汝熹，阮红：《论中国的圈域经济》，载《科技导报》1990 年第 4 期。

⑧　沈立人：《为上海构造都市圈》，载《财经研究》1993 年第 2 期。

⑨　涂人猛：《大城市圈及其范围研究》，载《区域经济研究》1993 年第 2 期。

⑩　罗明义：《论城市圈域经济的形成规律及特点》，载《思想战线》1998 年第4 期。

⑪　周克瑜：《"都市圈"建设模式与中国空间经济组织创新》，载《战略与管理》2000 年第 2 期。

⑫　谭成文、李国平：《我国首都圈发展的三大战略》，载《地理科学》2001 年第 1 期。

祥①、张伟②等提出的都市圈概念；赵永革③、史育龙和周一星④、顾朝林⑤、胡序威⑥等提出的都市连绵区的概念、刘增容提出的城市密集区⑦以及姚士谋⑧等提出的城市群概念。

在城市群概念的界定上，姚士谋、方创琳、顾朝林等学者分别从不同的视角对城市群的内涵进行了论述。姚士谋认为，"城市群是由一定数量、一定规模等级的城镇集聚在一个地区区域单位，由一定的自然要素、经济基础、人口数量、交通网络和各种社会人文因素紧密地结合在一起而形成一个有机联系的区域整体"⑨。同时，姚士谋从三个方面对城市群的类型进行了划分：一是依据城市分布的区域范围与规模等级，将城市群分为大型或超大型城市群(城市群核心城市的辐射半径通常为150~200千米)、中等规模的城市群(城市群核心城市的辐射半径通常为80~100千米)，地区性的小型城市群。二是依据城市功能、经济成分来划分，将城市群分为以加工工业为主的城市群、原材料工业或重化工工业较为发达的区域城市群、以农业经济为主并有一定工业基础的城市群和以铁路网络为系统的城市群。三是依据城市组合的区域空间形态划分，将城市群分为组团式集聚的城市群、沿交通走廊发展

---

①　张京祥：《论都市圈地域空间的组织》，载《城市规划》2001年第5期。

②　张伟：《都市圈的概念、特征及其规划探讨》，载《城市规划》2003年第6期。

③　赵永革：《论中国都市连绵区的形成、发展及意义》，载《地理学与国土研究》1995年第1期。

④　史育龙、周一星：《关于大都市带(都市连绵区)研究的争论及近今进展述评》，载《国外城市规划》1997年第2期。

⑤　顾朝林：《长江三角洲城市连绵区发展战略研究》，载《城市研究》2000年第1期。

⑥　胡序威：《对城市化研究中某些城市与区域概念的探讨》，载《城市规划》2003年第4期。

⑦　刘增容：《城镇密集区发展演化机制与整合》，经济科学出版社2003年版，第1页。

⑧　姚士谋：《中国的城市群》，中国科学技术大学出版社1992年版，第1页。

⑨　姚士谋、王书国、陈爽等：《区域发展中"城市群现象"的空间系统探索》，载《经济地理》2006年第5期。

的带状城市群、地区分散形式的放射状城市群和群集式城市群。① 方创琳认为，"城市群是工业化和城镇化发展到高级阶段的产物，也是都市区和都市圈发展到高级阶段的产物，是指在特定地域范围内，以1个以上特大城市为核心，由至少3个以上大城市为构成单元，依托发达的交通通信等基础设施网络，所形成的空间组织紧凑、经济联系紧密，并最终实现高度同城化和高度一体化的城市群体"②。顾朝林认为，"城市群（Urban Agglomeration）是指以中心城市为核心向周围辐射构成的多个城市的集合体，城市群在经济上紧密联系，在功能上具有分工合作，在交通上联合一体，并通过城市规划、基础设施和社会设施建设共同构成具有鲜明地域特色的社会生活空间网络"③。邹军、张京祥等认为，"城市群是指一定地域范围内集聚了若干数目的城市，它们之间在人口规模、等级结构、功能特征、空间布局以及经济社会发展和生态环境保护等方面紧密联系，并按照特定的发展规律集聚在一起的区域城镇综合体"④。

（2）关于城市群界定标准的研究

城市群作为城镇化发展到高级阶段的城镇空间形态之一，其具有较为明显的区别于（大）都市区、都市圈等城镇空间形态的特征。目前，在城市群的界定标准上，学界尚无统一的标准，姚士谋⑤、宁越敏⑥、

———————————

① 姚士谋：《我国城市群的特征、类型与空间布局》，载《城市问题》1992年第1期。

② 方创琳：《中国城市群研究取得的重要进展与未来发展方向》，载《地理学报》2014年第8期。

③ 顾朝林：《城市群研究进展与展望》，载《地理研究》2011年第5期。

④ 邹军、张京祥、胡丽娅：《城镇体系规划》，东南大学出版社2002年版，第105页。

⑤ 姚士谋、陈振光等：《中国城市群基本概念的再认知》，载《城市观察》2015年第1期。

⑥ 宁越敏：《中国都市区和大城市群的界定——兼论大城市群在区域经济发展中的作用》，载《地理科学》2011年第3期。

方创琳①和国家发展和改革委国地所课题组②等分别提出了各自对于城市群的判定标准。例如，方创琳等提出了区别城市群的 7 项标准，即"城市群内都市圈或大城市数量不少于 3 个，其中作为核心城市的城镇人口大于 500 万人的特大或超大城市至少有 1 个；人口规模不低于 2000 万人；城市化水平大于 50%；人均 GDP 超过 1 万美元，经济密度大于 500 万元/km²；经济外向度大于 30%；基本形成高度发达的综合运输通道和半小时、1 小时与 2 小时经济圈；非农产业产值比率超过70%；核心城市 GDP 中心度>45%，具有跨省际的城市功能"③。

2. 关于城市群协调发展的研究

城市群是引领区域经济增长的重要增长极和推动区域协调发展的重要载体。伴随区域协调发展重要性的日渐凸显，城市群协调发展也逐渐成为国内学界研究的热点。现有关于城市群协调发展问题的研究主要集中于城市群协调发展的内涵、城市群协调发展的特征、城市群协调发展面临的主要问题以及推动城市群协调发展的机制和对策等方面。

（1）关于城市群协调发展的内涵和特征的研究。城市群协调发展是区域协调发展的重要类型之一，对城市群协调发展的内涵和特征进行科学界定，是做好城市群协调发展相关问题研究的基本前提和重要保障。覃成林和周姣将城市群协调发展视为一个包含三个方面的过程，这三个方面分别是城市群范围内的大中小城市和城镇之间相互开放，推动形成有利于要素和资源在城市群范围内自由流动和优化配置的环境；通过横向政府间的竞争或城市群上级政府的推动来形成地区间产业分工与合作体系，密切各地区间的经济联系和发展上的依赖关系；通过各城市政府间的协商或城市群上级政府的安排，解决城市群区域性公共事务治理难

---

①　方创琳：《中国城市群形成发育的新格局与新趋向》，载《地理科学》2011年第 9 期。

②　国家发改委国地所课题组：《我国城市群的发展阶段与十大城市群的功能定位》，载《改革》2009 年第 9 期。

③　方创琳、宋吉涛、张蔷等：《中国城市群结构体系的组成与空间分异格局》，载《地理学报》2011 年第 5 期。

题，降低城市群协调发展的交易成本。① 程玉鸿和罗金济认为，"城市群协调发展是指在区域城市化过程中，在政府与市场两种力量的交互影响下，城市群内部各单体城市之间在经济、社会、基础设施、生态环境等诸方面，通过竞争博弈与协作互动，推动城市群实现一体化目标的发展过程"。②

（2）关于城市群协调发展所面临问题的研究。近些年来，我国城市群从无到有，数量不断增多，城市群发展取得了较为显著的成就。但同时，我国城市群发展也面临一定的问题，特别是城市群协调发展的水平和质量仍有待提升。例如，丁国峰和毛豪乾以云南省滇中城市群为例，对我国城市群协调发展所面临的问题进行探究后认为，缺乏保障城市群协调发展的法律机制、城市群发展规划因较为抽象而难以有效落实、缺乏城市群内部政府间合作的法律保障、缺乏负责推动城市群协调发展的组织机构、非政府组织在推动城市群协调发展方面的作用没有得到充分发挥、城市群府际纠纷解决机制不健全等问题的存在，阻碍了我国城市群协调发展水平的提升。③ 刘乃全和东童童从宏观和体系两个层面对我国城市群协调发展所面临的问题进行了分析。城市群发展在宏观层面的不协调主要表现在阻碍城市群协调发展的制度性障碍难以破除，城市群内部的资源和要素配置不均衡，城市群生态环境方面存在的问题制约了城市群的可持续发展。而城市群体系层面的不协调，主要表现在城市与区域之间产业关系的不协调和城市群等级结构和空间结构的不协调两个方面。④ 齐晶晶利用基于综合发展水平与评价指标间的径向基神经网络模型，在对我国城市群所处的发展阶段进行分析后认为，我国各城市群

① 覃成林、周姣：《城市群协调发展：内涵、概念模型与实现路径》，载《城市发展研究》2010年第12期。

② 程玉鸿、罗金济：《城市群协调发展研究述评》，载《城市问题》2013年第1期。

③ 丁国峰、毛豪乾：《论我国城市群协调发展的法律保障机制——以滇中城市群为例》，载《学术探索》2016年第6期。

④ 刘乃全、东童童：《我国城市群的协调发展：问题及政策选择》，载《中州学刊》2013年第7期。

在所处的发展阶段上存在较为明显的差异。具体来说，依据发展阶段的不同，可以将我国的城市群分成四种类型：处于形成期的城市群(以中原和关中城市群为代表)、处于成长期的城市群(以川渝和长江中游城市群为代表)、处于成熟期的城市群(以京津冀、山东半岛、辽中南和海峡西岸城市群为代表)和处于稳定期的城市群(以长三角、珠三角城市群为代表)。① 赵磊等对我国中西部地区城市群发展中出现的中心城市"一城独大"等问题进行了分析。② 李月起对成渝城市群协调发展的水平进行分析后认为，成渝城市群的一体化水平有待提升，在城市群内部成都与重庆两大城市之间的竞争大于合作，成渝城市群的协调发展面临一定的难题，需要从共建协调发展机制、开展共赢合作等方面来实现整个城市群的共生发展，不断提升成渝城市群协调发展的质量。③ 王爱辉等运用改进熵值法、耦合协调度、变异系数法和协调发展趋势指数模型等方法，对天山北坡城市群的经济、社会与环境之间的协调发展状况进行了分析，结果显示天山北坡城市群尚处于形成阶段，城市群内部各城市之间的发展差异较大，整个城市群区域发展不均衡的问题较为明显。④ 祁敖雪等通过对我国长江三角洲城市群、京津冀城市群和珠江三角洲城市群的生态环境与经济社会之间的协调发展状况进行比较后发现，京津冀城市群生态环境与经济社会协调发展水平相对较低，珠江三角洲城市群的生态环境与经济社会协调发展情况处于中等水平，而长江三角洲城市群的生态环境与经济社会协调发展质量相对较高。⑤ 谷玉辉

①　齐品晶：《十大城市群发展水平及其不平衡度测度分析》，载《经济研究参考》2015 年第 28 期。

②　赵磊、余家凤、陈元芳：《关注中西部省域经济发展中一城独大现象》，载《企业导报》2014 年第 21 期。

③　李月起：《新时代成渝城市群协调发展策略研究》，载《西部论坛》2018 年第 3 期。

④　王爱辉、刘晓燕、龙海丽：《天山北坡城市群经济、社会与环境协调发展评价》，载《干旱区资源与环境》2014 年第 11 期。

⑤　祁敖雪、杨庆媛、毕国华等：《我国三大城市群生态环境与社会经济协调发展比较研究》，载《西南师范大学学报(自然科学版)》2018 年第 12 期。

和吕霁航在对长江中游城市群的发展情况进行分析后认为，长江中游城市群在协调发展方面存在的问题主要表现在行政区划分割约束与区域发展一体化不协调，合作机制不健全与省际协作开放战略不协调，产业同质化、松散化与省际产业协同发展不协调，交通通信滞后性与基础设施共建共享不协调、生态环境压力与生态长江建设不协调等方面。①

　　（3）关于如何推动城市群协调发展的机制和对策的研究。城市群是引领区域经济增长的重要增长极和推动区域协调发展的重要载体，城市群协调发展的水平和质量直接关系到区域协调发展的水平和质量。面对当前我国城市群协调发展存在的诸多问题，需要通过构建相应的推动城市群协调发展的机制并制定具体的提升城市群协调发展水平的对策，来化解城市群协调发展所面临的困境，不断提升我国城市群协调发展的水平和质量。例如，方创琳认为，中国城市群按照点—轴—面的空间结构模式，形成了由 23 个城市群（点）、3 大城市群连绵主轴带（轴）、6 大城市群集聚区（面）组成的国家城市群空间结构体系。但同时，我国城市群的发展也存在过多的政府主导与行政干预、过高的发展前景估计、过密的集聚负效应和过大的发展差距等问题，需要通过组建国家级城市群协调发展管理委员会和地方级城市群协调发展管理委员会、建立城市群公共财政机制和公共财政储备制度、修订《城乡规划法》或出台《区域规划法》、增补城市群规划的内容等路径来化解我国城市群发展不协调的难题。② 王娟认为，城市群的发展是一个渐进的过程，目前我国大多数城市群还处于具有分散的多中心空间形态和以轴向扩展为主的空间扩展阶段，城市群和城市群空间拓展具有明显的政府主导色彩，外延式增长特征较为明显。而提升我国城市群协调发展质量的具体路径是从行政驱动城市群发展转向由市场机制主导城市群发展，行政引导从"注重个体城市发展转向整体一体化发展，从空间粗放蔓延低效扩展转向空间合

---

①　谷玉辉、吕霁航：《长江中游城市群协调发展存在的问题及对策探析》，载《经济纵横》2017 年第 12 期。
②　方创琳：《中国城市群形成发育的新格局及新趋向》，载《地理科学》2011 年第 9 期。

理紧凑高效发展，和从单纯追求经济效益转向经济、社会、文化、生态协同发展"。① 赵曦和王金哲基于2005—2015年全国12个城市群的面板数据，对金融资源空间整合对城市群协调发展的功效进行论证后指出，实现城市群协调发展不仅要加快提升金融资源空间整合水平，而且还要重点推进金融整合与经济增长相结合，最终实现以金融资源空间整合推动城市群产业分工与合作体系构建，进而实现城市群协调发展的目标。② 吕文静在对我国有关城市群协调发展政策的演变历程进行回顾的基础上，对我国城市群的发展规律进行了总结，并对城市群协调发展的趋势进行了预测。③ 刘乃全和东童童主张从实现政府行政管理体制和政府职能转变，建立完善的法律法规政策体系，构建合理的城市空间体系，强化城市群产业支撑，完善城市群协调机制，培育城市群中介组织等方面来提升我国城市群协调发展的水平。④ 陈群元和喻定权对我国城市群协调机制与对策进行了分析。⑤ 覃成林和周姣在对城市群协调发展的内涵进行界定的基础上，就推动城市群协调发展的具体路径进行了探究，将制定城市群发展战略与规划、强化城市群空间管制与生态环境治理、促进城市群内部要素自由流动、推动企业跨区域发展以及强化地区间产业分工与合作等作为实现城市群协调发展目标的基本路径。⑥ 何雨羲和斯琴在对我国西部地区城市群协调发展的现状进行分析的基础上，

---

①　王娟：《中国城市群演进研究》，西南财经大学博士学位论文，2012年，第118页。

②　赵曦、王金哲：《金融资源空间整合的城市群协调发展效应研究——基于2005—2015年全国12个城市群面板数据的研究》，载《经济问题探索》2019年第1期。

③　吕文静：《我国城市群协调发展的政策演变、规律总结及发展趋势》，载《开发研究》2019年第3期。

④　刘乃全、东童童：《我国城市群的协调发展：问题及政策选择》，载《中州学刊》2013年第7期。

⑤　陈群元、喻定权：《中国城市群的协调机制与对策》，载《现代城市研究》2011年第3期。

⑥　覃成林、周姣：《城市群协调发展：内涵、概念模型与实现路径》，载《城市发展研究》2010年第12期。

对西部地区城市群协调发展的实现机制进行了探究。①

　　（4）关于单个城市群协调发展问题的研究。我国城市群出现的时间虽相对较晚，但发展速度非常快，城市群的数量较多。我国不同区域的城市群在出现时间、所处发展阶段和发展水平等方面存在一定的差异，因此，我们在构建推动城市群协调发展的机制并制定推动城市群协调发展的对策时，需要紧密结合不同城市群的特点有针对性地施策，以此提升政策的效果。例如，宁越敏等在对我国长江三角洲都市连绵区的形成机制及其在运行过程中存在的问题进行研究后认为，建立跨行政区的城市群管理机构，有利于推动城市群协调发展水平和质量的不断提升。② 曹现强以山东半岛城市群为例，对区域一体化背景下地方政府合作的必要性进行了探讨，认为要以制度整合和政府职能转变为基本手段，建立跨市域的区域合作机制，以实现城市群空间范围内的规划和公共服务供给上的协调统一，以此来提升城市群协调发展的水平。③ 张颢瀚在对长三角地区在一体化进程中所面临的行政区设置障碍进行分析后指出，"长三角经济既是典型的都市区经济，又是典型的行政区经济。长三角一体化中的主要问题在于都市区经济与行政区经济的矛盾，突出表现在行政体制障碍上。行政区划边界的'硬'约束，成为发挥城市'集聚功能'和'辐射功能'的壁垒。（区域）一体化实际上就是不断突破行政区界限的过程"④。靖学青在分析长三角城市群发展过程中的问题的基础上，主张通过建立长三角城市群发展协调管理委员会，来推动长三角城市群

---

　　① 何雨羲、斯琴：《西部地区城市群协调发展现状评价与实现机制分析》，载《财政理论研究》2017年第5期。

　　② 宁越敏、施倩、查志强：《长江三角洲都市连绵区形成机制与跨区域规划研究》，载《城市规划》1998年第1期。

　　③ 曹现强：《山东半岛城市群建设与地方公共管理创新——兼论区域经济一体化态势下的地方合作机制建设》，载《中国行政管理》2005年第3期。

　　④ 张颢瀚：《长三角一体化中的行政区障碍与协调》，载《中国延安干部学院学报》2010年第2期。

的协调发展。① 张尚武对长江三角洲地区城镇空间形态的协调发展问题进行了分析。② 阎小培等对穗港澳都市连绵区的形成机制及其发展路径进行了探究。③ 年福华和李新对我国长江三角洲城市群的协调发展问题进行了研究。④ 张京祥等从行政区划改革的视角对城市群等都市密集区域的协调发展问题进行了分析。⑤ 魏勇强和张振宇对我国长三角城市群在协同发展方面存在的问题和长三角城市群协同发展的实现机制进行了研究。⑥ 陈群元和喻定权在分析英国、美国和日本三个发达国家城市群协调机制的经验及其给我国城市群协调发展带来的启示的基础上，对我国长三角、珠三角和京津冀三大城市群协调机制运行的现状、面临的问题及完善对策进行了探究。⑦ 王枫云基于长三角城市群的实证研究，对政府协调对于城市群协调发展的重要作用进行了论述。⑧ 王玉珍在对长三角城市群协调发展中存在的问题进行分析的基础上，主张通过设立推动长三角区域协调发展的常设机构，建立制度化的协调机制，构建包含政府、市场和企业等多元主体的协调机制等手段，来推动长三角城市群

---

① 靖学青：《西方国家大都市区组织管理模式——兼论长江三角洲城市群发展协调管理机构的创建》，载《社会科学》2002 年第 12 期。

② 张尚武：《长江三角洲地区城镇空间形态协调发展研究》，载《城市规划汇刊》1999 年第 3 期。

③ 阎小培、郭建国、胡宇冰：《穗港澳都市连绵区的形成机制研究》，载《地理研究》1997 年第 2 期。

④ 年福华、李新：《长江三角洲城市群区域协调发展研究》，载《苏州科技学院学报》2005 年第 3 期。

⑤ 张京祥、沈建法、黄钧尧等：《都市密集地区区域管治中行政区划的影响》，载《城市规划》2002 年第 9 期。

⑥ 魏勇强、张振宇：《长三角城市群协同发展机制研究》，载《现代管理科学》2019 年第 3 期。

⑦ 陈群元、喻定权：《中国城市群的协调机制与对策》，载《现代城市研究》2011 年第 3 期。

⑧ 王枫云：《和谐共进中的政府协调——长三角城市群的实证研究》，中山大学出版社 2009 年版。

实现协调发展。① 谷玉辉和吕霁航主张通过突破行政壁垒、加强地区协同发展、健全区域合作机制等方式来推动长江中游城市群协调发展。② 王爱辉主张通过发挥政府主导作用、突破行政壁垒、发挥城市群核心城市的集聚与辐射功能等方式来推动天山北坡城市群的协调发展。③ 朱江丽和李子联在对长三角城市群在产业—人口—空间耦合协调发展方面存在的问题进行研究后指出，长三角城市群区域内部高水平协调发展的城市普遍存在产业与空间协调发展程度滞后的特征，而外围城市则主要暴露出人口与空间协调发展程度滞后的问题。为此，应该促进产业集约高效发展，优化城市空间布局，推动长三角城市群内部各城市实现人口、产业与空间协调发展的目标。④ 张紧跟以珠三角城市群为例，分析了珠三角城市群发展过程中面临的区域资源整合和结构升级难、城市中心功能弱化与城镇化质量难以有效提升等困境，主张通过建设公共服务型城市治理联盟、推进城市治理体系现代化、创新城市群区域治理机制等来适应珠三角城市群协调发展的需求。⑤ 此外，刘德平对大珠江三角洲城市群⑥、裴玮对成都平原城市群⑦、阳彩平对昌九城市带⑧的协调发展问题进行了研究，并提出了相应提升城市群协调发展水平的对策。

① 王玉珍：《长三角城市群协调发展机制问题新探》，载《南京社会科学》2009 年第 11 期。

② 谷玉辉、吕霁航：《长江中游城市群协调发展存在的问题及对策探析》，载《经济纵横》2017 年第 12 期。

③ 王爱辉：《天山北坡城市群经济、社会与环境协调发展与对策》，载《水土保持研究》2014 年第 2 期。

④ 朱江丽、李子联：《长三角城市群产业—人口—空间耦合协调发展研究》，载《中国人口·资源与环境》2015 年第 2 期。

⑤ 张紧跟：《新型城镇化中的地方治理结构创新——以珠三角为例》，载《福建省委党校学报》2017 年第 8 期。

⑥ 刘德平：《大珠江三角洲城市群协调发展研究》，华中农业大学博士学位论文，2006 年。

⑦ 裴玮：《成都平原城市群经济协调发展研究》，四川大学博士学位论文，2007 年。

⑧ 阳彩平：《昌九城市带协调发展研究》，江西师范大学博士学位论文，2008 年。

3. 关于城市群治理模式的研究

伴随城市群的兴起和快速发展，城市群在我国国民经济和社会发展中的重要性日渐凸显，如何通过不断提升城市群治理水平和治理能力来有效化解阻碍城市群协调发展的难题，推动城市群协调发展水平和质量的不断提升，正逐步成为国内学界研究的热点。目前，在城市群治理模式的研究上，国内学者在注重对西方国家的区域治理范式进行引介的同时，也开始注意运用西方国家的区域治理和城市群治理模式化解我国的城市群治理难题，形成了较为丰富的研究成果。从学界现有的研究成果来看，城市群府际协作治理、府际协同治理、府际合作治理等是当前我国城市群治理所采用的主要治理模式，整体性治理、嵌入式治理、整合治理等治理模式也开始被部分学者尝试应用于城市群治理中。

(1)对西方国家城市区域治理范式引介方面的研究。在城市群等城市区域的治理上，西方发达国家无论是在治理理论研究上还是在治理实践上都要早于我国，对西方发达国家城市区域治理理论的学习和治理经验的借鉴，对于提升我国城市群治理水平和提高城市群发展质量非常重要。例如，张紧跟在梳理20世纪90年代以来在美国兴起的新区域主义理论的演进历程后认为，"与改革传统和公共选择视角立足于结构性改革不同的是，新区域主义更强调治理过程，主张通过在相关主体间建立健全有效的协调机制，以提高区域性竞争力。尽管新区域主义面临诸多挑战，但它提出了一种新型的大都市区治理思路，对促进当代中国城市群健康发展也具有重要的启示意义"。① 陶希东对20世纪50年代美国在跨州大都市区跨界治理上采用的策略进行了梳理，总结出美国跨州大都市区跨界治理对我国长三角、京津唐、珠三角三大都市圈跨界治理的有益启示。② 张衔春等对法国复合区域治理模式转型的过程进行了论述，并从运行模式、实现条件、地方参与等多个角度归纳了复合区域治

---

① 张紧跟：《新区域主义：美国大都市区治理的新思路》，载《中山大学学报（社会科学版）》2010年第1期。

② 陶希东：《20世纪美国跨州大都市区跨界治理策略与启示》，载《国外规划研究》2016年第8期。

理给我国区域治理的启示。① 高薇从区域治理组织和法制保障两个层面对德国的区域治理模式进行了研究，论述由地方政府自发建立的区域性协调组织在区域治理中的重要性。她认为，我国的区域治理治理可以借鉴德国经验，不断增强地方政府的自主性和积极性，逐步完善法制保障，进一步发挥区域性组织在区域治理中的优势。②

（2）在城市群治理模式的研究上，城市群府际协作治理、府际协同治理、共同治理等是大部分学者主张采用的治理模式，整体性治理、多层级治理等治理模式也逐渐被部分学者应用于城市群治理的研究中。例如，曹海军等分析了协作式治理模式对城市群治理的重要借鉴意义，提出运用协作式治理的理论框架构建优良的城市治理体系和新型的城市群府际关系，将有助于实现国家治理体系的完善与优化。③ 锁利铭从积极性、实质性、自主性与制度性等维度对我国城市群府际协作治理的水平进行测度后指出，我国城市群内部的府际协作治理虽正在不断加强，但城市群际协作治理的实质性较低，自主性和一体化动能较弱，需要通过央地关系调整、创新地方政府协作的激励手段和完善城市群层级的协调组织与机制等方面，来推动城市群府际协作治理的完善。④ 同时，锁利铭还以制度性集体行动理论为分析切入点，揭示了城市群内部的各地方政府在城市群府际协作治理中存在的集体性收益与选择性收益的双重动机。⑤ 王玉海和宋逸群从共享与共治的视角，提出了要构建以参与主体行为界定、资源共享平台构建、经济支撑载体等为主要内容的城市群府

① 张衔春、胡映洁、单卓然等：《焦点地域·创新机制·历时动因——法国复合区域治理模式转型及启示》，载《经济地理》2015 年第 4 期。

② 高薇：《德国的区域治理：组织及其法制保障》，载《环球法律评论》2014年第 2 期。

③ 曹海军、霍伟桦：《基于协作视角的城市群治理及其对中国的启示》，载《中国行政管理》2014 年第 8 期。

④ 锁利铭：《面向府际协作的城市群治理：趋势、特征与未来取向》，载《经济社会体制比较》2016 年第 6 期。

⑤ 锁利铭：《城市群地方政府协作治理网络：动机、约束与变迁》，载《地方治理研究》2017 年第 2 期。

际协作治理体系，以此来化解城市群治理难题，推动城市群协调发展。① 臧雷振和翟晓荣以京津冀城市群为例，认为当前我国区域府际协作治理中的壁垒主要有技术壁垒、经济壁垒和环境壁垒三种类型，并对这三种壁垒的发生机制、相互叠加、相互转化及其现实影响进行了分析。② 金太军和汪波运用"囚徒困境"模型揭示了城市群治理中的合作理性与个体理性之间的冲突，指出城市政府之间无限次重复博弈和城市政府基于收益最大化而选择的理性策略是我国城市群治理摆脱"囚徒困境"的双重动力。③

在国内学者对于城市群府际协作治理、府际合作治理等治理模式的研究不断深入的同时，整体性治理模式也逐渐被应用于我国城市群治理的研究中。胡象明认为整体性治理理论所包含的协调机制、整合机制、信任机制等理念，对解决我国政府治理实践中的碎片化和自我中心主义具有重要的启示。④ 史云贵和周荃认为，整体性治理视角的出发点是通过协调与整合破解新公共管理出现的"碎片化"问题，但整体性治理范式在理论上和实践中也暴露出重返官僚制、整体性治理与其所依赖的组织基础间存在一定的张力以及政府内部协调与整合困难和治理责任的归属难以确定等困境，而这就需要以合作治理的理念为引导，通过整合政府公共服务的内容，而不是简单的部门整合，以实现公共服务的无缝隙供给。⑤ 易承志将整体性治理理论应用于我国的大都市区治理中，他认为伴随我国大都市区的快速发展，需要冲破行政区划边界给大都市区公

---

① 王玉海、宋逸群：《共享与共治：中国城市群协同治理体系建构》，载《开发研究》2017 年第 6 期。

② 臧雷振、翟晓荣：《区域协同治理壁垒的类型学分析及其影响——以京津冀为例》，载《天津行政学院学报》2018 年第 5 期。

③ 金太军、汪波：《中国城市群治理：摆脱"囚徒困境"的双重动力》，载《上海行政学院学报》2014 年第 2 期。

④ 胡象明、唐波勇：《整体性治理：公共管理的新范式》，载《华中师范大学学报(人文社会科学版)》2010 年第 1 期。

⑤ 史云贵、周荃：《整体性治理：梳理、反思与趋势》，载《天津行政学院学报》2014 年第 5 期。

共事务治理带来的制约，对大都市区的公共事务进行整体性治理，推进政府治理模式创新，切实发挥市场和社会主体在公共事务治理中的重要作用。① 韩兆柱和单婷婷基于整体性治理的视角对京津冀府际关系的协调模式展开了研究，认为从组织架构、制度建设、技术支撑三个角度来构建京津冀整体性府际关系协调模式，是推动京津冀协同发展长效机制形成的必由之路。② 董树军从整理性治理的视角对我国城市群府际博弈的化解路径进行了分析。③ 赵新峰和袁宗威将整体性治理运用于雄安新区的治理中，从制度创新价值、制度创新文化、制度创新主体、新制度实施保障机制等四个方面探讨了如何推进雄安新区整体性治理制度的创新等问题。④

（3）对于单个城市群治理问题的研究。在单个城市群治理问题的研究方面，长三角城市群、京津冀城市群和珠三角城市群等是学界研究的热点。同时，伴随 2019 年 2 月《粤港澳大湾区发展规划纲要》的出台，粤港澳大湾区城市群的治理问题正逐渐成为学界研究的热点。此外，部分学者也对长株潭城市群等省域内城市群的治理问题进行了探究。

在长江三角洲城市群治理方面，金太军、张学良、郁鸿胜等学者分别从不同的视角对长三角一体化进程中的区域治理问题进行了研究。其中，金太军对长三角一体化进程中的区域合作协调机制的构建问题进行了论述；⑤ 张学良等在回顾长三角区域一体化发展机制的演进历程的基础上，对长三角区域一体化发展机制在构建和运行过程中的经验进行了

① 易承志：《超越行政边界：城市化、大都市区整体性治理与政府治理模式创新》，载《南京社会科学》2016 年第 5 期。

② 韩兆柱、单婷婷：《基于整体性治理的京津冀府际关系协调模式研究》，载《行政论坛》2014 年第 4 期。

③ 董树军：《城市群府际博弈的整体性治理研究》，湖南大学博士学位论文，2016 年。

④ 赵新峰、袁宗威：《津冀协同发展背景下雄安新区整体性治理的制度创新研究》，载《行政论坛》2019 年第 3 期。

⑤ 金太军、张开平：《论长三角一体化进程中区域合作协调机制的构建》，载《晋阳学刊》2009 年第 4 期。

总结，并对其发展趋向进行了论述；① 郁鸿胜指出制度合作是长三角区域一体化的核心；② 解艳波分析了长三角地区一体化的发展思路；③ 张雨对长三角一体化进程中存在的制度障碍及其化解对策进行了论述；④ 赵峰对长三角区域合作机制的经验进行了总结，并提出了进一步推进长三角一体化发展的具体思路；⑤ 庄士成对长三角区域合作中的利益格局失衡与利益平衡机制进行了探究。⑥

　　在京津冀城市群治理方面，曹海军和刘少博在对京津冀城市群治理中的协调机制与服务体系构建之间的关系进行研究后认为，京津冀城市群内部政府间协调机制的不畅，导致了城市群范围内公共服务供给的碎片化、供给模式的单一与低效和供给与需求之间的不均衡等诸多困境。为此，必须要以治理精神为先导，构建多层次的政府之间、政府与市场之间、政府与社会之间的协调机制。⑦ 汪伟全以北京市为例，在对京津冀区域空气污染的跨域合作治理中存在的问题进行分析后指出，利益协调是空气污染跨域合作治理能否成功的关键，而治理体制的单中心、碎片化和各治理主体的机会主义行为是当前府际利益协调工作面临的主要困境。为了实现空气污染的跨域有效治理，在府际利益协调方面，需要构建多元主体共同参与的协调模式，完善利益协调的体系与功能，健全

　　① 张学良、林永然、孟美侠：《长三角区域一体化发展机制演进：经验总结与发展趋向》，载《安徽大学学报（哲学社会科学版）》2019 年第 1 期。

　　② 郁鸿胜：《制度合作是长三角区域一体化的核心》，载《中国城市经济》2010 年第 2 期。

　　③ 解艳波、陆建康：《长三角地区一体化发展思路研究》，载《江苏社会科学》2010 年第 2 期。

　　④ 张雨：《长三角一体化中的制度障碍及其对策》，载《南京社会科学》2010 年第 11 期。

　　⑤ 赵峰、姜德波：《长三角区域合作机制的经验借鉴与进一步发展思路》，载《中国行政管理》2011 年第 2 期。

　　⑥ 庄士成：《长三角区域合作中的利益格局失衡与利益平衡机制研究》，载《当代财经》2010 年第 9 期。

　　⑦ 曹海军、刘少博：《京津冀城市群治理中的协调机制与服务体系构建的关系研究》，载《中国行政管理》2015 年第 9 期。

生态利益补偿机制，创新各种利益协调的强制执行机制。① 王玉海等对京津冀协同发展背景下的产业空间再造与有序调整问题进行了研究，指出应以城市功能定位为导向、以产业集群为基础来推动京津冀区域产业空间的再造。②

在粤港澳大湾区城市群治理方面，官华等以粤港澳大湾区建设为例，提出要构建在中央政府统一领导下的，由地方政府、市场主体、社会组织、公民等多主体参与的平等、协商、合作、互动的区域治理体系，以此来推动粤港澳大湾区城市群发展水平和质量的不断提升。③ 丘杉从长效合作机制、国家功能、"一带一路"和大城市群四个维度对粤港澳大湾区城市群发展的路径选择等问题进行了研究。④

在长株潭城市群等省域内城市群治理方面，伴随省域内城市群的兴起和快速发展，部分学者对省域内城市群的治理和协调发展等问题展开了研究。例如张衔春等在对长株潭城市群的发展现状进行研究后认为，长株潭城市群作为我国典型的多中心城市群，适用传统的区域管理机制存在诸多弊端，需要通过构建多中心网络治理模式来推动长株潭城市群治理水平的不断提升。⑤ 蔡岚以长株潭城市群公交一体化为例，提出了构建缓解地方政府合作困境的合作治理框架的构想。⑥

4. 我国城市群协调发展和城市群治理相关研究述评

20 世纪 90 年代以来，伴随我国城市群的出现及其快速发展，以及

---

① 汪伟全：《空气污染的跨域合作治理研究——以北京地区为例》，载《公共管理学报》2014 年第 1 期。

② 王玉海、田建国、汪欣欣：《京津冀协同发展下的产业空间再造与有序调整探讨》，载《天津商业大学学报》2019 年第 2 期。

③ 官华、唐晓舟、李静：《粤港澳大湾区建设中的区域治理体系研究》，载《港澳研究》2018 年第 3 期。

④ 丘杉：《粤港澳大湾区城市群发展路向选择的维度分析》，载《广东社会科学》2017 年第 4 期。

⑤ 张衔春、吕斌、许顺才等：《长株潭城市群多中心网络治理机制研究》，载《城市发展研究》2015 年第 1 期。

⑥ 蔡岚：《缓解地方政府合作困境的合作治理框架构想——以长株潭公交一体化为例》，载《公共管理学报》2010 年第 4 期。

城市群协调发展重要性的日渐凸显，学界关于城市群协调发展和城市群治理方面的研究成果日渐增多，为我国城市群治理水平的提升和城市群发展质量的提高提供了较为坚实的理论支撑。通过对我国城市群协调发展和城市群治理等方面研究成果的梳理可以发现，既有研究取得的成果主要在以下两个方面：一是西方发达国家在城市群治理方面的理论研究成果和成功治理经验被不断引介到国内，为我国城市群治理水平的提升和城市群发展质量的提高奠定了较为坚实的理论基础和经验支撑。西方发达国家由于城市化进程起步较早，在城市群治理方面的理论研究成果较为丰富，城市群治理方面的成功经验也相对更多，值得我国认真学习和积极借鉴。国内学者对于西方发达国家城市群治理方面的理论研究成果和成功治理经验的引介，有助于不断提升我国城市群的治理水平和城市群协调发展的质量。二是城市群府际协作治理逐渐成为我国化解城市群治理困境和推动城市群协调发展的主要治理模式。推动和实现城市群协调发展是一个复杂的系统性工程，需要城市群内部各地方政府之间的密切协作。以城市群内部各地方政府为核心治理主体的城市群府际协作治理，有助于化解碎片化的行政区行政格局给区域性公共事务治理带来的困境，推动人口和生产要素在城市群内部的自由流动和合理配置，进而实现城市群协调发展的目标。

当然，学界现有关于城市群协调发展和推动城市群协调发展的城市群治理模式等方面的研究也仍然存在一些有待完善之处：一是在对阻碍城市群协调发展的因素分析上，现有研究注重从横向政府间关系的视角来分析，将城市群内部的地方政府缺乏合作意识、推动城市群协调发展的府际协作治理机制还不够完善等视为导致城市群发展不协调的主要原因，而从纵向政府间关系的视角对城市群发展不协调的原因进行研究的相对较少。城市群内部的各地方政府在推动城市群协调发展上所采取的决策动机和行为策略，与城市群上级政府和城市群内部各地方政府之间的权力配置和利益分配格局有着密切的关联。特定的权力配置和利益分配格局，会对城市群内部各地方政府之间的关系格局产生深刻的影响，并由此影响到城市群协调发展的水平和质量。

二是在对推动城市群协调发展的治理模式的研究上，注重对以城市群内部各地方政府为核心治理主体的城市群府际协作治理模式的研究，而对于如何充分发挥城市群上级政府推动城市群协调发展的重要作用的治理模式探究相对较少。城市群协调发展是一个内部力量和外部力量共同作用的过程。城市群协调发展难题的化解和城市群协调发展水平的提升，既需要依赖于城市群内部各地方政府之间的协作治理，又需要充分发挥城市群上级政府在城市群治理中的重要作用。特别是市场机制发育不太成熟、内部各地方政府参与府际协作治理的意愿和动机较弱的城市群，在推动城市群府际协作治理水平不断提升的同时，也非常有必要对如何充分发挥城市群上级政府在推动城市群协调发展上的重要作用的治理模式进行探索，以实现通过横向的城市群治理模式和纵向的城市群治理模式的有机结合，来推动城市群治理能力的不断提升，进而为城市群协调发展目标的实现提供有力的支撑。

三是现有研究过于注重对西方发达国家城市群治理模式的引介，而对于如何构建符合我国国家结构形式特点和行政管理体制实际的城市群治理模式的研究还有待增强。世界各国在跨域事务治理和区域经济社会发展中通常都会遇到诸如区域发展不协调、区域性公共事务难以得到有效治理等难题，这些问题之间通常存在一定的共性，西方发达国家在城市群治理方面的理论成果和成功经验值得我们借鉴。但是，由于各国的国家结构形式、行政管理体制和区域发展实际等方面通常存在一定的差异，西方发达国家在城市群治理和城市群发展等方面的一些理论和经验未必适用于我国。因此，我们在认真学习西方发达国家在城市群治理方面的理论成果、积极借鉴西方发达国家在推动城市群协调发展方面的成功经验的同时，也需要紧密结合我国的国家结构形式、行政管理体制特点和区域发展实际，探索适合我国国情的城市群治理模式，以此来推动我国城市群治理能力和城市群协调发展水平的不断提升。

学界现有的关于城市群协调发展和城市群治理方面的研究成果，为进一步深入研究有关城市群协调发展和城市群治理等方面奠定了坚实的理论基础。但是面对现有城市群协调发展和城市群治理研究方面的一些不足，我们在推动城市群府际协作治理水平不断提升、充分发挥城市群府际协作治理在化解城市群协调发展困境、推动城市群协调发展水平不断提升等方面重要作用的同时，也需要紧密结合我国纵向政府间关系的实际，积极推动以城市群上级政府为核心治理主体的城市群治理模式在城市群治理中的应用，以构建横向的、以城市群内部各地方政府为核心治理主体，和纵向的、以城市群上级政府为核心治理主体有机结合的双重治理机制，来推动城市群治理水平的提升和城市群协调发展质量的提高。

三、研究思路和研究内容

(一)研究思路

本书在学界现有关于整合治理模式研究成果的基础上，尝试提出了纵向府际整合治理的概念，并尝试基于纵向府际整合治理的视角化解我国城市群协调发展所面临的困境，不断提升我国城市群协调发展的水平。本研究沿着理论阐释—问题梳理—困境生成逻辑分析与治理路径选择—具体实施路径的逻辑进路来对城市群协调发展问题进行论述，在对我国城市群协调发展所面临的主要困境及其生成逻辑进行较为系统的梳理的基础上，尝试通过构建以城市群地方政府事权整合和城市群地方政府财权整合为主要内容的城市群治理框架，来不断增强城市群上级政府在推动城市群协调发展上的统筹与协调能力，逐步弱化各地方政府制造政策壁垒和开展无序竞争的能力与动机，不断提升城市群基本公共服务均等化水平，以更好地引导和推动人口和生产要素在城市群空间内的合理流动和均衡配置，进而实现化解城市群协调发展困境和推动城市群协调发展水平不断提升的目的。

(二)研究内容

本书结构分为七个部分，分别为导论、纵向府际整合治理：一种区域治理模式(第一章)、我国城市群协调发展的主要困境(第二章)、城市群协调发展困境的生成逻辑与治理路径选择(第三章)、城市群地方政府事权整合：构建有利于城市群协调发展的事权运行格局(第四章)、城市群地方政府财权整合：构建有利于城市群协调发展的财权运行格局(第五章)、城市群纵向府际整合治理能力的提升(第六章)。

导论部分主要对本书的研究背景和研究意义进行了阐述，对国内外有关城市群、城市群协调发展和城市群治理等方面的文献进行了梳理，并对本书的研究思路、主体结构、研究方法、论文的创新之处与不足以及相关的核心概念等进行了论述。

第一章为纵向府际整合治理：一种区域治理模式。本章主要对纵向府际整合治理这一区域治理模式的提出背景、基本内涵、理论基础、运行逻辑和运作方式等内容进行了阐述，并对将纵向府际整合治理模式应用于我国城市群治理中的必要性和可行性进行了论述。

第二章为我国城市群协调发展的主要困境。本章在对城市群和城市群协调发展的基本内容以及我国城市群的产生背景和发展历程进行论述的基础上，对我国城市群在协调发展上所面临的主要困境进行了梳理。

第三章为城市群协调发展困境的生成逻辑与治理路径选择。本章对我国城市群协调发展困境的生成逻辑和城市群府际协作治理在推动城市群协调发展上所发挥成效的不确定性进行分析和论述，在此基础上，对城市群纵向府际整合治理模式的基本内涵和运行逻辑，以及利用纵向府际整合治理来推动我国城市群协调发展的实施路径进行了论述。

第四章为城市群地方政府事权整合：构建有利于城市群协调发展的事权运行格局。本章主要对城市群地方政府事权整合的缘起、基本逻辑和主要手段等问题进行论述。我国城市群协调发展困境的生成，与城市群内部现有的、与城市群协调发展密切相关的部分事权运行的碎片化，以及其引发的地区间的政策壁垒和基本公共服务不均等密切相关。城市群协调发展困境的化解，需要由城市群上级政府对城市群内部各地方政府所拥有的、与城市群协调发展密切相关的部分事权进行适度的整合，不断强化城市群上级政府在推动城市群协调发展上的事权，以此来弱化各地方政府制造政策壁垒和开展无序竞争的能力，不断提升城市群基本公共服务均等化水平，进而构建起有利于城市群协调发展的事权运行格局。

第五章为城市群地方政府财权整合：构建有利于城市群协调发展的财权运行格局。本章主要对作为城市群纵向府际整合治理主要内容之一的城市群地方政府财权整合的缘起、基本逻辑和主要手段等问题进行论述。我国城市群协调发展困境的生成，也与城市群内部现有的部分财税政策制定权限和财税收入分配权限运行的碎片化，以及其引发的地方政府间的无序竞争和地区间财力差距过大等问题密切相关。城市群协调发展困境的化解，除了要对城市群地方政府的部分事权进行适度的整合外，也需要由城市群上级政府对城市群内部各地方政府所拥有的部分财税政策制定权限和财税收入分配权限进行适度的整合，不断强化城市群上级政府在推动城市群协调发展上的统筹与协调能力，以此来弱化各地方政府制造政策壁垒和开展无序竞争的动机，不断缩小城市群内部各地区财力上的差距，进而构建起有利于城市群协调发展的财权运行格局。

第六章为城市群纵向府际整合治理能力的提升。本章主要对如何从不断变革和优化我国纵向政府间的职责划分格局，构建规范化的城市群府际争议解决机制，以及以城市群为单位对城市群内部各地方政府部分类型的政绩进行考核等方面来提升城市群纵向府际整合治理的能力等问题进行了论述，以确保城市群纵向府际整合治理模式在推动城市群协调发展上的成效能够得到切实有效的发挥。

四、研究方法和创新之处

（一）研究方法

本书在对纵向府际整合治理模式进行阐释的基础上，对我国城市群协调发展面临的主要困境及其生成逻辑进行了较为系统的梳理，并对如何选择推动我国城市群协调发展的治理路径进行了分析，然后基于纵向府际整合治理的视角，对推动我国城市群协调发展的具体实施路径进行了论述。文章沿着理论阐释—问题梳理—困境生成逻辑分析与治理路径选择—具体实施路径的逻辑来展开。本书运用的研究方法主要包括文献研究法、多学科研究法、案例研究法和系统研究法。

1. 文献研究法。本书以现有关于城市群、城市群协调发展、区域治理和城市群治理等方面的文献为基础，通过相关文献掌握国内外有关城市群协调发展和城市群治理方面的研究现状和最新动态，并从中发掘出对城市群协调发展和城市群纵向府际整合治理研究具有参考价值的文献，进而为本书的研究和写作提供较为扎实的文献支撑。

2. 多学科研究法。城市群协调发展和城市群治理问题涉及管理学、政治学、经济学、法学等多种学科，本书在研究和论证过程中，综合运用了管理学、政治学、经济学、法学等多学科的相关理论和知识，为研究的不断推进提供了较为坚实的理论支撑。

3. 案例研究法。作为城镇化发展到中高级阶段的城镇空间形态，城市群在西方发达国家出现的时间相对较早，其在我国目前也正处于快速发展的进程之中。西方发达国家和我国的城市群在发展和治理过程中存在一些比较成功的案例，为本书提供了较为丰富的素材。本书在研究和论证过程中，注重对西方发达国家城市群和我国城市群相关案例的引用，以此来丰富文章的论据，增强相关论点的说服力。

4. 系统研究法。城市群协调发展是一项较为复杂的系统性工程，对城市群协调发展所面临的困境和城市群协调发展困境生成的基本逻辑进行较为系统的梳理，有助于为城市群协调发展所面临困境的化解寻求到较为有效的治理路径。本书沿着理论阐释—问题梳理—困境生成逻辑分析与治理路径选择—具体实施路径这样一个较为系统的逻辑，对城市群协调发展问题进行了论述。

(二) 创新之处

1. 本书在学界现有整合治理模式研究成果的基础上，尝试提出了纵向府际整合治理的概念。区域治理是一项复杂的系统性工程，不仅要处理好政府与市场、政府与社会的关系，也需要处理好区域内部各地方政府之间的关系，以及区域上级政府与区域内部各地方政府之间的关系。整合是一种重要的治理手段，在国家治理中发挥着重要的作用。现有整合治理模式主要着眼于政府与社会和政府与市场之间的整合，是将社会组织和市场力量整合进由政府主导的治理体系，以实现特定的治理目标。本书在学界现有整合治理模式研究成果的基础上，尝试提出了纵向府际整合治理的概念。作为一种区域治理模式，纵向府际整合治理是指由区域上级政府对区域内部各地方政府拥有的部分事权和财权进行必要的整合，不断强化区域上级政府在区域治理和区域发展上的统筹与协调能力，以此来改变区域内部各地方政府的决策动机和行为策略，不断提升区域内部各地方政府与区域上级政府之间以及区域内部各地方政府之间决策和行为上的协同性，进而实现特定的区域治理目标。作为一种由区域上级政府主导实施的区域治理模式，纵向府际整合治理可以为我国的城市群，特别是市场机制发育不太成熟、内部各地区协调发展水平较低和各地方政府参与府际协作治理的意愿和动机较弱的城市群的协调发展提供一个较为可行的治理路径。

2. 本书对我国城市群协调发展所面临的困境及其生成逻辑进行了较为系统的梳理，尝试从纵向府际整合治理的视角来化解城市群协调发展所面临的困境。城市群协调发展是一个由城市群内部各地方政府和城市群上级政府共同推动的过程。其中，城市群内部各地方政府是推动城市群协调发展的内在动力，城市群上级政府是推动城市群协调发展的外在动力。现有研究主要侧重于通过横向的城市群内部各地方政府之间的府际协作来化解我国城市群协调发展所面临的困境。本书尝试从纵向的视角，即从纵向府际整合治理的视角来化解城市群协调发展所面临的困境。府际关系是影响城市群协调发展的重要因素，由于城市群内部的各地方政府是理性的、具有一定自主决策权限和特定利益诉求的行为主体，对城市群上级政府与城市群内部各地方政府之间的事权配置结构和财权划分格局进行的适度变革，有助于化解我国城市群协调发展所面临的困境。为此，本书尝试将纵向府际整合治理应用于我国的城市群治理中，期待通过构建以城市群地方政府事权整合和城市群地方政府财权整合为主要内容的城市群治理框架，来弱化各地方政府制造政策壁垒和开展无序竞争的能力与动机，不断提升城市群基本公共服务均等化水平，以构建有利于城市群协调发展的地方政府事权和财权运行格局，进而实现推动城市群协调发展的目标。

由于自身理论储备和研究视野所限，本书尚存在很多不足之处。首先，在学界既有理论研究成果基础上提出的纵向府际整合治理模式，尚需要对其在实践中的运作方式等问题进行更加深入的研究。其次，对于我国城市群协调发展所面临的问题及其化解路径也需要做进一步深入探究。最后，对于城市群纵向府际整合治理在应用中可能会遇到的阻碍，以及如何有效提升城市群纵向府际整合治理能力等问题的研究还需要继续推进。而这些不足，正是本书后续研究将要重点深入的地方。

五、有关核心概念的界定

1. 城市群。城市群是城镇化发展到高级阶段的产物，与都市区、都市圈、都市带和都市连绵区等相关概念之间既有一定的联系，也存在较为明显的区别。本书在对城市群以及都市区、都市圈、都市带和都市连绵区等相关概念进行分析的基础上认为，城市群是城镇化发展到高级阶段的空间组织形式，是一个以1个或1个以上的国家级中心城市或区域性中心城市为核心，由一定数量的大城市或都市圈为构成单元，依托互联互通程度较高的基础设施网络所形成的，各城市功能定位较为明确、城市间产业分工与协作体系较为完备和区域一体化程度较高的城镇密集区域。按照城市群是否跨越省级行政区域，可以将城市群分为跨省域城市群和省域内城市群两种类型。

2. 城市群协调发展。城市群协调发展既可以理解为是组成城市群系统的各个子系统之间的协调发展，又可以理解为是组成城市群的大中小城市和小城镇之间的协调发展。本书所探讨的城市群协调发展，主要是基于城市群内部的大中小城市和小城镇之间协调发展的视角。具体来说，城市群协调发展是指在市场、城市群内部各地方政府和城市群上级政府等多元力量的共同作用之下，城市群内部的大中小城市和小城镇之间的经济联系和社会交往日益紧密、地区间的产业分工与协作水平不断提升、人口和生产要素在城市群空间内的配置格局不断优化、大中小城市和小城镇之间经济社会发展水平上的差距不断缩小的过程。

3. 纵向府际整合治理。本书在学界既有整合治理模式研究成果的基础上，尝试提出了纵向府际整合治理的概念。作为一种区域治理模式，纵向府际整合治理是指由区域上级政府对区域内部各地方政府所拥有的、与区域治理和区域发展密切相关的部分事权和财权进行适度的整合，不断强化区域上级政府在区域治理和区域发展上的统筹与协调能力，以此来改变区域内部各地方政府的决策动机和行为策略，不断提升区域内部各地方政府之间以及区域上级政府与区域内部各地方政府之间决策和行为上的协同性，进而实现特定的区域治理和区域发展目标的治理模式。

第一章 纵向府际整合治理：
一种区域治理模式

　　区域治理是一项由多元治理主体参与的治理行动，政府是区域治理体系中的核心治理主体。区域治理难题的化解和区域发展水平的提升，有赖于多元治理主体在决策和行为上的有效协同。在当前我国区域治理的实践中，区域治理所采用的主要治理模式是以区域内部的各地方政府为核心治理主体的府际协作治理，而对于以区域上级政府为核心治理主体的区域治理模式的探究相对较少。整合是一个重要的治理手段，在国家治理中发挥着重要的作用。本书在学界现有关于整合治理模式研究成果的基础上，尝试提出了以区域上级政府为核心治理主体的纵向府际整合治理的概念。区域治理难题的化解和区域协调发展水平的提升，不仅需要依靠区域内部各地方政府之间的主动沟通、积极协商和密切协作，也需要由区域上级政府对区域内部的各地方政府所拥有的部分事权和财权进行必要的整合，以化解治理权限运行的碎片化和各治理主体在利益诉求上的不一致给区域治理带来的阻碍。伴随我国经济发展格局由传统的省域经济、市域经济等行政区经济向城市群经济的转变，城市群上级政府在化解城市群协调发展困境和提升城市群协调发展水平等方面的重要性正日渐凸显。本书尝试将以区域上级政府为核心治理主体的纵向府际整合治理模式应用于我国的城市群治理中，以实现化解城市群协调发展困境和不断提升城市群协调发展水平的目的。

第一节　纵向府际整合治理模式提出的背景

　　改革开放以来，特别是 20 世纪 90 年代以来，伴随区域一体化进程的不断加快，地区之间的经济联系和社会交往日益紧密，很多原本局限于单个行政区内部的地区性事务逐渐外溢为区域性公共事务，碎片化的治理体制与区域性公共事务治理之间的矛盾日渐凸显。同时，伴随区域之间和区域内部各地区之间发展不平衡问题的不断加剧，区域协调发展的重要性也随之不断提升。目前，区域协调发展已经成为新时代国家重大发展战略之一。为了有效化解区域性公共事务治理难题，更好地推动区域协调发展，推动行政区行政向区域治理转变显得越发迫切。区域内部的各地方政府和区域上级政府是区域治理体系中的核心治理主体，在区域治理中发挥着重要的作用。当前，我国区域治理所采用的主要治理模式是以区域内部的各地方政府为核心主体的府际协作治理，而对于以区域上级政府为核心治理主体的区域治理模式的探究相对较少。府际协作治理模式注重通过区域内部各地方政府之间的密切协作，化解区域治理难题，提升区域发展水平。但由于府际协作治理模式在区域治理实践中的运行成效发挥存在一定程度的不确定性，因此我们在注重运用府际协作治理模式的同时，也应该注重对区域治理模式的探究和应用。纵向府际整合治理就是这样一种区域治理模式，通过区域上级政府对区域内部各地方政府所拥有的部分权力进行必要的整合，以此来化解区域治理难题，进而推动区域治理能力和区域发展水平不断提升。

一、我国区域治理的基本现状

"区域治理是指政府、非政府组织、私人部门、公民及其他利益相关者为实现最大化区域公共利益，通过谈判、协商、伙伴关系等方式，对区域公共事务进行集体行动的过程。"[①]在当前我国区域治理的实践中，以区域内部的各地方政府为核心治理主体的府际协作治理是我国区域治理所采用的主要治理模式，中央政府和省级政府在区域治理中的重要性日渐凸显，市场主体和社会组织参与区域治理的主动性和积极性不

---

① 陈瑞莲、杨爱平：《从区域公共管理到区域治理研究：历史的转型》，载《南开学报（哲学社会科学版）》2012年第2期。

断提升。

1. 以地方政府为核心治理主体的府际协作治理是当前我国区域治理所采用的主要治理模式。"协作（Collaboration）是 20 世纪后期发展起来的政府管理理念，它是对以科层制的组织系统和'命令—服从'的行动逻辑为基础的传统政府管理理念的超越。"①20 世纪 90 年代初，伍德（Wood）和格雷（Gray）两位学者在协作理念的基础上提出了协作治理的概念，将协作治理界定为一种由公共机构将多个利益相关者集中起来，围绕着特定的治理议题进行商讨并达成一致共识的治理模式。② 西方语境下的协作治理是一个由政府、企业、社会组织和公民等多元治理主体参与的治理活动。而在我国，由于受到发育程度和治理能力等因素的影响与制约，市场主体和社会组织在协作治理中能够发挥的作用较为有限，"中国协作治理实践将以府际协作治理为主体，政府与市场、社会间的协作治理为补充和可能的增长点。府际协作治理将成为解决跨行政区域、层级、部门治理难题，以及克服现有政府治理体制'碎片化'治理困境的主要协作治理形式"③。

20 世纪 90 年代以来，伴随区域性公共事务的日渐增多和区域协调发展重要性的不断凸显，地方政府间的府际协作治理逐渐成为我国区域治理的主要模式。④ 在当前我国区域治理的实践中，一定区域内的各地方政府之间通过成立府际关系协调机构、召开府际联席会议、成立府际合作组织等形式，就特定的区域治理议题展开沟通、协调和合作，以此来化解区域治理难题，推动区域协调发展。例如，在我国的长江三角洲区域，由长三角区域内的部分城市发起的长三角城市经济协调会，在推

---

① 郭道久：《协作治理是适合中国现实需求的治理模式》，载《政治学研究》2016 年第 1 期。

② Donna J. Wood, Barbara Gray, Toward a Comprehensive Theory of Collaboration, Journal of Applied Behavioral Science, Vol. 27, 1991.

③ 丁忠毅：《府际协作治理能力建设的现实性》，载《理论视野》2017 年第 2 期。

④ 协作治理与协同治理、合作治理都是对政府、社会组织和市场主体等多元治理主体之间进行合作共治的治理模式的表述，三者之间的内涵和外延大体一致，本书采用了协作治理的称谓。

动长三角区域各城市之间的协调发展上发挥了重要的作用；同时，由长三角区域"三省一市"参与组建的长三角区域大气污染防治协作小组，在提升长三角区域大气和水污染防治的协作水平等方面正发挥着越来越重要的作用。而在粤港澳大湾区，广东和香港两地之间的粤港合作联席会议，在深化广东和香港两地的府际合作方面起到了重要的推动作用。

2. 中央政府和省级政府在区域治理中的重要性日渐凸显。区域治理难题的化解和区域治理水平的提升，不仅需要依赖于区域内部各地方政府之间的密切协作，也需要充分发挥中央政府在跨省区域治理和省级政府在省内区域治理中的重要作用，近年来，这一点的重要性正日渐凸显。例如，为了推动我国跨省域城市群的协调发展，2015 年以来，中央政府编制出台了很多跨省域城市群的发展规划，例如《长江中游城市群发展规划》《成渝城市群发展规划》《长江三角洲城市群发展规划》和《中原城市群发展规划》等。这些跨省域城市群发展规划的编制和实施，为我国跨省域城市群协调发展水平的提升和区域一体化进程的加快起到了很好的引领和推动作用。同时，在跨省区域的大气污染防治等区域性公共事务治理方面，中央政府的相关职能部门也发挥了非常重要的作用。例如，2013 年底，为了不断提升京津冀及其周边地区大气污染防治的协作水平和治理成效，国家发改委、财政部、环保部、工信部等七部委与北京、天津、河北、山西、内蒙古、山东等六个省区市成立了京津冀及周边地区大气污染防治协作小组。此外，省级政府在省内次区域治理中的重要性也不断提升。省级政府通过制定省内次区域发展规划、参与跨地级市的区域性公共事务治理和推动省域内部分地级市之间的互助合作等方式，在提升省内次区域的治理水平和提高省内次区域的发展质量等方面起到了重要的推动作用。

3. 市场主体和社会组织参与区域治理的主动性和积极性不断提升。区域治理是一个由多元治理主体参与的治理活动。在区域治理体系中，市场主体和社会组织是非常重要的区域治理主体。改革开放以来，伴随经济体制改革的不断深入和国家在社会组织发展上投入力度的不断加大，我国的市场主体和社会组织得到了快速发展，市场主体和社会组织参与区域治理的意识和能力也随之不断增强。同时，近年来政府对市场和社会分权力度的不断加大，也为市场主体和社会组织参与区域治理提供了较为充分的空间。目前，在区域大气污染防治等区域性公共事务治理等方面，市场主体和社会组织所发挥的作用正不断增强，进而为我国区域治理难题的化解和区域治理水平的提升提供了有力的支撑。

二、当前我国区域治理存在的主要问题

区域治理是治理理念在区域层面的应用与实践，是国家治理的重要组成部分。伴随以地方政府为核心治理主体的府际协作治理机制的构建和运行，以及中央政府、省级政府、市场主体和社会组织等治理主体在区域治理中作用的不断增强，我国的区域治理水平正不断提升。但同时我们也要看到我国区域治理中存在的一些问题，以地方政府为核心治理主体的府际协作治理机制在区域治理实践中所能发挥的成效存在一定程度的不确定性，中央政府和省级政府在市场机制发育不太成熟、地区间协调发展水平相对较低区域的治理中所发挥的统筹与协调作用仍需强化，市场主体和社会组织参与区域治理的能力还有待提升。

1. 以地方政府为核心治理主体的府际协作治理机制在区域治理实践中所能发挥的成效存在一定程度的不确定性。区域治理是由政府、市场主体、社会组织、公民等多元治理主体参与的治理活动，政府在区域治理机制的构建和运行等方面起着主导作用，特别是区域内的各地方政府为区域治理体系中的核心主体，在区域治理中发挥着非常重要的作用。目前，在我国的区域治理实践中，以地方政府为核心治理主体的府际协作治理已经成为化解区域治理难题和推动区域协调发展的主要治理模式。以区域内部的各地方政府为核心治理主体的府际协作治理属于典型的区域内生治理机制，该治理机制运行成效的发挥以各地方政府具有较高的参与府际协作治理的意愿和动机、各地方政府能够通过沟通和协调达成较为一致的治理共识以及各地方政府能够自觉遵守治理共识等为基本前提和重要保障。但是，由于一定区域内的各地方政府参与府际协作治理的意愿和动机可能尽不一致，部分地方政府执行府际治理共识可

能会采取机会主义的行为策略，进而使得以地方政府为核心治理主体的府际协作治理模式在区域治理实践中所能发挥的成效存在一定程度的不确定性。

首先，一定区域内的各地方政府在参与府际协作治理的意愿上可能存在一定的差异。一定区域内的各地方政府是理性的、具有一定自主决策权限和特定利益诉求的经济人，各地方政府参与府际协作治理的意愿与其通过府际协作治理能否获取到收益以及所获取收益的大小密切相关。由于各地区在发展阶段和发展水平上通常存在一定的差异，因而从府际协作治理中所能获取的收益大小也可能不尽相同，进而使得各地方政府参与府际协作治理的意愿存在一定程度的差别，府际协作治理机制可能因区域内部分地方政府的参与意愿较弱而难以构建。

其次，一定区域内的各地方政府在参与府际协作治理动机上的差异使得治理共识难以有效达成。府际协作治理共识的达成是推动区域治理难题化解和提升区域治理水平的重要保障，而这需要各地方政府之间的反复沟通与不断博弈。地区利益最大化是各地方政府参与府际协作治理的根本动机，部分地方政府虽然存在较为强烈的参与府际协作治理的意愿，但由于府际协作治理所能带来的收益大小不完全一致，因而在缺乏明确和有效的成本分担和收益分享机制的情况下，府际协作治理可能会陷入议而不决的困境，各地方政府在参与动机上的差异使得治理共识难以有效地达成。

最后，行政协议难以对各地方政府的决策和行为形成硬性约束，部分地方政府在府际协作中可能会采取机会主义的行为策略。在我国区域治理的实践中，各地方政府之间在达成治理共识后通常会签署一定数量的行政协议。"行政协议是行政机关之间就公共事务在平等协商基础上达成的公法性契约。这种机制在区域经济一体化的实践中孕育与生长，并被广泛应用于区域经济一体化背景下的政府间协作过程。"①行政协议

---

① 叶必丰、何渊、李煜兴等：《行政协议：区域政府间合作机制研究》，法律出版社 2010 年版，第 74 页。

的名称主要包括"章程""方案""备忘录""共识""意见""协议""专项规划""宣言""意向书""合作计划""协定书""推进方案""制度""合作守则""行动纲要"等。① 例如《长江三角洲城市经济协调会章程》《推进长三角区域市场一体化发展合作协议》《共同推进长三角工业互联网一体化发展示范区建设战略合作协议》《G60科创走廊松江宣言》等。作为府际协作治理共识的行政协议，特别是没有明确规定各地方政府违约责任以及府际争议处置等内容的行政协议，并不能对各地方政府的决策和行为构成硬约束，参与府际协作治理的各地方政府选择性执行行政协议或者违反行政协议来决策和行为的问题均不同程度地存在。例如，叶必丰等在对我国行政协议进行分析后发现，不管是长三角和珠三角等市场机制发育相对较为成熟、地方政府间协作治理水平相对较高的区域，还是其他市场机制发育相对较为滞后、地方政府间协作治理水平相对较低的区域，在由地方政府签署的行政协议中，很少有对行政协议在履行过程中各方违约责任和府际纠纷化解等问题进行明确规定的条款，行政协议的缔约机关消极履行行政协议，或者完全违反行政协议来决策和行为的现象时有发生。②

2. 中央政府和省级政府在市场机制发育不太成熟、地区间协调发展水平相对较低区域的治理中所发挥的统筹与协调作用仍需强化。区域协调发展是当前我国正在实施的国家重大发展战略之一，区域协调发展障碍的破除和区域协调发展水平的提升，既需要依赖于区域内部各地方政府之间的协作治理，也需要充分发挥中央政府和省级政府在化解区域治理难题和推动区域协调发展上的重要作用。化解跨省区域性公共事务治理难题、推动跨省区域协调发展是中央政府的重要职责。而化解省内次区域的治理难题、推动省内次区域的协调发展，则是省级政府的重要职责。政府和市场是化解区域治理难题和推动区域协调发展的两大机

---

① 叶必丰、何渊、李煜兴等：《行政协议：区域政府间合作机制研究》，法律出版社2010年版，第39页。

② 叶必丰、何渊、李煜兴等：《行政协议：区域政府间合作机制研究》，法律出版社2010年版，第15页。

制。在市场机制发育较为成熟、府际协作治理水平较高的区域，市场机制和府际协作治理机制在推动区域治理难题化解、促进区域协调发展水平提升方面能够发挥非常重要的作用，中央政府和省级政府所扮演的角色是给予必要的规划上的引导。例如，2019 年 2 月份出台的《粤港澳大湾区发展规划纲要》和 2019 年 12 月出台的《长江三角洲区域一体化发展规划纲要》，就为我国粤港澳大湾区和长三角区域在未来一段时期内的发展明确了主要方向和重点任务。但是，在市场机制发育不太成熟、府际协作治理水平相对较低的区域，市场机制和府际协作治理机制发挥的作用较为有限。在这些区域的治理中，除了要给予规划上的引导外，中央政府和省级政府还需要不断强化自身在区域治理中的嵌入力度。中央政府和省级政府在区域治理中嵌入力度的增强，有助于不断提升在区域治理和区域协调发展上的统筹与协调能力，进而能够更好地推动区域治理难题的化解，不断缩小区域内部各地区间的发展差距。

3. 市场主体和社会组织参与区域治理的能力还有待提升。市场主体和社会组织是区域治理中的重要治理主体，利用市场主体和社会组织的资源、提升市场主体和社会组织参与区域治理的主动性和积极性，有利于推动我国区域治理体系和区域治理能力的现代化。改革开放以来，我国的市场主体和社会组织虽然在区域治理中的重要性不断提升，但是由于我国社会组织发展相对滞后，社会发育程度相对较低，社会组织尚缺乏全面、深入参与国家治理的空间、资源与主体能力，[1] 加之市场主体的发育程度和治理能力也较为有限，市场主体和社会组织参与区域治理的能力还有待进一步提升。

三、纵向府际整合治理模式的提出

区域治理是一个以政府为核心、由多元治理主体参与的治理活动。区域治理难题的化解和区域发展水平的提升，不仅需要处理好政府与市

---

① 丁忠毅：《府际协作治理能力建设的现实性》，载《理论视野》2017 年第 2 期。

场之间的关系、政府与社会之间的关系，也需要处理好区域内部各地方政府之间的关系，以及区域上级政府与区域内部各地方政府之间的关系。区域内部的各地方政府是区域治理体系中的核心治理主体，区域内部地方政府之间的关系格局是影响区域治理水平和区域发展质量的重要因素。各地方政府之间的有序竞争和积极合作，是推动区域协调发展格局形成的基本前提和重要保障。"区域合作实质上是地方政府之间的合作，地方政府可以通过签署政府间协议、备忘录以及建立地方官员定期交流机制等横向组织形式解决面临的共同问题。"①同时，区域上级政府也是参与区域治理的重要治理主体和推动区域治理水平不断提升的重要动力。在区域治理中，既需要发挥区域内部各地方政府的重要作用，同时也需要充分发挥区域上级政府在化解区域治理困境和提升区域治理水平等方面的重要作用。

在当前我国区域治理的实践中，区域治理所采用的主要模式是以区域内部的各地方政府为核心治理主体的府际协作治理，而对于以区域上级政府为核心治理主体的区域治理模式的研究和应用相对较少。在市场机制发育较为成熟、各地方政府参与府际协作治理的意愿较为强烈以及各地方政府能够很好地遵守和执行府际协作治理协议的区域，府际协作治理模式在化解区域性公共事务治理难题和推动区域协调发展方面通常能够发挥较为显著的治理成效。但是，在市场机制发育不太成熟、各地方政府参与意愿较弱的区域，府际协作治理机制通常难以得到顺利的构建。府际协作治理即使机制在外部力量的推动下得以构建起来，其也会因为区域内各地方政府的参与意愿较弱，而难以发挥出应有的治理成效。此外，由于府际协作治理所达成的行政协议对于参与府际协作的各地方政府通常缺乏严格的约束力，因而即使是在府际协作治理机制已经发挥了较好治理成效的区域，府际协作治理也可能面临因部分地方政府的决策动机和行为策略的变化，而面临治理成效难以得到稳定发挥的风

---

① 邢华：《我国区域合作治理困境与纵向嵌入式治理机制选择》，载《政治学研究》2014年第5期。

险。因此，我们在推动府际协作治理水平不断提升的同时，也需要注重探寻和运用以区域上级政府为核心治理主体的区域治理模式，通过以区域内部的各地方政府为核心治理主体的区域治理机制和以区域上级政府为核心治理主体的区域治理机制的紧密结合，共同推动区域治理难题的化解和区域协调发展水平的提升。

同时，我国区域治理难题的出现和区域协调发展困境的生成，既与区域内部各地方政府协作意识的缺乏和部分地方政府在府际协作上所采取的机会主义行为策略密切相关，也与我国现有的纵向政府间的权力配置和利益分配格局给区域治理和区域发展带来的阻碍紧密相连。府际关系是影响区域治理水平和区域协调发展质量的重要因素。府际关系的实质是政府间的权力配置和利益分配关系。① 纵向政府间的权力配置和利益分配关系格局，会对地方政府的决策权限、决策动机和行为策略产生深刻影响，进而影响到区域治理的水平和区域发展的质量。合理的事权配置结构和财权划分格局是确保区域内部各地方政府之间能够开展有序的竞争和密切的协作，进而实现区域治理难题化解和区域发展水平提升的内在要求和重要保障。当前我国区域治理难题的出现和区域协调发展困境的生成，与区域内部地方政府所拥有的、与区域治理和区域发展密切相关的部分事权和财权碎片化的运行格局及其引发的地区间的政策壁垒和无序竞争等问题密切相关。对相关部分事权和财权进行适度整合，有助于破除地区间的政策壁垒和弱化地方政府开展无序竞争的能力与动机，进而实现化解区域治理难题和推动区域协调发展的目的。而这种由区域上级政府对区域内部各地方政府的部分事权和财权进行必要的整合，以提升区域治理水平和区域发展质量的区域治理模式，可以称之为纵向府际整合治理。横向上的府际协作治理和纵向上的府际整合治理的有机结合，为区域治理难题的化解和区域协调发展水平的不断提升提供了有力的支撑。

---

① 谢庆奎：《中国政府的府际关系研究》，载《北京大学学报（哲学社会科学版）》2000年第1期。

第二节　纵向府际整合治理模式的基本
内涵和理论基础

杨宏山教授在《整合治理：中国地方治理的一种理论模型》一文中，从政府对社会整合的视角，对整合治理的含义和运作方式进行了较为系统的论述，[①] 为后续有关整合治理模式的研究奠定了较为坚实的理论基础。作为一种治理模式，整合治理不仅包括公私部门之间的整合，也可以包括上级政府对下级政府治理权限的整合，和政府对其内部各部门治理权限的整合。本书在学界现有关于整合治理模式研究成果的基础上尝试提出了纵向府际整合治理的概念，并尝试将其应用于我国的城市群治理中，以期推动我国城市群治理水平的提升和城市群协调发展质量的提高。

一、纵向府际整合治理模式的基本内涵

整合是一个重要的治理手段，在国家治理中发挥着非常重要的作用。作为整合治理理念在区域治理中的应用，纵向府际整合治理是一种由区域上级政府推动实施的，以化解区域内部碎片化的权力运行格局给区域治理和区域协调发展带来的阻碍，不断提升区域治理水平和区域协调发展质量为主要目的区域治理模式。

1. 整合

整合是指把零散的东西进行重新组合以实现特定的目的。作为一种治理手段，整合是整体性治理理论的两大核心机制之一，是破除碎片化的行政管理体制弊端和推动整体性治理目标实现的重要动力。整体性治理理论的代表人物希克斯将协调与整合作为整体性治理的重要主题和实现整体性治理的主要手段，并从组织架构与形态上，将整体性治理所涉

---

① 杨宏山：《整合治理：中国地方治理的一种理论模型》，载《新视野》2015年第 3 期。

及的整合内容分为治理层级的整合、治理功能的整合以及公私部门的整合三个方面。① 史云贵和周荃认为："整体性治理语境中的整合，既可指将不同层次的治理、同一层次的治理进行整合，又可指在一些功能内部进行协调和在公共部门内进行协同，还可以是政府部门与私人部门之间，甚至是跨部门、跨国界的整合。"② 董树军将整体性治理理论中的整合分成政府组织机构层面的整合和政府组织运行层面的整合两个方面。其中，政府组织机构层面的整合主要有治理层级整合、治理功能整合和公私部门整合三种类型，而政府组织运行层面的整合则主要包括政策整合、规章整合、服务整合、预算整合和监督整合等多种类型。③

2. 整合治理

作为一种治理模式，杨宏山教授在《整合治理：中国地方治理的一种理论模型》一文中，对整合治理模式的内涵、整合治理的运作方式、整合治理模式在运行中潜藏的风险及其应对策略等进行了论述。杨宏山教授从政府与社会关系的视角出发，将地方治理模式划分为全能治理、自主治理、整合治理和协同治理四种类型。整合治理是指在地方治理中，地方治理的运行以承认市场机制和社会组织的存在为基本前提，在公共部门与私人部门的关系上，政府占据主导地位，政府通过一定的政策手段和治理工具来对私人部门进行跨界整合，以实现通过调动多方资源来更好地实现政府治理目标的治理模式。④ 杨宏山教授认为，整合治理模式的出现是地方政府为了有效应对自身治理能力和治理资源有限，但所承担的治理责任无限之间的矛盾而做出的理性选择。整合治理的运作方式主要有资格认定、资源支持、精英吸纳和项目化运作等。整合治

---

① 韩兆柱、张丹丹：《整体性治理理论研究——历程、现状及发展趋势》，载《燕山大学学报(哲学社会科学版)》2017 年第 1 期。

② 史云贵、周荃：《整体性治理：梳理、反思与趋势》，载《天津行政学院学报》2014 年第 5 期。

③ 董树军：《城市群府际博弈的整体性治理研究》，中央编译出版社 2019 年版，第 86 页。

④ 杨宏山：《整合治理：中国地方治理的一种理论模型》，载《新视野》2015 年第 3 期。

理模式在确保政府主导公共事务治理的同时，将社会组织和市场力量整合进公共事务治理体系之中，为丰富国家治理资源和提升国家治理能力提供了有力的支撑，有利于国家治理绩效的改善。但是，整合治理模式在其运行过程中也存在一定的风险，主要包括民间社会组织发展受到的限制较多、社会组织对政府资源的依赖度较高、社会组织运行的行政化等，需要通过推动政府与社会组织在平等对话中增进理解，在承诺、信任和共识的基础上采取协同行动等方式有效应对。①

　　作为一种区别于协作治理的地方治理模式，整合治理模式为提升国家治理能力和改进国家治理绩效提供了一个新的理论研究视角。例如，赵瑞芬在将整合治理和财政治理进行综合的基础上提出了财政整合治理的概念，认为可以将财政整合治理作为我国区域治理的一种新模式。她认为，在区域治理中运用财政整合治理模式，通过成立区域财政协调委员会、建立区域共同财政规则、实施区域中期财政规划、改革现金管理系统等路径，有助于"实现治理角色和参与者间的行动协同、治理要素间的相互一致，以达成整体最优的财政治理框架"，从而为区域协调发展目标的实现提供有力的支撑。② 彭谦和程志浩运用整合治理，来探索构建促进民族团结进步的新机制。③

　　从学界现有关于整合治理模式的研究成果来看，杨宏山教授从公私部门整合的视角对整合治理的内涵、运作方式及其潜藏的运行风险和应对策略等问题所进行的系统论述，为学界继续和深入研究整合治理模式奠定了较为坚实的理论基础。国家治理是一项复杂的系统性工程，实现国家治理体系和治理能力现代化目标，不仅要处理好政府与市场之间的关系、政府与社会之间的关系，而且也要处理好不同层级政府之间的关

---

　　① 杨宏山：《整合治理：中国地方治理的一种理论模型》，载《新视野》2015年第 3 期。

　　② 赵瑞芬：《财政整合治理：中国区域治理的一种新模式》，载《经济研究参考》2017 年第 34 期。

　　③ 彭谦、程志浩：《整合治理视域下民族团结进步创新机制探析——基于广西上思县的调查》，载《中南民族大学学报》2017 年第 6 期。

系和政府内部不同部门之间的关系。在国家治理中，各治理主体的治理权限碎片化，和因治理资源的分散而难以形成治理的合力，制约了国家治理能力的提升和国家治理绩效的改善。整合治理作为一种重要的治理模式，不仅可以用于政府对市场主体和社会组织的治理能力和治理资源的整合，也可以用于上级政府对下级政府的治理权限和治理资源的整合，以及政府对其内部各个职能部门的治理权限和治理资源的整合。在区域治理中，区域内部的各地方政府是理性的、具有一定自主决策权限和特定利益诉求的经济人，各地方政府治理权限运行的碎片化和各地方政府在利益诉求上的不一致，制约了区域治理水平的提升和区域发展质量的提高。区域治理难题的化解和区域发展水平的提升，既需要依靠区域内部各地方政府之间的主动沟通、积极协商和密切协作，也需要由区域上级政府对区域内部各地方政府的部分事权和财权进行必要的整合，以此来弱化各地方政府治理权限运行的碎片化和各地方政府在利益诉求上的不一致给区域治理带来的阻碍。区域上级政府对区域内部各地方政府治理权限的适度整合，可以为区域治理难题的化解和区域发展水平的提升提供有力的支撑。为此，本书在整合治理模式既有研究成果的基础上尝试提出了纵向府际整合治理的概念，以期在丰富整合治理模式研究成果的同时，为我国城市群治理等区域治理提供新的治理路径。

3. 纵向府际整合治理

政府是区域治理体系中的核心治理主体，处理好区域内部各地方政府之间的关系以及区域上级政府与区域内部各地方政府之间的关系，是提升区域治理水平和提高区域发展质量的基本前提和重要保障。谢庆奎认为："府际关系，就是政府之间的关系……它是指政府之间在垂直和水平上的纵横交错的关系，以及不同地区政府之间的关系。它所关注的是管理幅度、管理权力、管理收益的问题。因此，府际关系实际上是政府之间的权力配置和利益分配的关系。"[①]在当前我国区域治理的实践

---

① 谢庆奎：《中国政府的府际关系研究》，载《北京大学学报(哲学社会科学版)》2000年第1期。

中，因纵向政府间事权配置的不合理所引发的、与区域治理和区域发展密切相关的治理权限运行的碎片化，和因纵向政府间财权不尽合理的划分所引发的各地方政府之间激烈的竞争关系，是阻碍我国区域治理难题化解和区域发展水平提升的重要因素。区域治理难题的化解和区域协调发展水平的提升，不仅需要依靠以区域内部的各地方政府为核心治理主体的府际协作治理模式，也需要充分发挥区域上级政府在区域治理中的重要作用。由区域上级政府对区域内部各地方政府所拥有的部分事权和财权进行必要的整合，有助于更好地破除地区间的政策壁垒，弱化各地方政府开展恶性竞争的能力与动机，推动形成有序竞争和积极合作的地方政府间关系格局，进而为区域治理难题的化解和区域协调发展水平的提升提供有力的支撑。而纵向府际整合治理正是基于上述整合，以实现特定的区域治理和区域发展目标的逻辑而构建的一种整合治理模式。

纵向府际整合治理是指由区域上级政府对区域内部的各地方政府所拥有的、与区域治理和区域发展密切相关的部分事权和财权进行适度的整合，不断强化区域上级政府在区域治理和区域发展上的统筹与协调能力，以此来改变区域内部各地方政府的决策动机和行为策略，不断提升区域内部各地方政府之间以及区域上级政府与区域内部各地方政府之间决策和行为上的协同性，进而实现特定的区域治理和区域发展目标的治理模式。我国是采用单一制国家结构形式的社会主义国家，中央政府在央地之间的事权和财权划分上拥有决定权。同时，省级政府在其与省级以下地方政府之间的事权和财权划分上拥有一定限度的决定权。因此，可以将纵向府际整合治理模式应用于我国的区域治理实践中，用以提升区域治理水平和提高区域发展质量。在跨省区域的治理和省内区域的治理中，中央政府可以通过对跨省区域各地方政府的部分事权和财权进行必要的整合，省级政府可以通过对省内区域内各地方政府的部分事权和财权进行必要的整合，以此来改变区域内部各地方政府的决策动机和行为策略，不断提升区域内部各地方政府之间、区域上级政府与区域内部各地方政府之间决策和行为上的协同性，进而实现特定的区域治理和区域发展目标。

二、纵向府际整合治理模式的理论基础

纵向府际整合治理模式主张，通过变革纵向政府间的关系格局来推动各地方政府的决策动机和行为策略发生一定程度的转变，以此来化解区域治理面临的困境，进而实现特定的区域治理目标，整合则是纵向府际整合治理模式运用的主要治理手段。府际关系理论、制度性集体行动理论、博弈理论和整体性治理理论等，为纵向府际整合治理模式的产生及其在治理实践中的应用奠定了较为坚实的理论基础。

（一）府际关系理论

政府间关系又称为府际关系，是影响国家政局稳定和经济社会发展的重要因素。依据方向来分，政府间关系可以划分为纵向政府间关系、横向政府间关系和斜向政府间关系三种类型。其中，纵向政府间关系是指具有相互隶属关系的、不同层级政府之间的关系，横向政府间关系是指行政层级相同的地方政府间的关系，斜向政府间关系是指行政层级不相同且没有相互隶属关系的地方政府间的关系。目前，学界关注较多的是以横向政府间关系和纵向政府间关系为主。府际关系概念最早是由美国学者提出来的。从19世纪末20世纪初开始，伴随美国州与州之间经济联系和社会交往的日渐频繁，区域性公共事务日渐增多，如何通过处理好州际之间的关系来化解州际之间的冲突，推动州际贸易更好地发展，成为美国联邦政府和州政府面临的重要治理难题。在此背景下，府际关系逐渐成为学界研究的热点，学界对于如何协调和处理好各州政府之间的关系、联邦政府与州政府之间的关系以及地方政府之间的关系等方面的理论研究成果也随之增多。罗伯特·阿格拉诺夫（Robert Agranov）于1986年率先提出了府际管理的概念。[①] 他认为，伴随跨行政区公共事务的日渐增多，政府间关系的发展已经进入了府际管理阶段，加强对政府间关系的研究，对政府管理体制进行一定程度的变革和调

---

① Robert Agranov, New Governance for Rural America: Creating Intergovernmental Partnerships, University of Kansas Press, 1986.

整，有助于提高政府运行的效率和政府管理的质量。曼德尔（Mandell）认为，作为一种新型的管理模式，府际管理以解决各方政府共同面对的问题为价值取向，主张通过政府间的协商、谈判等方式来推动各方政府达成府际合作共识，并采取相应的行动来实现特定的管理目标。① 1988年，美国学者斯奈德（Snyder）正式提出府际关系一词。② 此后不久，美国学者查尔斯（Charles）对府际关系的概念进行了较为明确的界定。他认为，府际关系就是不同层级的政府以及同一层级的政府在制定和执行公共政策以及提供公共服务过程中，所形成的相互制约、相互影响和相互作用的关系。③

我国是采用单一制国家结构形式的社会主义国家，中央与地方之间的关系一直以来为学界高度关注。作为国家政治生活中一项重要的制度安排，中央政府与地方政府之间事权和财权的划分，不仅关系到国家政治大局的稳定，也会对经济社会发展产生重要的影响。改革开放以来，伴随中央政府给地方政府分权改革力度的不断加大，地方政府拥有的决策权限和财政管理权限不断增多，逐渐成为拥有一定自主决策权限和特定利益诉求的经济人，地方政府间的关系格局也随之发生了一定的变化，并对我国的经济社会发展格局产生了深刻的影响。与此同时中央与地方之间的关系和地方政府之间的关系应该如何协调也逐渐成为国内学界关注的焦点，有关府际关系内涵的界定和府际关系模式方面的研究成果日渐增多。首先，在府际关系内涵的界定上，谢庆奎教授认为，"府际关系，就是政府之间的关系……它是指政府之间在垂直和水平上的纵横交错的关系，以及不同地区政府之间的关系。它所关注的是管理幅度、管理权力、管理收益的问题。因此，府际关系实际上是政府之间的

---

①　Mandell M. P, Intergovernmental Management in Interorganizational Networks: A Revised Perspective, International Journal of Public Administration, 1988(04).

②　Snyder, Perforated Sovereignties and International Relations: Trans-sovereign Contacts of Subnational Governments, Greenwood Pub Group, 1998.

③　Charles, A Behavioral Approach to the Study of Intergovernmental Relations, The Annals of the American Academy of Political and Social Science, 1996(01).

权力配置和利益分配的关系"。同时，由于"省级以下各级政府与中央政府也有关系，如都必须执行中央政府的计划、政策、决定和命令，但一般都是通过省级政府而发生关系的，市、县政府与中央政府及其部门发生的联系，一般都是经过省级政府同意、批准或事后报告。所以说中央政府与地方政府之间的关系，实际上是指中央政府与省级政府之间的关系"①。林尚立教授认为，"各级、各类政府为管理复杂的社会公共事务所形成的关系也是十分广泛的。它包括权力关系、职能关系、政策关系、监控关系、税收关系、预算关系、公务合作关系、法律关系、司法关系，等等。虽然政府间行政关系所包含的内容十分广泛，但从决定政府间关系的基本格局和性质的因素来看，政府间关系主要由三重关系构成：权力关系、财政关系和公共行政关系"②。其次，在府际关系模式的研究方面，国内学者从不同的视角对府际关系模式展开了探讨。林尚立教授认为，国内政府间关系的理论与实践主要有四种类型，分别是集权主义、地方分权主义、均权主义和联邦主义。③ 我国台湾学者江大树认为，新制度主义的理性选择制度主义、转移支付的资源依赖、政策执行的网络管理是比较有代表性的府际关系分析视角。④ 张紧跟从法律制度、理性选择、相互依赖等视角对当前我国府际关系的研究模式进行了分析。⑤ 罗湘衡以我国府际关系的演进和走向为参照系，提出了分析府际关系的四大主流模式，分别是法律制度模式、理性选择模式、相互依赖模式和委托—代理结构模式。⑥

---

① 谢庆奎：《中国政府的府际关系研究》，载《北京大学学报（哲学社会科学版）》2000 年第 1 期。

② 林尚立：《国内政府间关系》，浙江人民出版社 1998 年版，第 70~71 页。

③ 林尚立：《国内政府间关系》，浙江人民出版社 1998 年版，第 25 页。

④ 赵永茂等：《府际关系》，台湾元照出版公司 2001 年版，第 25~33 页。

⑤ 张紧跟：《当代中国政府间关系导论》，社会科学文献出版社 2009 年版，第 45~49 页。

⑥ 罗湘衡：《分析政府关系的四大主流模式研究》，载《国外理论动态》2016 年第 6 期。

(二) 制度性集体行动理论

集体是由一定数量的理性且自利的个体所组成的，实现自身利益最大化是个体决策和行为的根本动机。在由一定数量的个体所组成的集体中，由于个体之间的利益诉求存在一定的差异，因而，只有符合一定的条件，集体行动才能达成。否则，集体行动将会陷入难以达成的困境。奥尔森认为，"除非一个集团中人数很少，或者除非存在强制或其他某些特殊手段，以使个人按照他们的共同利益行事，有理性的、寻求自我利益的个人不会采取行动以实现他们共同的或集团的利益"①。制度能使得某项集体行动所产生的收益具有较为明确的可预期性，并能对参与集体行动的个体的决策和行为产生一定的约束，进而有利于推动集体行动的达成，因而必要的制度安排是化解集体行动困境的重要保障。制度性集体行动理论主张通过一定的制度安排，来有效降低集体行动达成所需要的成本及其所面临的风险，进而解决集体行动面临的困境。

制度性集体行动(Institutional Collective Action)，简称 ICA 理论。该理论通过分析影响集体中个体之间开展合作的重要因素，来揭示如何通过一定的制度安排来推动集体行动的达成。在城市群治理等区域治理实践中，地方政府(及其部门)之间的合作可以被视为政府间的制度性集体行动，也是 ICA 理论最主要的研究对象和内容。该理论的代表人物是 Richard C. Feiock。自 2004 年以来，Feiock 及其研究团队陆续发表了一系列论文来阐述 ICA 理论，并逐渐形成了较为系统的 ICA 理论。② 在现实中，制度性集体行动问题主要有四种情形，分别是地方政府利益协调中的制度性集体行动问题、规模经济性条件下的制度性集体行动问题、共有产权情况下的制度性集体行动问题、外部性情况下的制度性集

---

① ［美］曼瑟尔·奥尔森：《集体行动的逻辑》，陈郁等译，上海人民出版社1995 年版，第 2 页。

② 姜流、杨龙：《制度性集体行动理论研究》，载《内蒙古大学学报(哲学社会科学版)》2018 年第 7 期。

体行动问题。① 如表 1-1 所示，制度性集体行动所面临的困境需要通过
构建一定的合作机制来加以化解，主要包括构建多重自组织体制、成立
地方政府协会、组建区域性政府、成立工作小组、构建非正式网络关
系、建立合作伙伴关系、签订多边地方政府协议、成立具有单一目标的
特别区等。

表 1-1　　　　　　　解决制度性集体行动困境的合作机制②

	嵌入性网络关系	合　同	授权性合作机制	外部强加的政府
复杂/集体	多重自组织体制	地方政府协会/大都市区规划组织	区域性政府	外部强加的政府/合并
中间/多边	工作小组	合作伙伴关系/多边地方政府间协议	具有多重目标的特别区	被外部施加/管理的网络
单一/双边	非正式网络关系	服务性合同	具有单一目标的特别区	外部强加的特别区/命令式协议

　　作为一种主张通过构建一定的合作机制来化解集体行动困境的理
论，制度性集体行动理论在城市群治理等区域治理中能够发挥比较重要
的作用。锁利铭基于制度性集体行动理论的视角，从动机、约束与变迁
三个方面对我国城市群地方政府协作治理网络进行了论述。他认为，为
了进一步完善城市群府际协作治理网络，应尽可能地降低城市政府间协
作可能遇到的交易成本与风险，并根据不同的府际协作结构进行制度性

---

① Richard C. Feiock, The Institutional Collective Action Framework, The Policy Studies Journal, Vol. 41, 2013.

② Richard C. Feiock, The Institutional Collective Action Framework, The Policy Studies Journal, Vol. 41, 2013.

统筹安排。① 易承志认为，"跨界公共事务的治理存在着集体行动的困难，在区域内地方行政权威分散化的背景下，由于存在着外部性，可能会出现搭便车行为，因而地方政府基于自身利益最大化的理性决策无法实现区域整体利益最优的结果。需要通过制度性安排降低集体行动成本，实现区域内各治理主体的可持续合作"②。蔡岚运用制度性集体行动理论，对粤港澳大湾区大气污染联动治理机制进行研究后发现，粤港澳大湾区内部各地方政府间以行政协议及区域规划为主要形式的嵌入性网络机制能够降低三地合作治理的交易成本；以多层次联席会议为主的约束性契约机制能在保留地方自治权的基础上，提供一个正式的解决外部性问题的机制；以区域权威为主要特点的委托授权机制能够在等级制下通过命令控制系统，来实现地区间的合作。③

（三）博弈理论

政府是国家治理体系中的核心主体，纵向政府间的关系格局和横向政府间的关系格局是影响国家治理水平提升和国家治理绩效改善的重要因素。在区域治理中，区域内部各地方政府之间，以及区域上级政府与区域内部地方政府之间，在利益诉求和行为动机上通常会存在一定的差异，区域内部各地方政府之间博弈的结果以及区域上级政府与区域内部地方政府之间博弈的结果，会对区域治理水平的提升和区域发展质量的提高产生重要的影响。作为运筹学的一个分支学科，博弈论的相关理论可以应用于府际关系的变革和调整中，是纵向府际整合治理的重要理论基础之一。

1. 博弈论的出现及其发展

博弈论又称为对策论，既是现代数学的一个分支学科，也是运筹学

---

① 锁利铭：《城市群地方政府协作治理网络：动机、约束与变迁》，载《地方治理研究》2017 年第 2 期。

② 易承志：《跨界公共事务、区域合作共治与整体性治理》，载《学术月刊》2017 年第 11 期。

③ 蔡岚：《粤港澳大湾区大气污染联动治理机制研究——制度性集体行动理论的视域》，载《学术研究》2019 年第 1 期。

中一个重要的分支学科。博弈论主要研究两个主体或者多个主体在对决过程中，参与博弈的一方如何根据对手的信息特征及其所采取的策略来变更自己的策略，以达到取胜的目的。具体来说，博弈论就是研究博弈过程中参与博弈各方的博弈行为及其所采取的博弈策略，以寻求实现博弈均衡结果的理论。我国古代的《孙子兵法》不仅是一部军事学著作，也是一部有关博弈的著作。其中，"知己知彼，百战不殆"就是对充分获取对手信息以及认清自己这两个因素在战争中取胜的重要性的高度肯定。目前，博弈论已经在经济学、管理学、政治学、军事学、国际关系学等学科中得到了较为广泛的应用。

现代意义上的博弈论是由冯·诺依曼于1928年提出来的，冯·诺依曼通过证明博弈论的基本原理而宣告了博弈论的正式诞生。1944年，冯·诺依曼和摩根斯坦的著作《博弈论与经济行为》正式出版。《博弈论与经济行为》不仅将博弈结构从二人博弈推广到n人博弈，而且还将博弈论应用于经济学领域，为博弈论学科的建立和发展奠定了坚实的理论基础。1950年，约翰·福布斯·纳什在《n人博弈的均衡点》中提出了纳什均衡的概念，其利用不动点定理证明了博弈中均衡点的存在，这一均衡被称为纳什均衡。1951年，约翰·福布斯·纳什在《非合作博弈》中提出了均衡存在定理。纳什均衡和非合作博弈等概念的提出以及均衡存在定理的发现，使得博弈论得到了进一步的发展与完善，为博弈论应用领域的拓展和应用程度的加深提供了坚实的理论支撑。此后，博弈论在经济学、管理学等学科中得到了较为广泛的应用，很多学者利用博弈论解决了很多学科难题。例如，2014年，诺贝尔经济学奖获得者、法国经济学家梯若尔就运用博弈论的理论成功地解决了产业组织理论和串谋问题，为产业经济学的发展作出了重大的贡献。

2. 博弈的基本构成要素

（1）参与博弈的局中人。参与博弈的局中人是指参与博弈过程中的具有决策权的主体。在一轮博弈中，参与博弈的局中人可能是两个，也可能是两个以上。其中，参与博弈的局中人数量为两个的博弈称为两人博弈或两方博弈，局中人数量为两个以上的博弈称为多人博弈或多方博弈。

（2）博弈信息。博弈信息是指参与博弈的局中人所能获取的，有关参与博弈的其他局中人的基本特征、博弈策略及其博弈收益等方面的信息。博弈信息是参与博弈的局中人采取何种博弈策略和做出何种博弈行为的重要依据。参与博弈的局中人所能获取的信息可能是完整的，也可能是不完整的。在现实的博弈过程中，参与博弈的局中人对于其他局中人的信息一般只能获取到一部分，绝大多数博弈属于不完全信息博弈。博弈论中的"囚徒困境""智猪博弈"和"美女的硬币"等案例就是属于典型的不完全信息博弈。

（3）博弈策略。博弈策略是指参与博弈的局中人在博弈过程中能够采取的应对策略。一个局中人参与博弈时所准备的博弈策略通常有多个，这些博弈策略的组合被称为博弈策略集。在博弈过程中，参与博弈的局中人通常会有自己预先制定好的博弈策略，这些策略在具体的博弈过程中可能会因为其他局中人所采取的博弈策略的变动而发生相应的调整。博弈策略选择的空间大小与参与博弈过程的局中人在博弈行动上能否掌握主动权密切相关。博弈策略选择的空间越大，参与博弈的局中人在博弈行动上就越能掌握主动权，博弈取胜的概率也就越大。

（4）博弈行动。博弈行动是参与博弈的局中人依据一定的博弈信息和博弈策略所作出的具体的博弈行为。参与博弈的局中人是理性的行为主体，其在博弈过程中通常会依据其所能获取到的博弈信息和自己制定的博弈策略，来作出在其看来是理性的博弈行动。不过，这种理性的行动对于其自身来说可能是有利的，是一个最优的选择；但是对于整体来说可能是次优的甚至非理性的选择。在实际的博弈过程中，一个局中人采取何种博弈行动，与其他局中人实际作出的博弈行动密切相关。理性的局中人会根据其他局中人所采取的博弈行动来适时变更自己的博弈行动，这就会导致局中人计划作出的博弈行动与其实际作出的博弈行动之间可能会存在一定的差异。

（5）博弈均衡。参与博弈的局中人经过多轮博弈之后，彼此之间的关系会处于一定的状态，这种状态可以是均衡的，也可以是不均衡的。

如果这种状态是稳定的且能够持续一段较长的时期，那么这些局中人参与的博弈就形成了博弈均衡。如果这种状态是不稳定的或者稳定期非常短，那么博弈就尚未达到博弈均衡的状态。纳什均衡是博弈均衡中的一种类型。在纳什均衡中，参与博弈的各方主体已经没有其他博弈策略可以选择，博弈各方所做出的策略选择均是最优的，这种类型的博弈均衡可以说是最优均衡。

3. 博弈的基本类型

（1）依据参与博弈主体的数量来分，可将博弈分为双方博弈和多方博弈。如果参与博弈活动的主体数量为两个，那么这种博弈就是双方博弈。如果参与博弈活动的主体数量为两个以上，那么这种博弈就是多方博弈。

（2）依据博弈给参与博弈的各方所带来的收益总和与损失总和相加是否等于零，可以将博弈分为零和博弈与非零和博弈。通过博弈，参与博弈的部分主体能获取一定数量的收益，而参与博弈的另一些主体则可能会出现利益的损失。将博弈给各方主体所带来的收益总和损失总和相加，如果结果大于零，这种博弈就是非零和博弈，即通过博弈产生了增量收益。相反，如果结果小于零或者等于零的话，这种博弈就是零和博弈，即博弈没有产生新的增量收益。

（3）依据博弈信息的完整性，可将博弈分为完全信息博弈与不完全信息博弈。博弈信息是博弈主体用来选择博弈策略和采取博弈行动的重要依据。如果参与博弈的局中人对其他局中人的基本特征、博弈策略、博弈收益等方面的信息能够有较为准确而全面的掌握，这种博弈就称为完全信息博弈。如果参与博弈的局中人对其他局中人的基本特征、博弈策略、博弈收益等方面的信息不能做到准确而全面的掌握，或者只能对部分局中人的基本特征、博弈策略、博弈收益等方面的信息做到较为准确地掌握，那么这种博弈就是不完全信息博弈。

（4）依据参与博弈各方的博弈行为所发生的时间是否同步来分，可将博弈分为静态博弈与动态博弈。在博弈过程中，参与博弈的各方主体会依据特定的博弈信息和博弈策略来作出相应的博弈行动。在博弈行动作出的时间上，各方可能是同时作出的，也可能存在时间上的先后。如果博弈各方同时作出博弈行为，参与博弈的各方将无法根据其他主体所采取的博弈策略和博弈行为来调整或变更自己的博弈策略和博弈行为，那么这种博弈就是静态博弈。如果博弈各方依据一定的时间先后顺序来作出博弈行为，那么处于后面的博弈主体就可以依据前面的博弈主体所采取的博弈策略和博弈行为来调整或变更自己的博弈策略和博弈行为，这种博弈就是动态博弈。

城市群是一个包含多个行政区的经济区，城市群范围内的各地方政府是理性的、具有一定自主决策权限和特定利益诉求的经济人，彼此间既存在利益上的竞争关系，又存在合作的可能。为了实现特定的经济增长目标，城市群内部的各地方政府之间围绕着人口、资源和要素的争夺而展开着激烈的府际博弈。理性的地方政府会基于特定的利益考量来设计相应的博弈策略，然后通过分析其他地方政府及其可能采取的博弈策略来采取相应的博弈策略，各地方政府之间的博弈结果会对城市群协调发展的水平和质量产生重要的影响。

（四）整体性治理理论

1. 整体性治理理论产生的背景

整体性治理是在如何有效化解碎片化的治理体制与区域性公共事务治理之间矛盾的背景下产生的一种治理理论。20世纪80年代，新公共管理理论开始在西方国家兴起。新公共管理主张将企业等私人部门的管理方式和管理手段运用到政府等公共部门的管理中，主张在政府等公共部门管理中采用私人部门的竞争机制，以达到降低行政运行成本、提高行政运行效率和提升民众对政府满意度的目的。新公共管理理论在公共部门管理中的应用，使得传统的政府管理体制和运行机制发生了深刻的变化，政府流程在一定程度上实现了再造，行政效率得到一定程度的提高，民众对政府的满意度也随之不断提升。但是，新公共管理理论因过于强调竞争机制的应用，使得地区之间、部门之间和不同层级的政府之间缺乏必要的协调，地区之间、部门之间和不同层级政府之间的分割问题较为严重，政府治理体制呈现出碎片化的格局。从20世纪90年代初开始，伴随区域一体化进程的不断加快，区域性公共事务的数量日渐增多，治理难度也在不断加大，如何有效应对新公共管理理论导致的碎片化的政府治理体制与区域性公共事务治理之间的矛盾成为公共管理面临的重要任务，而主张通过构建整体性政府来应对区域性公共事务治理困境的整体性治理理论正是在此背景下产生的。竺乾威教授认为："整体性治理的思想是在对新公共管理的实践进行反思的基础上提出来的。整体性治理着眼于政府内部机构和部门的整体性运作，主张管理从分散走向集中，从部分走向整体，从破碎走向整合。"①

互联网等现代信息技术的出现及其快速发展，使得整体性政府的构建和运行成为可能。整体性治理理论主张打破碎片化的政府治理体制，通过运用协调与整合机制来构建整体性政府，以此有效应对区域性公共事务等治理难题，给民众提供无缝隙的公共服务。而推动碎片化的政府治理体制向整体性政府转变的重要动力之一，就是互联网等现代信息技术的出现及其在政府治理中的深度应用。互联网等现代信息技术的出现，使得不同层级的政府之间、不同地区的政府之间以及政府内部的不同部门之间协调与整合的难度和成本大大降低。在主张整体性治理理论的学者看来，"当下信息技术的发展为整体性治理提供了技术保障，而信息技术的进步使得政府内部的协调与整合在现代科层制之下会更有效率，这也使得修正因新公共管理运动带来的碎片化问题可以从可能变为现实"②。

2. 整体性治理理论的主要内容

整体性治理（Holistic Governance）的概念最早是由安德鲁·邓西尔于1990年提出的，但是并未对整体性治理的内涵和特征等内容进行充分论述。在整体性治理的概念提出后不久，佩里·希克斯（Perry Hicks）对整体性治理理论进行了深刻的论述，使得整体性治理逐步从一个治理

---

①　竺乾威：《从新公共管理到整体性治理》，载《中国行政管理》2008年第10期。

②　史云贵、周荃：《整体性治理：梳理、反思与趋势》，载《天津行政学院学报》2014年第5期。

理念转变为一个具有丰富内涵的治理理论，佩里·希克斯（Perry Hicks）也由此成为整体性治理理论的代表人物。在他看来，"整体性治理就是政府机构组织间通过充分沟通与合作，形成有效的整合与协调，彼此政策目标一致且连续，政策执行手段相互强化，达到合作无间的目标的治理行动"①。此后不久，波利特（Polite）在《联合性政府》中对整体性治理理论进行了进一步探讨，认为"整体性治理是通过纵横两个方向的协调来统一思想与行动，以更好实现整体性利益最大化的政府治理新范式，主要包括四大部分内容：消除相互抵消与腐蚀的政策与规定；制定统一资源使用与调度规划，以期更加有效地整合和利用资源；加强治理过程中多元主体的沟通与协调，以增强合作共识和动力；建立良好的利益协调与补偿机制，使得彼此间的合作共赢关系能够维系"。② 整体性治理理论作为一种新的公共治理范式，其基本内容包括以下几个方面：以公民需求和问题解决为治理导向；强调合作性整合；注重协调目标与手段的关系；重视信任、责任感与制度化；依赖信息技术的运用。③

　　协调与整合是整体性治理理论的两大核心机制，互相存在密切的关联。"作为整体性治理的两个'引擎'，协调与整合相辅相成。如果把整体性治理比喻为圆桌谈判，'协调'就是通过推进多方努力进行有效沟通、共商议题，达成对某一问题的一致看法，为整合创造良好的条件；而'整合'就是指圆桌上的各方参与者依据达成的共识，制定相关政策并合力付诸实施的过程。"④在佩里·希克斯（Perry Hicks）看来，整体性治理语境下的整合主要包括治理层级的整合、治理功能的整合以及公私部门的整合三个方面。

---

① Hicks P, Toward Holistic Governance: The New Reform Agenda, Public Productivity and Management Review, 2002(04): 76-78.
② 董树军：《城市群府际博弈的整体性治理研究》，中央编译出版社 2019 年版，第 10 页。
③ 张玉磊：《整体性治理理论概述：一种新的公共治理范式》，载《中共杭州市委党校学报》2015 年第 5 期。
④ 史云贵、周荃：《整体性治理：梳理、反思与趋势》，载《天津行政学院学报》2014 年第 5 期。

近年来，整体性治理理论逐步引起了我国学界的重视，正在被越来越多的学者应用于我国的大都市区治理和城市群治理的研究中。例如，易承志将整体性治理理论应用于大都市区的治理中。他认为伴随我国大都市的快速发展，需要对大都市区的公共事务进行整体性治理，推进政府治理模式创新，切实发挥市场和社会主体在公共事务治理中的作用。① 韩兆柱和单婷婷基于整体性治理的视角，对京津冀府际关系的协调模式进行研究后认为，从组织架构、制度建设、技术支撑三个角度构建京津冀整体性府际关系协调模式，是推动京津冀协同发展长效机制形成的必由之路。②

第三节　纵向府际整合治理的运行逻辑和运作方式

一、纵向府际整合治理的运行逻辑

作为一种区域治理模式，纵向府际整合治理由区域上级政府来主导实施，由区域上级政府的相关职能部门来具体负责落实，以区域上级政府对区域内部各地方政府所拥有的部分权力和资源等进行适度的整合为主要治理手段，不断提升区域内部各地方政府之间和区域上级政府与区域内部各地方政府之间决策和行为上的协同性，进而实现特定的区域治理和区域发展目标为主要治理目的，主要适用于我国市场机制发育不太成熟、各地方政府参与府际协作治理的意愿相对较弱的区域。

（一）由区域上级政府来主导实施的区域治理模式

与以区域内部的各地方政府为核心治理主体的府际协作治理模式不同，纵向府际整合治理模式是一种由区域上级政府来主导实施的区域治理模式。在府际协作治理中，区域上级政府通常也会参与区域治理来，

① 易承志：《超越行政边界：城市化、大都市区整体性治理与政府治理模式创新》，载《南京社会科学》2016年第5期。
② 韩兆柱、单婷婷：《基于整体性治理的京津冀府际关系协调模式研究》，载《行政论坛》2014年第4期。

但是，其角色主要是对区域内部各地方政府的行为进行必要的引导和适度的规范，区域内的各地方政府是区域治理的核心治理主体，区域治理难题的化解和区域治理水平的提升主要依赖于各地方政府之间的积极沟通与密切协作。而在纵向府际整合治理中，区域治理的核心治理主体是区域上级政府，区域上级政府在区域治理难题的化解和区域治理目标的实现等方面发挥着主导作用。

(二) 由区域上级政府的相关职能部门具体负责落实

在区域府际协作治理的实践中，由区域内部的各地方政府自发组成的府际协作组织是开展府际协作治理的主要载体。例如，在我国的长江三角洲城市群，由沪苏浙皖一市三省政府共同参与成立的长三角区域大气污染防治协作小组和长三角区域水污染防治协作小组。而在纵向府际整合治理中，整合治理的措施主要由区域上级政府的相关职能部门来具体负责落实。区域上级政府相关职能部门通过对区域内部各地方政府相关职能部门所拥有部分治理权限和治理资源进行必要的整合，以此来弱化权力运行格局碎片化给区域治理和区域发展带来的阻碍，进而实现化解区域治理难题和提升区域发展质量的目的。

(三) 以区域上级政府对区域内部各地方政府所拥有的部分权力和资源等进行适度的整合为主要治理手段

区域内部的各地方政府是区域治理体系中的核心治理主体，区域治理难题的化解和区域发展质量的提升，有赖于区域内各部各地方政府之间的密切协作和有序竞争。府际关系的实质是政府间的权力配置和利益分配关系。[①] 在特定的府际权力配置和利益分配格局之下，地方政府会拥有一定的自主决策权限和财政管理权限，由此形成一定的决策动机和行为策略，进而对地方政府间的关系格局产生重要的影响，并影响到区域治理的水平和区域发展的质量。当前我国区域治理和区域发展中面临的诸多困境，与区域内部各地方政府部分治理权限运行的碎片化以及由

---

① 谢庆奎：《中国政府的府际关系研究》，载《北京大学学报 (哲学社会科学版)》2000 年第 1 期。

于各地方政府在财税收入等利益上的争夺而引发的无序竞争等问题密切相关。破除区域内部与区域性公共事务治理和区域协调发展密切相关的部分治理权限运行的碎片化，弱化各地方政府开展无序竞争的动机，成为化解区域治理困境和提升区域发展水平的内在要求和重要保障。与主要通过各地方政府之间的主动沟通、有效协调和密切协作来化解区域治理难题和提升区域发展水平的府际协作治理模式不同，纵向府际整合治理主要通过由区域上级政府对区域内部各地方政府所拥有的部分事权和部分财权等进行必要的整合，以此来破除地方政府部分事权运行的碎片化给区域治理和区域发展带来的阻碍，弱化各地方政府开展无序竞争的能力与动机，进而实现特定的区域治理和区域发展目标。

（四）以不断提升区域内部各地方政府之间以及区域上级政府与区域内部各地方政府之间决策和行为上的协同性，进而实现特定的区域治理和区域发展目标为主要目的

区域治理是一项由多元治理主体参与的治理活动，政府是区域治理体系中的核心治理主体。区域内部各地方政府之间以及区域上级政府与区域内部各地方政府之间决策和行为上的协同程度，是影响区域治理水平和区域发展质量的重要因素。纵向府际整合治理通过对区域内部各地方政府所拥有的部分事权和部分财权进行适度的整合，有助于弱化碎片化的权力运行格局给区域治理和区域发展带来的阻碍，不断提升区域内部各地方政府之间以及区域上级政府与区域内部各地方政府之间决策和行为上的协同性，进而实现特定的区域治理和区域发展目标。

（五）主要适用于我国市场机制发育不太成熟、区域内部的各地方政府参与府际协作治理的意愿相对较弱的区域

从治理理念提出并引入公共管理领域之后，催生了府际协作治理、多中心治理等多种类型的治理模式。不同类型的治理模式各有其适用的治理场域。在市场机制发育较为成熟的区域，各地区之间的经济联系和社会交往通常较为紧密，各地方政府参与府际协作治理的意愿一般较为强烈。同时，各地方政府的利益诉求通常较为一致，府际协作治理机制所达成的治理共识通常能够被参与府际协作治理的各地方政府较好地遵守和执行，在化解区域治理难题和推动区域经济社会协调发展等方面能够发挥较好的治理成效。但是，在市场机制发育不太成熟的区域，各地区之间的经济联系和社会交往一般不太紧密，各地方政府参与府际协作治理的意愿通常较弱，各地方政府在利益诉求上的差异较大，府际协作治理机制大多处于尚未构建；或者虽然府际协作治理机制已经建立，但所达成的治理共识通常难以被各地方政府严格遵守的状态，府际协作治理在化解区域治理难题和提升区域经济社会发展质量等方面所能发挥的作用较为有限。对于这些市场机制发育不太成熟，地方政府参与府际协作治理的意愿较弱的区域，我们在推动府际协作治理水平不断提升的同时，可以将纵向府际整合治理模式应用于区域治理中，由区域上级政府对区域内部各地方政府所拥有的治理权限和治理资源进行必要的整合，以此来改变各地方政府的决策动机和行为策略，进而实现化解区域治理难题和提升区域发展水平的治理目的。

二、纵向府际整合治理的运作方式

纵向府际整合治理是由区域上级政府来主导实施的区域治理模式，区域上级政府需要通过一定的运作方式来实现特定的区域治理和区域发展目标。纵向府际整合治理的运作方式主要包括权力整合、政策整合、资源整合、公共服务供给整合、财税收入整合等类型。

（一）权力整合

国家治理是一项复杂的系统性工程，如何在不同层级的政府之间合理地配置政府权力，不仅关系到国家政治大局的稳定，也关系到经济社会发展的水平和质量。在确保国家政治大局稳定和中央统一领导的前提下，不同层级政府之间的权力配置要主动适应经济社会发展格局和经济社会发展空间结构变化的需要，以此来推动经济社会发展水平和质量的不断提升。20世纪90年代以来，伴随区域经济一体化进程的不断加速和行政区经济向城市群经济等区域经济的转变，区域内部地方政府部分权力运行的碎片化格局阻碍了区域治理难题的化解和区域发展水平的提升，中央政府在跨省区域治理和推动跨省区域协调发展上的事权也应该随之强化，省级政府在省内区域治理和推动省内区域协调发展上的事权也需要加以强化。为此，中央政府对跨省区域内各地方政府所拥有的部分与区域性公共事务治理和区域协调发展相关联的权限进行适度的整合非常必要，省级政府也需要对省内区域内的各地方政府所拥有的上述权限进行适度的整合，以化解区域内地方政府部分权力运行的碎片化格局给区域治理和区域发展带来的阻碍，而这种整合就是纵向府际整合治理中的权力整合。

（二）政策整合

政策是各级政府施政的重要手段，不同层级的政府和不同地区的政府在制定和执行政策上的价值取向和利益诉求如果存在一定的差异，府际之间的政策冲突就有可能随之产生。在区域治理中，区域上级政府的政策与区域内部各地方政府的政策之间的有效衔接，以及区域内部各地方政府政策之间的有效衔接，是避免府际政策冲突发生和提高政策执行效果的内在要求和重要保障。在当前我国区域治理的实践中，下级政府对上级政府决策部署的选择性执行和变通执行，以及各地方政府政策之间的不协调，不仅制约了区域治理能力的提升，也影响到区域经济社会发展的水平和质量。为此，区域上级政府需要对区域内部各地方政府制定的政策进行必要的整合，以此来增强区域上级政府的政策与区域内部各地方政府政策之间的协同性，以及区域内部各地方政府政策之间的协同性，促进政策合力的形成，进而为区域治理能力的提升和区域协调发展水平的提高提供较为坚实的政策保障。

（三）资源整合

治理资源是治理主体用以开展治理行动、完成治理任务和实现治理目标的有力支撑。由于一定时期和一定空间内的治理资源是有限的，如何在不同层级和不同类型的治理主体之间合理地配置治理资源，是提升国家治理能力和实现国家治理目标的内在要求和重要保障。为此，在区域治理中，区域上级政府需要依据特定的区域治理和区域发展目标，来对区域内部现有的治理资源配置格局进行适度的变革，将分散的治理资源进行有效的整合，提升治理资源的利用效率，以确保区域治理目标的实现。

(四) 公共服务供给整合

公共服务是指具有非排他性和非竞争性特性的服务类型。供给公共服务是政府的重要职责，为广大居民提供较为充足和优质的公共服务，实现基本公共服务的均等化，是各级政府践行以人民为中心的发展理念的内在要求。公共服务特别是基本公共服务的供给水平、供给质量和均等化程度，不仅会影响到居民的获得感及其对政府的满意度，也会对人口和生产要素在一定区域内的流动方向和配置格局产生重要的影响。统筹层次较低的基本公共服务供给体制，不仅不利于基本公共服务均等化水平的提升，而且会对人口和生产要素在区域内部的合理流动和均衡配置产生不利的影响，进而阻碍了区域协调发展格局的形成。区域上级政府对区域内部基本公共服务的供给主体、供给范围、供给方式和供给标准等进行必要的整合，既是提升基本公共服务均等化水平和保障区域性公共服务得到有效供给的重要手段，又是推动区域协调发展水平不断提升的内在要求和重要保障。

(五) 财税收入整合

地方政府是理性的具有特定利益诉求的经济人，通过地区间的财税收入竞争来实现本地区财税收入的最大化，不仅可以有效满足本地区行政运转和政府职能履行的需要，也可以为地方政府绩效考核位次的提升提供有效的政绩支撑。一定区域内的各地方政府在财税收入上的有序竞争是合理的，但是地区间为财税收入最大化目标而展开的无序竞争甚至是恶性竞争，会破坏区域内部统一的市场体系的形成，不利于区域协调发展水平的提升。为此，区域上级政府可以对区域内部各地方政府所拥有的部分财税收入分配权限进行必要的整合，由部分地方政府依据一定的原则和标准来分享部分财税收入，以此来弱化各地方政府为获取更多的财税收入开展无序竞争的动机，进而推动统一的区域市场体系的形成和区域协调发展水平的不断提升。

第四节　纵向府际整合治理在我国城市群治理中应用的必要性与可行性

伴随城市群在国民经济和社会发展中日渐凸显的重要性，如何化解城市群协调发展所面临的困境，推动城市群协调发展水平的不断提升，已经成为我国城市群治理和城市群发展的重要任务。纵向府际整合治理作为一种由区域上级政府主导实施的区域治理模式，将其应用于我国城市群治理的实践中，有助于提升城市群内部各地方政府之间以及城市群上级政府与城市群内部各地方政府之间决策和行为上的协同性，进而为城市群治理难题的化解和城市群协调发展目标的实现提供有力的支撑。同时，由于我国采用的是单一制的国家结构形式，央地之间和省级政府与省级以下地方政府之间事权和财权划分的体制，也有助于推动纵向府际整合治理模式在我国城市群治理中得到有效的实施。

一、将纵向府际整合治理模式应用于我国城市群治理的必要性

城市群府际协作治理模式在城市群治理实践中成效发挥具有不确定性，这需要在完善城市群府际协作治理模式的同时，寻求新的城市群治理模式。将纵向府际整合治理模式应用于我国城市群的治理中，是适应近些年来我国经济发展格局所发生的深刻变化需要的内在要求。

（一）城市群府际协作治理模式在城市群治理实践中成效发挥的不确定性，需要在完善城市群府际协作治理模式的同时寻求新的城市群治理模式

20 世纪 90 年代以来，伴随区域经济一体化进程的不断加快，区域性公共事务日渐增多，碎片化的管理体制使得许多区域性公共事务难以得到有效的治理，推动行政区行政向区域公共管理、区域治理转变，是化解碎片化的管理体制与区域性公共事务治理之间矛盾的必然要求。目前，区域治理的理念已经被学界和政府部门接纳，府际协作治理模式正

逐渐成为我国区域治理的主流模式。府际协作治理模式在城市群治理实践中的应用，在化解碎片化的管理体制与城市群区域性公共事务治理之间的矛盾、促进城市群协调发展以及加速城市群一体化进程等方面发挥了重要的作用。特别是在市场机制发育较为成熟、内部各地方政府参与府际协作治理的意愿和动机较为强烈的城市群，城市群府际协作治理在提升城市群治理水平和提高城市群协调发展质量等方面所发挥的成效较为明显。例如，在我国的长三角城市群和粤港澳大湾区城市群中，城市群内部各地方政府之间的府际协作治理水平相对较高，府际协作治理在推动城市群协调发展和加速城市群一体化进程中发挥了较为重要的作用。但是，由于作为城市群府际协作治理体系中核心治理主体的各地方政府是理性的、具有一定自主决策权限和特定利益诉求的经济人，各地方政府参与城市群府际协作治理的意愿和动机存在一定的差异，部分地方政府在执行治理共识上会采取机会主义的行为策略，这就使得府际协作治理模式在城市群治理实践中可能会面临部分地方政府参与意愿不强、治理共识难以被各地方政府自觉遵守、议而不决、决而难行，甚至是决而不行等难题，进而制约了城市群治理水平的提升和城市群协调发展质量的提高。为此，我们在推动城市群府际协作治理水平不断提升的同时，也需要积极探索新的城市群治理模式。

城市群治理是一个以城市群内部各地方政府和城市群上级政府为核心治理主体的治理活动，在城市群治理，特别是各地方政府参与府际协作治理的意愿和动机相对较弱的城市群的治理中，更需要充分发挥城市群上级政府的重要作用，以此来推动城市群治理难题的化解和城市群治理水平的提升。纵向府际整合治理作为一种由区域上级政府主导实施的区域治理模式，可以应用于城市群，特别是那些市场机制发育不太成熟、内部各地方政府参与府际协作治理的意愿较弱的城市群中，通过由城市群上级政府对内部的各地方政府所拥有的部分事权和财权进行适度的整合，以此来破除碎片化的管理体制给城市群区域性公共事务治理和城市群协调发展所带来的阻碍，进而实现提升城市群协调发展水平和质量的目的。

（二）适应近些年来我国经济发展格局所发生的深刻变化需要的内在要求

20世纪90年代以来，伴随城镇化进程的快速推进和区域一体化进程的不断加快，我国的经济发展格局发生了深刻变化，主要体现在行政区经济向城市群经济的转变，和经济竞争主体由行政区逐渐转变为以城市群为主的跨行政区的经济区两个方面。

一是行政区经济向城市群经济的转变。改革开放以来，为了提高地方政府发展经济的主动性、积极性和创造性，中央政府给地方政府的分权力度不断加大，地方政府发展经济的动机被充分激发出来，推动着我国经济保持了较长时期的高速增长。但与此同时，行政区划边界对经济发展的刚性约束作用也日渐凸显，我国也由此呈现出点状的行政区经济格局，地方政府在本地区经济发展中的影响力和控制力不断增强。20世纪90年代以来，在区域经济一体化和城镇化进程不断加速的背景下，城市群开始出现并逐渐成为我国城镇空间的主体形态，我国的经济发展格局也开始发生深刻变革，传统的省域经济、市域经济等行政区经济逐渐向城市群经济转变。目前，中心城市和城市群已经成为我国承载发展要素的主要空间形式，以中心城市引领城市群发展、以城市群带动区域发展已经成为我国区域发展的新模式。

二是经济竞争的主体由行政区逐渐转变为城市群等跨行政区的经济区。伴随行政区经济向城市群经济的转变，我国经济竞争的主体也发生了深刻变化，已经由传统的行政区转变为城市群等跨行政区的经济区，经济竞争的格局正逐渐由地区之间的竞争转变为城市群之间的竞争。与行政区不同，城市群是一个包含多个行政区的经济区，城市群内部存在着一定数量的不同等级和不同规模的城市和城镇，城市群内部的各地区只有在产业上进行合理的分工和密切的协作，才能不断提升城市群的综合承载能力和整体竞争力，进而实现以城市群的协调发展推动区域协调发展的目的。

经济发展格局与纵向政府间的权力运行格局之间存在着密切的关联，纵向政府间的权力运行格局会推动形成与其相适应的经济发展格局；同时，经济发展也有其自身内在的运行逻辑，经济发展格局的变化，会催生出对既有的、与经济发展格局不相适应的纵向政府间权力运行格局进行变革的需要。行政区经济向城市群经济的转变，不仅是我国经济发展格局的深刻变革，而且也催生出对现有纵向政府间权力运行格局进行变革的需求。但是，在我国的经济发展格局从行政区经济向城市群经济转变的同时，我国纵向政府间的权力运行格局却并未发生相应的变革。城市群内部的各地方政府主导着本行政区域内的经济社会发展规划编制和产业政策制定的权力运行格局，这已经成为阻碍城市群经济运行效率提升和城市群协调发展格局形成的重要因素，对现有的纵向政府间的权力运行格局进行有效变革，不断强化城市群上级政府在城市群治理和城市群协调发展上的统筹与协调能力，这一点的重要性正日渐凸显。作为一种由区域上级政府主导实施的区域治理模式，纵向府际整合治理模式在城市群治理中的应用，可以在一定程度上强化城市群上级政府在推动城市群协调发展上的统筹与协调能力，以此来不断增强城市群内部各地方政府之间决策和行为上的协同性，进而为城市群治理水平和城市群协调发展质量的不断提升提供有力的保障。

二、纵向府际整合治理模式在我国城市群治理中应用的可行性

政府是区域治理体系中的核心治理主体，政府之间的关系格局是影响区域治理水平的重要因素。"国家结构形式所代表的纵向的国内政府间关系的中轴，直接决定国内政府间纵横关系的格局和运作形式"①，进而对包括区域治理在内的国家治理格局产生深刻的影响。因此，依据国家结构形式的特点来选择合适的区域治理模式，是推动区域治理水平和区域发展质量不断提升的内在要求和重要保障。与以区域内部的各地方政府为核心治理主体的府际协作治理模式不同，纵向府际整合治理是以区域上级政府为核心治理主体的区域治理模式，区域上级政府对区域

---

① 林尚立：《国内政府间关系》，浙江人民出版社 1998 年版，第 3 页。

内部各地方政府的部分事权和财权的运行能够进行有效的整合，是确保纵向府际整合治理模式在区域治理实践中得以有效运行的基本前提。而我国采用的单一制的国家结构形式，使得纵向府际整合治理模式在我国的城市群治理实践中能够得到较为有效的应用。在我国纵向政府间事权和财权的划分上，中央政府在央地之间的事权和财权划分上拥有决定权，省级政府在省级政府与省级以下地方政府之间的事权和财权划分上拥有一定限度的决定权。作为跨省域城市群上级政府的中央政府，可以通过对跨省域城市群内部各地方政府的部分事权和财权进行必要的整合，来推动形成有利于城市群协调发展的地方政府事权和财权运行格局。同样，作为省域内城市群上级政府的省级政府可以通过对省域内城市群内部各地方政府的部分事权和财权进行必要的整合，来推动形成有利于城市群协调发展的地方政府事权和财权运行格局。

本 章 小 结

区域治理是一项由多元治理主体参与的治理行动，政府是区域治理体系中的核心治理主体。区域治理难题的化解和区域发展水平的提升，有赖于多元治理主体在决策和行为上的有效协同。由于参与区域治理的各治理主体通常是理性的、具有一定自主决策权限和特定利益诉求的经济人，治理权限运行的碎片化和各治理主体在利益诉求上的不一致，制约了区域治理水平的提升和区域发展质量的提高。在当前我国的区域治理中，区域治理所采用的主要治理模式是以区域内部的各地方政府为核心治理主体的府际协作治理，而对于以区域上级政府为核心治理主体的区域治理模式的探究相对较少。整合是一个重要的治理手段，在国家治理中发挥着重要的作用。区域治理难题的化解和区域协调发展水平的提升，既需要依靠区域内部各地方政府之间的主动沟通、有效协调和密切协作，又需要由区域上级政府对区域内部的各地方政府所拥有的部分事权和财权进行必要的整合，以解决治理权限运行的碎片化和各治理主体在利益诉求上的不一致给区域治理带来的阻碍。

纵向府际整合治理是指由区域上级政府对区域内部的各地方政府所拥有的、与区域治理和区域发展密切相关的部分事权和财权进行适度的整合，不断强化区域上级政府在区域治理和区域发展上的统筹与协调能力，以此来改变区域内部各地方政府的决策动机和行为策略，不断提升区域内部各地方政府之间以及区域上级政府与区域内部各地方政府之间决策和行为上的协同性，进而实现特定的区域治理和区域发展目标的治理模式。纵向府际整合治理以府际关系理论、制度性集体行动理论、博弈理论和整体性治理理论等为基础，运作方式主要包括权力整合、政策整合、资源整合、公共服务供给整合、财税收入整合等。

实施区域协调发展是新时代国家重大发展战略之一，作为引领区域经济增长的重要增长极和推动区域协调发展的重要载体，城市群协调发展的水平和质量直接关系到区域协调发展的水平和质量。伴随城市群在国民经济和社会发展中重要性的日渐凸显，如何化解城市群协调发展所面临的困境，推动城市群协调发展水平的不断提升，已经成为我国城市群治理和城市群发展所面临的重要任务。纵向府际整合治理作为一种由区域上级政府主导实施的区域治理模式，将其应用于我国城市群治理的实践中，将有助于提升城市群内部的各地方政府之间以及城市群上级政府与城市群内部各地方政府之间决策和行为上的协同性，进而为城市群治理难题的化解和城市群协调发展水平的不断提升提供有力的支撑。同时，由于我国采用的是单一制的国家结构形式，央地之间和省级政府与省级以下地方政府之间事权和财权划分的方式也有助于推动纵向府际整合治理模式在我国城市群治理的实践中得到有效的应用。

第二章　我国城市群协调发展的主要困境

　　近代英国工业革命揭开了乡村人口向城市空间大规模流动的序幕，西方国家城市化的浪潮也由此开启。相对于西方发达国家的城市化进程而言，我国的城镇化进程虽起步较晚，但发展速度非常快。① 诺贝尔经济学奖获得者、美国著名的经济学家斯蒂格利茨曾指出：“美国的高科技和中国的城市化将是影响 21 世纪人类社会进程的两大课题。”②改革开放以来，伴随工业化进程的快速推进和城镇化速度的不断加快，城市群开始在我国出现，并逐渐成为我国城镇化的主体形态，在国民经济和社会发展中的重要性不断提升。目前，城市群已经成为引领我国区域经济增长的重要增长极和推动区域协调发展的重要载体，以中心城市引领城市群发展、以城市群带动区域发展已成为我国区域发展的新模式。不过，我们在看到我国城市群从无到有、快速发展的同时，也要注意到在协调发展方面还存在一些问题：不同区域城市群之间的发展差距相对较大，中西部地区的城市群内部各地区发展不平衡的问题较为突出，城市群产业布局不合理和地区间低水平同质化竞争问题日渐凸显，推动城市群协调发展的体制机制还不尽完善。城市群在协调发展上所面临的这些困境，不仅制约了我国城市群协调发展水平的提升，也影响到我国区域协调发展的水平和质量。

---

　　① 考虑到我国和西方国家在城市化、城镇化等称谓上的不同，本书在论述西方国家时采用“城市化”的称谓，而在论述我国时则采用“城镇化”的称谓。

　　② 吴良镛、吴唯佳、武廷海：《论世界与中国城市化的大趋势和江苏省城市化道路》，载《科技导报》2003 年第 9 期。

第一节　城市群和城市群协调发展的基本内容

一、城市群的提出

城市是人类生产、生活和学习的空间，城市的出现及其快速发展给人类社会的发展进程带来了深刻变革。乔尔·科特金在《全球城市史》中将城市界定为安全、神圣和繁忙之地。① 刘易斯·芒福德认为，城市是文化的容器，专门用来存储和传承人类文明的成果。② 在第一次工业革命发生之前，城市主要作为不同等级的政治中心、宗教中心或文化中心而存在，城市空间以极其缓慢的速度增长着；而政治中心的迁移和宗教中心的变动，对于一个国家或区域的城市格局会产生十分重要的影响。近代工业革命驱动着城市化进程，大量乡村人口进入城市，城市空间的扩张速度明显加快，城市日渐成为繁忙之所。伴随城市化进程的快速推进，城市空间形态发生不断变革，作为城市化发展到中高级阶段的城市空间形态之一的城市群开始出现并快速发展。

19 世纪末 20 世纪初，针对英国城市化进程中出现的城市空间扩张过快、城市环境污染问题日渐严重等治理难题，英国田园城市理论学派的创始人霍华德提出了"城市集群"（town cluster）③的概念，主张将城市与城市周边地区的乡村进行有机整合，以形成城乡功能互补的田园城市。此后，帕特里克·格迪斯提出了集合城市（conurbation）的概念④，将其作为人口组群发展的新形态。后来，为了统计的便利，美国联邦政府提出了"大都市地区"（metropolitan area）的概念⑤，并将其作为国家统

---

① ［美］乔尔·科特金：《全球城市史》，王旭等译，社会科学文献出版社2014 年版，第 1 页。

② ［美］刘易斯·芒福德：《城市发展史》，宋俊岭、倪文彦译，中国建筑工业出版社2002 年版，第 33 页。

③ 张京祥：《西方城市规划思想史纲》，东南大学出版社2005年版，第95页。

④ ［英］帕特里克·格迪斯：《进化中的城市——城市规划与城市研究导论》，李浩等译，中国建筑工业出版社 2012 年版。

⑤ 许学强等：《城市地理学》，高等教育出版社 1996 年版，第 22 页。

计单位之一。大都市地区通常由一个较大的人口中心和与其具有高度的经济社会联系的相邻地区组合而成，其内部包含着一定数量的以县为基本单位的行政区。1957年，法国著名地理学家戈特曼在对美国大西洋沿岸地区一定区域内的城镇较为集中的现象进行分析和研究的基础上，提出了"大都市带"（megalopolis）①的概念。此后，"大都市带"概念被很多国家的学者认可并被引介到多个国家，戈特曼也因此被公认为城市群概念的提出者。此后又有很多学者分别从不同的视角，对城市空间蔓延现象及其所形成的城市区域概念进行了界定。例如，美国的斯科特通过对纽约、巴黎等全球城市的研究，提出了全球城市区域的概念②；霍尔提出了"巨型城市区域"的概念③。

相较于西方发达国家而言，国内对于城市群及其相关城市区域概念的研究起步较晚，国内相关研究大体从20世纪80年代初才开始。1983年，于洪俊和宁越敏将法国学者戈特曼的有关大都市带的理论引入国内，将其翻译为"巨大都市带"④。此后，伴随我国城镇化进程的不断加速，城市空间的区域化和区域空间的城市化现象日渐凸显，国内有关城市群及相关城市区域概念的研究也随之不断增多，国内学者们分别从不同的视角提出了不同类型的城市区域概念。对城市群及其相关的都市区、都市圈、大都市带、都市连绵区等概念进行必要的区分，有助于我们更好地理解和把握城市群的基本内涵和主要特征。

1. 城市群的基本内涵

本书认为，城市群是城镇化发展到高级阶段的空间组织形式，是一个以1个及以上的国家级中心城市或区域性中心城市为核心，由一定数量的大城市或都市圈为构成单元，依托互联互通程度较高的基础设施网

---

① Jean Gottmann, Megalopolis or the Urbanization of the Northeastern Seaboard, Economic Geography, 1957(03).

② Scott A J, Regional Motors of the Global Economy, Future, 1996 (05).

③ Peter Hall, Kathy Pain. The Polycentric Metropolis: Learning from Mega-City Regions in Europe, London: Earthscan Publications, 2006.

④ 于洪俊、宁越敏：《城市地理概论》，安徽科学技术出版社1983年版，第86页。

络所形成的，各城市功能定位较为明确、城市间产业分工与协作体系较为完备、和区域一体化程度较高的城镇密集区域。按照城市群是否跨越省级行政区域，可以将城市群分为跨省域城市群和省域内城市群两种类型。其中，跨省域城市群通常是由一定数量的都市圈所构成，例如我国长三角城市群内部就存在着一定数量的都市圈，分别是南京都市圈、杭州都市圈、合肥都市圈、苏锡常都市圈和宁波都市圈等。而省域内城市群通常是由一定数量的大城市所构成，省域内城市群因此在一定程度上也可以认定为是一个都市圈。

20 世纪 90 年代以来，我国城市群的数量日渐增多，城市群的竞争力也随之不断增强，以上海为中心的长江三角洲城市群已经成为与美国东北部大西洋沿岸城市群、北美五大湖城市群、日本太平洋沿岸城市群、欧洲西北部城市群和英国中南部城市群并列的世界六大城市群之一，京津冀城市群和粤港澳大湾区城市群也正在向世界级城市群的目标不断迈进。2018 年，国务院发展研究中心大数据宏观课题组通过与百度地图慧眼团队的合作，在利用百度地图慧眼团队提供的时空大数据的基础上，综合联系度、集聚度、中心度等因素，最终识别出的我国城市群的数量为 17 个，分别为长三角城市群、珠三角城市群、京津冀城市群、成渝城市群、中原城市群、关中平原城市群、滇中城市群、黔中城市群、山东半岛城市群、辽中南城市群、海峡西岸城市群、哈长城市群、宁夏沿黄城市群、山西中部城市群、北部湾城市群、长株潭城市群、武汉城市群。[①]

2. 城市群的主要特征

与都市区、都市圈等城镇空间形态相比，城市群是一个包含多个行政区的经济区，是一个以一个及以上的国家级中心城市或区域性中心城市为核心的、等级结构和规模结构较为合理的城镇密集区域。同时，城

---

① 新华网：《百度地图与国务院发展研究中心大数据宏观课题组识别城市群》，http：//www.xinhuanet.com/itown/2018-01/16/c_136898928.htm，访问日期：2019 年 8 月 8 日。

市群也是一个人口和产业集聚程度较高的空间，地区间产业分工与协作体系的构建和不断完善是推动城市群形成并不断发展壮大的内在动力。

（1）城市群是一个包含多个行政区的经济区。改革开放以来，工业化进程的快速推进使得我国城镇化的步伐不断加快，我国的城镇空间形态随之不断变革，都市区、都市圈开始出现并日渐成熟，跨越多个行政区的城市群也随之逐步形成并不断发展壮大。与一般类型的区域不同，城市群是一个包含多个行政区的经济区，城市群内部的各行政区之间存在着较为密切的经济联系和社会交往。如果城市群的空间范围跨越两个及以上的省级行政区域，那么这种城市群就属于跨省域的城市群。如果城市群的空间范围在一个省级行政区域之内，那么该城市群就属于省域内的城市群。目前，我国跨省域的城市群主要有长江三角洲城市群、粤港澳大湾区城市群、京津冀城市群、成渝城市群、长江中游城市群、兰州—西宁城市群、中原城市群等。而省域内的城市群主要有湖南省的长株潭城市群、云南省的滇中城市群、江苏省的扬子江城市群、安徽省的皖江城市带、贵州省的黔中城市群等。由于城市群的空间范围内存在着一定数量的行政区，各行政区之间的行政区划边界会对生产要素和资源在城市群空间内的自由流动产生一定程度的阻碍，进而不利于城市群协调发展格局的形成。如何在尊重客观经济规律和确保市场对资源配置起决定性作用的前提下更好地发挥政府的作用，将行政区划边界对资源和生产要素跨行政区流动的阻碍尽可能地降低，推动资源和生产要素在城市群空间内实现自由流动和均衡配置，是城市群治理和城市群发展所面临的重要任务。

（2）城市群是一个以1个及以上的国家级中心城市或区域性中心城市为核心的、等级结构和规模结构较为合理的城镇密集区域。城市群是由一定数量的城市和城镇所组成的城镇体系。但是，由一定数量的城市和城镇所构成的城镇体系未必就是城市群。在一个成熟的城市群内部，通常有1个或以上的国家级中心城市或者区域性中心城市，这些中心城市构成了城市群的核心。城市群中心城市的城市能级在城市群内部通常居于最高层级，首位度相对较高，能够对城市群区域内的其他城市和城镇的发展起到一定的辐射和带动作用。城市群中心城市的综合实力和竞争力的强弱，及其对城市群内部其他城市和城镇的辐射和带动作用的大小，直接影响到整个城市群的发展水平。近些年来，伴随区域经济一体化进程的不断加快和城市群的快速发展，城市群在我国国民经济和社会发展中的重要性日渐凸显，我国区域与区域之间的竞争正逐渐转变为城市群与城市群之间的竞争，城市群与城市群之间的竞争也正逐渐演变成各自中心城市之间的竞争。例如，以我国竞争力较强的长江三角洲城市群、粤港澳大湾区城市群为例，这些城市群的中心城市都是具有很强的综合实力和竞争力的国家级中心城市。目前，以中心城市引领城市群发展，以城市群带动区域发展已经成为我国区域发展的新模式。同时，城市群内部还分布着一定数量的大中小城市和小城镇。在一个发展相对较为成熟的城市群内部，这些城市和城镇的等级结构和规模结构呈现出较为明显的梯度分布的特征，相对较为合理。

(3)城市群是一个人口和产业集聚程度较高的空间。在一定的空间内，人口和产业的集聚，有利于更好地实现规模经济效应，进而为地区和区域经济社会发展水平的提升提供有力的支撑。作为一个经济区，城市群是一个人口和产业集聚程度较高的空间。近些年来，伴随城市群的出现及其快速发展，人口和产业向城市群集聚的态势日渐凸显，城市群已经成为我国承载发展要素的主要空间形式。同时，在城市群空间内部，人口和产业向中心城市集聚的态势也在逐步增强。人口和产业在城市群中心城市的不断集聚，不仅有利于提升城市群中心城市的竞争力，也有助于增强城市群中心城市对城市群内部其他城市的辐射和带动能力。在充分发挥市场在城市群内部资源配置中的决定性作用的同时，更好地发挥政府的作用，以引导和推动人口、产业在城市群空间内的合理布局，有利于推动城市群协调发展水平的不断提升。

(4)地区间产业分工与协作体系的构建和不断完善，是推动城市群形成并不断发展壮大的内在动力。从城市群的自然生长过程来看，城市群是一个具有强大内生动力的有机体，而贯穿这个有机体的形成和发展，并不断走向成熟的内在动力，便是城市群内部地区间产业分工与协作体系的构建和不断完善。产业分工与协作是发挥各地区比较优势和提升产业竞争力的内在要求和重要保障。城市群内部存在一定数量的行政区，由于这些地区所处的地理区位、所拥有的自然资源禀赋通常会存在一定的差异，使得各地区拥有各自不同的产业优势。发挥好各地区的比较优势，推动地区间产业分工与协作体系的构建和不断完善，不仅有助于密切城市群内部各地区之间的经济联系，而且也有利于更好地凸显各地区的产业优势，提升整个城市群的产业竞争力。

　　3. 城市群与其他城市区域形态的关联

　　城市群是城镇化发展到高级阶段而出现的城市区域形态之一，与其他城市区域形态之间存在着密切的关联。依据城市化进程中城市区域形态发生跃迁的时间顺序，可以将城市区域的形态分为都市区、都市圈、城市群和大都市带或都市连绵区四种类型。其中，城市群是城市化发展到高级阶段的产物，是由若干个都市圈所组成的城市区域；同时，若干个城市群又组成了一个大都市带或者都市连绵区。

　　工业化使得大量的乡村人口进入城市，城市空间迅速扩大。伴随城市生产规模的不断扩大和城市人口规模的不断增加，承载力有限的城市核心区不堪重负，城市空间开始向郊区拓展，郊区化现象开始产生。郊区化现象的出现，使得城市建成区面积迅速扩大，由城市核心区和城市核心区周边广阔的郊区所组成的都市区开始成型，城市区域形态开始发生第一次跃迁。在都市区的形成和发展过程中，伴随人口和生产要素向都市区集聚，生产要素的集聚效应开始显现，都市区逐渐成为推动区域经济发展的重要增长极。

　　但是，生产要素的集聚所产生的效应也存在一定的规模限制，当生产要素集聚到一定程度后，规模不经济的问题会开始出现，生产要素也将逐步从都市区向周边地区扩散。从都市区流出的生产要素流入都市区周边的城市和城镇，不仅会给周边城市和城镇产业发展和人口规模增加带来契机，也使得都市区周边地区的城市和城镇与都市区的核心城市在产业上形成了有效的分工与协作关系，区域内的产业链逐步成型。区域产业链的形成、发展和完善，串联起区域内各城市和城镇之间的人流、物流和资金流，使得各地区之间的经济联系和社会交往日渐紧密，推动着以一个特大城市或大城市为核心，包括核心城市周边的若干个大城市、中小城市和城镇在内的新城市区域形态的形成。这一新型的城市区域形态因呈现出以中心城市为核心的圈层状，被称为都市圈。从都市区到都市圈，是城市区域形态发生的第二次跃迁。都市圈与都市区之间既存在一定的相似性，又存在一定的差异。从相似性来看，都市圈与都市区都是单中心的结构，以一个特大城市或大城市为核心。从差异上来看，一方面都市圈内部的城市数量通常要多于都市区。都市区空间内部通常只有一个特大城市或大城市，而都市圈空间内除了有一个中心城市外，还包括一定数量的大城市、中小城市和小城镇。另一方面，都市区和都市圈的空间形状也存在一定的差异。都市区由一个大城市或特大城市及其周边地区所构成，一般呈现出块状的形态；而都市圈则由一个特大城市或大城市、一定数量的中小城市和小城镇所构成，呈现出圈层状的结构形态。

伴随城市化进程和区域经济一体化进程的不断加快，都市圈的空间范围不断地向外扩张，都市圈内部各城市和城镇之间的经济联系和社会交往在不断增强的同时，相邻都市圈之间的经济交往和社会联系的紧密程度也在不断增强，由若干数量的都市圈所组成的城市群出现并快速发展，城市区域形态发生第三次跃迁。城市群与都市区、都市圈之间的差异较为明显。首先，都市区和都市圈是单中心的，而城市群除了单中心城市群外，也有双中心或者多中心的城市群。其次，从空间范围大小来看，城市群的空间范围通常要大于都市区和都市圈。最后，一个城市群通常是由一个或若干个都市圈所构成，例如我国长江三角洲城市群就是一个包含多个都市圈的世界级城市群，该城市群范围内的都市圈主要有南京都市圈、杭州都市圈、合肥都市圈、苏锡常都市圈和宁波都市圈等。不过，也有部分学者将城市群等同于都市圈①，而这种情况通常出现于单中心的省域内城市群上。部分单中心的省域内城市群，其空间范

---

① 王玉海、宋逸群：《共享与共治：中国城市群协同治理体系建构》，载《开发研究》2017 年第 6 期。

围、所包含的城市数量和城镇体系格局等与都市圈基本一致，这种类型的城市群基本可以等同于都市圈。例如，在我国长江中游城市群内部也存在着一定数量的省域内城市群，例如湖北省的武汉城市群也可以称为武汉都市圈。伴随城市群数量的不断增多和城市群空间范围的不断扩大，各城市群之间的联系也随之不断增强，由一定数量的城市群所组成的大都市带或都市连绵区开始出现，城市区域形态也随之发生了第四次跃迁。

二、城市群协调发展

城市群协调发展的内涵较为丰富，既可以将城市群视为一个由一定数量的子系统所构成的系统，从系统论的视角来认识城市群协调发展的内涵；又可以从组成城市群的不同规模、不同等级的大中小城市和小城镇之间协调发展的视角来加以认识。本书所讨论的城市群协调发展主要着眼于城市群内部大中小城市和小城镇之间的协调发展。

（一）城市群协调发展的基本内涵

1. 城市群系统内各子系统之间的协调发展。一个系统是由一定数量的子系统所构成的，各个子系统之间相互影响、相互作用、相互制约，推动着系统不断变化和发展。一个系统内各子系统之间的协调程度，直接影响到该系统的发展水平和发展质量。城市群作为一个大的系统，也是由一定数量的子系统所构成的。党兴华等认为，组成城市群的子系统主要包括经济子系统、社会子系统、资源子系统、人口子系统、生态环境子系统等。[1] 作为一个人口密度较高、各地区之间的经济联系和社会交往较为密切的系统，城市群的运转与发展需要耗费相当数量的资源。同时，城市群空间内企业的生产活动和居民日常生活，也会给城市群及其周边地区的生态环境造成一定的影响。城市群空间内的资源数量和生态环境的承受能力是有限的，因此要实现城市群协调发展的目

---

[1]　党兴华、赵璟、张迎旭：《城市群协调发展评价理论与方法研究》，载《当代经济科学》2007年第6期。

标，必须要保证城市群经济子系统、社会子系统、资源子系统、人口子系统、生态环境子系统之间能够相互适应，确保城市群经济社会发展的速度与城市群空间内的资源和生态环境可承受的限度之间能够保持有效的平衡。

2. 城市群内部大中小城市和小城镇之间的协调发展。作为城镇化发展到中高级阶段的产物，城市群是一个由一定数量的不同规模、不同等级的城市和城镇所组成的城镇体系。城市群内部的城市和城镇之间存在着较为密切的经济联系和社会交往，协调发展的程度直接关系到城市群协调发展的水平和质量。在一个城市群空间内，由于各自所处的地理区位、所拥有的自然资源禀赋和行政等级等存在一定的差异，各城市和城镇在对人口和生产要素的集聚能力和集聚规模上通常也会存在差异，并导致各地区经济发展水平上的差距。不断缩小城市群内部大中小城市和小城镇之间的发展差距，推动人口、生产要素在城市群空间内的合理流动和均衡配置，是实现城市群内部大中小城市和小城镇之间协调发展的内在要求和重要保障。党的十九大报告在"实施区域协调发展战略"的部分中提出，要以城市群为主体，构建大中小城市和小城镇协调发展的城镇格局。

系统论视角下的城市群协调发展是一项复杂的系统性工程，与城市群可持续发展的内涵和外延基本一致。其中，城市群内部的大中小城市和小城镇之间的协调发展，就是系统论视角下的城市群协调发展的重要内容之一。本书所要讨论的城市群协调发展主要是从组成城市群的不同规模、不同等级和不同能级的城市和城镇之间协调发展的视角来展开的，指的是城市群内部的大中小城市和小城镇之间的协调发展。具体来说，城市群协调发展是指在市场、城市群内部各地方政府和城市群上级政府等多元力量的共同作用之下，城市群内部的大中小城市和小城镇之间的经济联系和社会交往日益紧密、地区间的产业分工与协作水平不断提升、人口和生产要素在城市群空间内的配置格局不断优化、大中小城市和小城镇之间经济社会发展水平上的差距不断缩小的过程。

城市群协调发展不是要消除城市群内部不同规模、不同等级的城市和城镇之间在发展能级上的差异，而是要正视不同规模、不同等级的城市和城镇在城市群发展中所扮演的不同角色，在此基础上，明确各类型的城市和城镇在城市群发展中的功能定位，推动城市群内部各地区之间形成较为合理的产业分工与协作体系，以此来不断缩小各地区经济社会发展上的差距，提升城市群协调发展的水平和质量。由于城市群范围内的各地方政府是理性的、具有一定自主决策权限和特定利益诉求的经济人，各地方政府之间既存在激烈的竞争关系，又存在府际合作的可能。因此，城市群协调发展目标的实现，既需要依赖于城市群内部各地方政府之间的积极合作和有序竞争，又需要充分发挥城市群上级政府在推动城市群协调发展上的统筹与协调作用，以推动人口和生产要素在城市群空间内的合理流动和均衡配置。

（二）城市群协调发展的主要表现

一个协调发展水平较高的城市群主要表现在城市群内部各城市的功能定位较为明确，具有一定数量的规模和能级呈现梯度分布的城市，地区间的产业分工与协作体系较为完备，人口和生产要素在城市群内部能够较为自由的流动并实现较为均衡的配置，城市群基本公共服务均等化水平相对较高，城市群内部的通达性较好，大中小城市和小城镇之间经济社会发展水平上的差距相对较小。

1. 城市群内部各城市的功能定位较为明确。城市群是一个跨越多个行政区的经济区，是引领区域经济增长的重要增长极和带动区域协调发展的重要载体。城市群内部存在着一定数量的城市，但是各城市在城市群发展中所承担的功能和所扮演的角色存在一定的差异，明确各类型城市的功能定位对于城市群协调发展目标的实现非常重要。在一个协调发展水平较高的城市群中，中心城市作为城市群的核心，承载了城市群空间内相当数量的发展要素，是引领城市群发展的重要增长极，其综合实力及对城市群内部其他城市带动力的强弱和辐射力的大小，直接关系到该城市群竞争力的强弱。而城市群内部的副中心城市、重要节点城市和其他城市在推动城市群发展上也发挥着重要的作用，城市群内部各城市的功能定位较为明确。

2. 具有一定数量的规模和能级呈现梯度分布的城市。城市群空间内存在着一定数量的城市，这些城市由于各自所处的地理区位、所拥有的自然资源禀赋和行政等级存在一定的差异，各城市的规模和能级也呈现出一定的差距。在一个协调发展水平相对较高的城市群空间内，这些规模和能级存在一定差距的城市呈现出梯度分布的格局，城市群的空间结构较为合理，通常不会出现城市群中心城市一城独大的问题和城市间分化较为明显的现象，进而为城市群协调发展格局的塑造提供了有力的支撑。

3. 地区间的产业分工与协作体系较为完备。城市群是一个人口和产业集聚度高于一般类型区域的经济区，城市群内部的各地区在产业上进行合理分工与密切协作，是确保城市群协调发展水平和质量不断提升的基本前提和重要保障；而各地区因产业结构雷同而导致的地区间的同质竞争和无序竞争，则会影响到城市群协调发展的水平和质量。在一个协调发展水平相对较高的城市群内部，各地区通常会围绕着城市群中心城市形成较为合理的产业分工与协作体系，进而有利于城市群内部各地区间的协调发展。

4. 人口和生产要素在城市群内部能够较为自由的流动，并实现较为均衡的配置。城市群空间内存在着一定数量的行政区，行政区划边界会给人口和生产要素跨行政区的流动带来一定的阻碍，不利于人口和生产要素在城市群空间内的合理配置。在一个协调发展水平较好的城市群内部，市场机制通常较为成熟，市场在资源配置中通常能够发挥决定性的作用，行政区划边界对人口和生产要素跨行政区流动的阻碍较小，人口和生产要素在城市群内部能够较为自由的流动，并实现较为均衡的配置。

5. 城市群基本公共服务均等化水平相对较高。基本公共服务是广大居民最关心、需求最迫切的公共服务类型。一个地区基本公共服务的供给水平和供给质量直接影响到该地区对人口和生产要素的集聚能力，进而影响到该地区的经济社会发展水平。在城市群内部，由于各地区在公共服务资源配置状况和政府财力上通常存在一定的差异，不同地区的基本公共服务供给水平和供给质量也会因此存在一定的差距。在协调发展水平较高的城市群中，各地区在财力上的差距相对较小，公共服务资源配置格局较为均衡，城市群基本公共服务均等化水平相对较高。

6. 城市群内部的通达性较好。城市群是一个各地区之间经济联系和社会交往较为紧密的城镇密集区域，交通等基础设施的互联互通程度对于密切各地区之间的经济联系和社会交往，以及加快资源和要素在城市群空间内的流动速度非常重要。在一个协调发展水平较好的城市群空间内，交通等基础设施的互联互通程度相对较高，城市群内部的通达性较好。

7. 大中小城市和小城镇之间经济社会发展水平上的差距相对较小。城市群是一个城镇数量较为密集的区域，城市群内部的大中小城市和小城镇由于各自的功能定位存在较大的差异，各自所集聚的人口规模和生产要素规模也存在较大的差距。在一个协调发展水平较高的城市群内部，大中小城市和小城镇之间虽然在所处的发展阶段和发展能级上存在一定的差距，但由于人口和生产要素能够在城市群空间内实现较为均衡的配置，城市之间并未出现明显的分化，城市群内部的大中小城市和小城镇之间在经济社会发展水平上的差距相对较小。

第二节　我国城市群产生的背景与发展历程

我国城镇化的起步相对较晚，城市群出现的时间也因此相对较迟。但是，经过近几十年来的快速发展，我国城市群的数量日渐增多，城市群的发展水平也不断提高，部分城市群已经成长为世界级城市群或已经具备成长为世界级城市群的潜力，城市群在我国国民经济和社会发展中的重要性正不断提升，省域经济、市域经济等行政区经济正逐步向城市群经济转变，推动着我国经济社会发展的空间结构发生着深刻变革。

一、我国城市群产生的背景

城市群是城镇化发展到中高级阶段的城镇空间形态，是以 1 个及以上的国家级中心城市或区域性中心城市为核心，由一定数量的大中小城市和小城镇所组成的城镇密集区域。我国的城镇化进程起步较晚，并且城镇化水平在较长一段时期内又处于停滞不前的状态，再加上大城市的发展在很长一段时期内受到严格的限制，导致我国城市群出现的相对较晚。改革开放以来，伴随城镇化速度的不断加快、国家城镇化战略发生的重大转向和撤县（市）设区等行政区划改革的不断推进，城市群在我国出现并得到了快速发展。同时，中央政府编制的跨省域城市群发展规划和省级政府编制的省域内城市群发展规划，也为我国城市群的产生和发展起到了重要的引领和推动作用。

（一）改革开放以来不断加快的城镇化进程为我国城市群的产生和发展提供了强大的内生动力

依据美国城市地理学家诺瑟姆（Ray M Northam）于1979年发现并提出的"诺瑟姆曲线"，当一个国家或地区的城镇化率达到30%之后，该国家或地区的城镇化将会进入加速阶段，郊区城市化的现象将会出现并呈现出不断增强的态势，都市区、都市圈和城市群等城镇空间形态也将随之出现。中华人民共和国成立初期，我国的城镇化率非常低。1949年时，我国的城镇化率仅为10.64%，城镇人口规模约为5700万人。此后，经过国民经济恢复时期的不断发展，我国的城镇化率有所提升，到1952年，我国的城镇化率提高到12.46%。[1] 1953年开始实施的国民经济和社会发展第一个五年计划（下称"一五"计划），不仅推动着我国社会主义工业化建设高潮的到来，也使得我国城镇化的速度明显加快。特别是"一五"计划中156个重点项目的实施，使得我国城市的数量和城市人口的数量都有所增加，很多城市的建成区面积也得到一定程度的扩大。到1957年"一五"计划结束时，我国城镇化率已经提高到15.39%，中西部地区新增了一定数量的工业型城市，我国城市的区域布局得到了一定程度的优化。不过，从1958年到改革开放之前，由于受到多种因

---

① 赵永平：《中国城镇化演进轨迹、现实困境与转型方向》，载《经济问题探索》2016年第5期。

素的影响，我国的城镇化进程再次陷入了低谷，城市的数量不增反减，城市人口数量也增长缓慢，到 1977 年时，我国的城镇化率只有 17.55%。改革开放以后，经济建设重新回到党和国家各项工作的中心位置，社会主义工业化进程开始不断加速。伴随快速推进的社会主义工业化进程，我国城镇化的速度也不断加快。2011 年，我国城镇化率首次突破 50%，城镇常住人口首次超过乡村常住人口。与此同时，改革开放以来不断加快的城镇化进程也为我国城市群的产生和发展提供了强大的内生动力，城市群在我国出现并得到了快速发展。2012 年，"中国主要城市群以占全国 29.06%的国土面积，聚集了全国 62.11%的人口，创造了 86.87%的地区生产总值，其中，包括长三角城市群、京津冀城市群、珠三角城市群、成渝城市群、山东半岛城市群、辽中南城市群、哈长城市群、海峡西岸城市群、长株潭城市群、中原城市群在内的十大城市群，更是以 13.57%的国土面积，集聚了 43.28%的人口，创造了全国 68.05%的地区生产总值"。① 此后，我国的城镇化率继续保持着较快的增长水平，截止到 2019 年底，我国按照城镇常住人口标准统计的城镇化率为 60.60%，城市群已经成为我国新型城镇化的主体形态。

（二）国家城镇化战略重心的转变是推动我国城市群产生和发展的外在动力

城市群的出现不仅是一个城镇空间形态自然生长的过程，也与国家在一定时期内所采取的城镇化战略有着密切的关联。新中国成立以来直到改革开放开始后的很长一段时期内，国家都将小城市和小城镇作为城镇化战略的重点，采取严格控制大城市发展、适度发展中等城市、重点发展小城市和小城镇的城镇化战略。例如，1978 年时国家确立的城镇化方针为"控制大城市规模，多搞小城镇"。1980 年召开的全国城市规划工作会议，提出了要"控制大城市规模，合理发展中等城市，积极发展小城市"的城市发展总方针。1989 年 12 月 26 日审议通过的《城市规

---

① 张学良、李培鑫：《城市群经济机理与中国城市群竞争格局》，载《探索与争鸣》2014 年第 9 期。

划法》中规定："国家实行严格控制大城市规模，合理发展中等城市和
小城市的方针，促进生产力和人口的合理布局。"这种以小城市和小城
镇为发展重心的城镇化战略，在很大程度上制约了大城市人口规模的增
加、城市空间的扩大和经济总量的提升，进而影响到大城市对其周边城
市和城镇的辐射力和带动力，不利于城市群这一以特大型城市或大型城
市为中心的城镇体系的培育和发展。

　　自 20 世纪 90 年代初开始，伴随区域一体化进程的不断加速和城镇
化进程的不断加快，国家开始对以小城市和小城镇为发展重心的城镇化
战略进行变革和调整，大城市发展所受到的限制逐步减少，城市群开始
出现并被确立为我国新型城镇化战略的主体形态。2001 年制定出台的
《中华人民共和国国民经济与社会发展第十个五年规划》，将之前国家
层面关于重点发展小城镇的表述转变为有重点地发展小城镇，同时提出
了要积极发展中小城市，完善区域中心城市功能，发挥大城市的辐射带
动作用。这也标志着新中国成立以来以小城镇为重点的城镇化战略开始
发生转向，国家一直以来控制大城市发展的政策导向开始出现松动的迹
象。2002 年，党的十六大提出要坚持大中小城市和小城镇协调发展，
走中国特色的城镇化道路。2006 年，《中华人民共和国国民经济与社会
发展第十一个五年规划》明确提出，要把城市群作为推进城镇化的主体
形态，对于具备城市群发展条件的区域，要加强统筹规划，以特大城市
和大城市为龙头，发挥中心城市作用，形成若干用地少、就业多、要素
集聚能力强、人口分布合理的新城市群。2012 年，党的十八大提出了
以人为核心，构建以城市群为主体形态，推动大中小城市和小城镇协调
发展的新型城镇化战略。为了更好地贯彻和落实党的十八大提出的新型
城镇化战略，2013 年 12 月召开的中央城镇化工作会议提出，要优化城
镇布局，根据资源环境承载能力构建科学合理的城镇化宏观布局，把城
市群作为主体形态，促进大中小城市和小城镇合理分工、功能互补、协
同发展。2014 年 3 月，《国家新型城镇化规划（2014—2020 年）》出台，
提出要以城市群为主体形态，推动大中小城市和小城镇协调发展，要优
化提升东部地区城市群，培育发展中西部地区城市群，建立城市群发展

协调机制。2017 年，党的十九大提出要以城市群为主体构建大中小城市和小城镇协调发展的城镇格局。2019 年 2 月，国家发展和改革委印发的《关于培育发展现代化都市圈的指导意见》（发改规划〔2019〕328号）中指出，城市群是新型城镇化主体形态，是支撑全国经济增长、促进区域协调发展、参与国际竞争合作的重要平台。

（三）地级市领导县、撤县设市和撤县（市）设区等行政区划改革的不断推进是推动我国城市群产生和发展的重要保障

城市群是一个由一定数量的城市和城镇所组成的城镇密集区域，能级不同的城市群中心城市、次中心城市、重要节点城市、小城市和小城镇在城市群空间内依据一定的规律分布。中华人民共和国成立后的相当长的一段时期内，我国城市的数量增长缓慢，在一定程度上影响了城市群的孕育。20 世纪 80 年代以来我国推动实施的地级市领导县、撤县设市和撤县（市）设区等行政区划改革，在打破城乡分治、扩大城市地域空间、密切大城市与其周边地区的经济联系和社会交往的同时，也推动着中小城市数量的不断增加，进而为城市群的兴起和发展提供了较为坚实的保障。在实行地级市领导县体制之前，地级市与其周边的县之间不存在隶属关系，城乡处于分治的状态。从 20 世纪 80 年代初开始，国家开始大力推动实施地级市领导县的体制，为密切地级市和县之间的联系、拓展城市发展空间、实现城乡合治提供了坚实的保障。"地级市领导县的行政体制，是我国地方行政体制改革的一项重要成果。它比较成功地打破了多年来市、县之间形成的行政壁垒和城乡分隔，有效地促进了城乡经济发展的一体化，使中心城市在带动周边地区发展方面发挥了作用。"[①]在体制改革快速推进的同时，从 20 世纪 80 年代末到 90 年代中后期，我国掀起了一轮撤县设市改革的高潮。通过撤县设市，我国中小城市的数量得到了一定程度的增加。此外，撤县（市）设区的改革也在不断推进之中，特别是自 20 世纪 90 年代末我国撤县设市改革的步伐

---

① 浦兴祖主编：《当代中国政治制度》，复旦大学出版社 1998 年版，第 186 页。

放慢之后，撤县（市）设区逐渐成为我国地方行政区划改革的主要做法，很多大城市下辖的县（市）被改为市辖区，有效地拓展了城市的地域空间，进而为都市区、大都市区、都市圈等城市空间形态的形成和城市群的发展提供了较好的体制保障。

（四）中央政府和省级政府的规划引领是推动我国城市群产生和发展的重要因素

城市群的形成和发展是一个市场机制和政府力量共同作用的过程，城市群的孕育、形成和发展不仅需要依靠市场机制的作用，也离不开城市群上级政府的引领和推动。改革开放以来，伴随我国城镇化进程的不断加快，市场机制在推动我国城市群的形成和发展方面所发挥的作用日渐凸显。与此同时，中央政府和省级政府编制实施的一系列城市群发展规划，也为我国城市群的产生和发展起到了重要的引领和推动作用。近些年来，中央层面制定的跨省域城市群发展规划主要有《长江中游城市群发展规划》《京津冀协同发展规划纲要》《哈长城市群发展规划》《成渝城市群发展规划》《长江三角洲城市群发展规划》《中原城市群发展规划》《北部湾城市群发展规划》《关中平原城市群发展规划》《呼包鄂榆城市群发展规划》《兰西城市群发展规划》《粤港澳大湾区发展规划纲要》等。与此同时，部分省级政府也制定了一定数量的省域内城市群的发展规划，例如湖南省政府制定的《长株潭城市群区域规划（2008—2020 年）》。这些城市群发展规划的编制和实施，有助于明确各城市群的发展方向和城市群内部各城市的功能定位，进而有利于推动我国城市群发展水平和质量的不断提升。

二、我国城市群的发展历程

改革开放以来，伴随我国城镇化进程的快速推进和国家城镇化战略发生的重大转向，我国城市群的发展迎来了前所未有的良机，城市群的数量不断增多，城市群的发展水平和竞争力也不断提升。回顾改革开放以来我国城市群的发展历程，改革开放以来我国城市群的发展大体经历了三个阶段，分别是改革开放初期到 21 世纪初的城市群的孕育阶段、

21世纪初到新型城镇化战略提出前的城市群的形成和快速发展阶段、新型城镇化战略提出后的城市群发展质量不断提升的阶段。

（一）改革开放初期到21世纪初的城市群的孕育阶段

改革开放以后，经济建设重新回到党和国家各项工作的中心位置，社会主义工业化进程再次步入了快速推进的轨道。不断加速的工业化进程催生出对劳动力的巨大需求，大量乡村人口开始进入城市工作和生活，我国城镇常住人口的数量随之快速增长，推动着我国城镇化率的快速上升。与此同时，改革开放以后我国的区域发展战略也发生了重大转变，中华人民共和国成立以来一直实施的区域均衡发展战略逐渐向区域非均衡发展战略转变，东部沿海地区开始成为我国区域发展的重点。凭借优越的地理区位优势，以长江三角洲和珠江三角洲为代表的东部沿海地区经济保持了高速增长的态势，东部沿海地区的城镇化率也高于全国平均水平，长江三角洲和珠江三角洲区域内的经济联系和社会交往日渐增强，城市群这一城镇化发展到中高级阶段的城镇空间形态开始在我国的长江三角洲和珠江三角洲等地区孕育。由于这一阶段国家在城镇化战略上采取的还是严格控制大城市和重点发展小城镇的导向，这一时期我国城市群的发展速度较为缓慢，长三角地区和珠三角地区的城市群基本上还处于雏形阶段。

（二）21世纪初到新型城镇化战略提出前的城市群的形成和快速发展阶段

从21世纪初开始，我国逐步进入到城镇化的中级阶段，城市空间的区域化和区域空间的城市化态势日渐凸显，城镇化速度的不断提升为我国城镇空间形态的变革提供了强大的内生动力。同时，这一时期国家城镇化战略所发生的重大转向，也为我国城市群的形成和快速发展提供了有力的政策支撑。2005年底，在中共中央发布的《关于制定国民经济和社会发展第十一个五年规划的建议》中，党中央首次在国家规划层面提及城市群这一概念，提出了要以特大城市和大城市为龙头、推动形成若干新型城市群的发展目标，并对长三角、珠三角等城市群的发展提出了要增强城市群整体竞争力的战略要求。这一时期，在城镇化速度不断加快和国家鼓励发展城市群的政策导向等多重因素的共同作用之下，我国城市群的发展迎来了前所未有的契机，城市群的数量不断增多，城市群的空间也处于快速扩张的状态。但是，由于这一时期我国快速推进的城镇化进程中存在着土地城镇化快于人口城镇化等问题，使得我国城市群的发展处于外延式扩张的状态，城市群发展质量相对较低，如何有效提升城市群发展质量成为我国城镇化面临的重要任务。

（三）新型城镇化战略提出后的城市群发展质量不断提升的阶段

快速推进的城镇化进程给我国城市群的产生和发展带来了强大的内生动力，但是以土地为核心的城镇化也对我国城镇化的水平和质量产生了不利的影响，变革传统的城镇化思维，推动城镇化战略重心由偏重数量和规模的增加向注重质量和内涵的提升等方面转变，显得越发的重要和迫切。2014 年 3 月，《国家新型城镇化规划（2014—2020 年）》正式公布，我国新型城镇化战略的序幕由此正式开启，我国城市群的发展也由此进入提升发展质量的重要阶段。《国家新型城镇化规划（2014—2020 年）》提出，要按照统筹规划、合理布局、分工协作、以大带小的原则，发展集聚效率高、辐射作用大、城镇体系优、功能互补强的城市群，使之成为支撑全国经济增长、促进区域协调发展、参与国际竞争合作的重要平台。《中华人民共和国国民经济和社会发展第十三个五年规划纲要》提出，要加快城市群建设发展，优化提升东部地区城市群，培育中西部地区城市群，发展壮大东北地区城市群，形成更多支撑区域发展的增长极。为了更好地引领和推动城市群发展，国家制定了一定数量的城市群发展规划。如表 2-1 所示，自新型城镇化战略提出以来，国家层面已经陆续制定了《长江中游城市群发展规划》《京津冀协同发展规划纲要》《长江三角洲城市群发展规划》和《粤港澳大湾区发展规划纲要》等国家级城市群发展规划。同时，越来越多的省级政府也开始着手制定省域内城市群的发展规划。在上述城市群发展规划的引领和推动下，我国城市群的发展质量不断提升，以城市群为主体、大中小城市和小城镇协调发展的城镇格局正逐步形成。截止到 2017 年底，我国的长三角、京津冀和珠三角三大城市群的 GDP 总和占全国的比重为 38.86%，三大城市群的人口总和占全国的比重为 23.5%。^① 目前，我国的城市群已经成为承载发展要素的主要空间形式、引领区域经济增长的重要增长极和推动区域协调发展的重要载体，以中心城市引领城市群发展、以城市群带动区域发展正逐渐成为我国区域发展的新模式，城市群在推动区域协调发展中的重要性正日渐凸显。

表 2-1　　　　2015 年以来国家层面制定的城市群发展规划②

城市群名称	时 间	相 关 文 件
长江中游城市群	2015 年 3 月 26 日	《国务院关于长江中游城市群发展规划的批复》《国家发展改革委关于印发长江中游城市群发展规划的通知》
京津冀城市群	2015 年 4 月 30 日	《京津冀协同发展规划纲要》
哈长城市群	2016 年 2 月 23 日	《国务院关于哈长城市群发展规划的批复》《国家发展改革委关于印发哈长城市群发展规划的通知》
成渝城市群	2016 年 4 月 12 日	《国务院关于成渝城市群发展规划的批复》《国家发展改革委关于印发成渝城市群发展规划的通知》
长江三角洲城市群	2016 年 5 月 22 日	《国务院关于长江三角洲城市群发展规划的批复》《国家发展改革委关于印发长江三角洲城市群发展规划的通知》
中原城市群	2016 年 12 月 28 日	《国务院关于中原城市群发展规划的批复》《国家发展改革委关于印发中原城市群发展规划的通知》

---

　　① 徐鹏程、叶振宇：《新中国 70 年城市群发展的回顾与展望》，载《发展研究》2019 年第 11 期。

　　② 表 2-1 为作者依据时间先后顺序自制而成。

城市群名称	时　　间	相　关　文　件
北部湾城市群	2017 年 1 月 20 日	《国务院关于北部湾城市群发展规划的批复》《国家发展改革委关于印发北部湾城市群发展规划的通知》
关中平原城市群	2018 年 1 月 9 日	《国务院关于关中平原城市群发展规划的批复》《国家发展改革委关于印发关中平原城市群发展规划的通知》
呼包鄂榆城市群	2018 年 2 月 5 日	《国务院关于呼包鄂榆城市群发展规划的批复》《国家发展改革委关于印发呼包鄂榆城市群发展规划的通知》
兰西城市群	2018 年 2 月 22 日	《国务院关于兰州—西宁城市群发展规划的批复》《国家发展改革委关于印发兰州—西宁城市群发展规划的通知》
粤港澳大湾区城市群	2019 年 2 月 18 日	《粤港澳大湾区发展规划纲要》

第三节　我国城市群协调发展面临的主要困境

改革开放以来，我国城市群的发展取得了令世界瞩目的成就，数量日渐增多，发展水平不断提升，以上海为中心的长江三角洲城市群已经跻身世界六大城市群之列，城市群在我国国民经济和社会发展中的重要性正日渐凸显。例如，我国的"京津冀、长江三角洲、珠江三角洲三大城市群，以 2.8% 的国土面积集聚了 18% 的人口，创造了 36% 的国内生产总值，成为带动我国经济快速增长和参与国际经济合作与竞争的主要平台"。[①] 伴随城市群的出现和快速发展，我国的经济发展格局正发生

---

① 方创琳：《中国城市群形成发育的新格局与新趋向》，载《地理科学》2011年第 9 期。

着深刻变革，省域经济、市域经济等行政区经济正逐步向城市群经济转变，城市群已经成为承载发展要素的主要空间形式。不过，我们在看到我国城市群从无到有、快速发展的同时，也要注意到我国城市群在协调发展方面还存在一些问题，例如不同区域城市群之间的发展差距相对较大、中西部城市群内部各地区之间发展不平衡的问题较为突出、城市群产业布局不合理和地区间低水平同质化竞争问题日渐凸显、推动城市群协调发展的体制机制还不尽完善等。这些问题的存在，不仅阻碍了我国城市群协调发展水平和质量的提升，而且也影响到城市群在推动区域协调发展方面作用的发挥。

一、不同区域城市群之间的发展差距相对较大

由于我国的城镇化进程起步较晚，城市群出现的时间也相对较迟。经过近几十年来的快速发展，我国城市群的数量不断增多，城市群建设和发展取得了长足的进步。但是，不同区域的城市群在所处的发展阶段和竞争力等方面还存在一定的差异，发展差距相对较大，城市群与城市群之间的分化现象较为明显。

（一）不同区域的城市群在发展阶段上的差距较为明显

改革开放以后，我国的区域发展战略发生了重大的转向，新中国成立以来到改革开放前一直实施的沿海和内陆地区均衡发展的战略，转变为优先发展东部沿海地区、再以东部沿海地区带动内陆地区发展的非均衡发展战略。伴随我国区域发展战略的转变，具有地理区位优势的东部沿海地区率先实现了经济上的快速增长，东部沿海地区的城镇化率在快速推进的工业化进程的驱动下不断提升，长江三角洲和珠江三角洲区域内各地区之间的经济联系和社会交往日渐紧密，城市群开始形成并不断发展。目前，长江三角洲城市群已经成为世界六大城市群之一。与此同时，我国环渤海地区的区域合作也在不断推进，京津冀三地之间的经济联系和社会交往不断增强，城市群开始逐步形成；特别是 2015 年《京津冀协同发展规划纲要》的出台和 2017 年河北雄安新区的设立，为京津冀城市群的发展提供了强大的动力支撑，发展水平也随之不断提升。

　　相比于东部地区快速发展的城市群，近些年来我国中西部地区和东北地区的城市群虽然在中部崛起、西部大开发、东北振兴等区域发展总体战略的推动下也取得了一定的发展成就，但由于我国中西部地区和东北地区的城市群的基础较弱、起步较晚，与东部地区的城市群在所处的发展阶段上的差距较为明显，大多处于培育阶段。例如，张学良等学者通过对我国现有的各城市群所处的发展阶段进行分析后认为，长三角城市群、珠三角城市群、京津冀城市群属于成熟型城市群，山东半岛城市群、辽中南城市群、中原城市群、环长株潭城市群、武汉城市群、海峡西岸城市群、成渝城市群、哈长城市群、江淮城市群、关中—天水城市群属于发展型城市群，而太原城市群、东陇海城市群、滇中城市群、呼包鄂榆城市群、环鄱阳湖城市群、北部湾城市群、黔中城市群、宁夏沿黄城市群、兰州—西宁城市群等属于形成型城市群。① 齐晶晶利用基于综合发展水平与评价指标间的径向基神经网络模型分析了我国现有的城市群所处的发展阶段后，将我国的城市群分成四种类型，即处于形成期的城市群(以中原和关中城市群为代表)、处于成长期的城市群(以川渝和长江中游城市群为代表)、处于成熟期的城市群(以京津冀、山东半岛、辽中南和海峡西岸城市群为代表)和处于稳定期的城市群(以长三角、珠三角城市群为代表)。②

(二) 不同区域的城市群在竞争力上也存在较为明显的差距

　　我国不同区域的城市群之间不仅在所处的发展阶段上存在较为明显的差距，而且在竞争力和综合实力上的差距也较为明显。张凡和宁越敏等从经济竞争力、人力资源竞争力、基础设施竞争力、国际化竞争力和科技竞争力五个方面对我国长三角、珠三角、京津唐等 13 个城市群的竞争力进行评价后发现，我国城市群的竞争力存在着发展水平差异明显和区域差异明显的特点。其中，发展水平位于第一层次的是长三角、京

---

　　① 　张学良、李培鑫：《城市群经济机理与中国城市群竞争格局》，载《探索与争鸣》2014 年第 9 期。

　　② 　齐晶晶：《十大城市群发展水平及其不平衡度测度分析》，载《经济研究参考》2015 年第 28 期。

津唐和珠三角三大城市群，是我国的经济中心和参与国际竞争合作的重要平台；发展水平位于第二层次的是成渝、山东半岛、辽中南、武汉四个城市群，竞争力正不断提升，是引领区域经济发展的重要增长极；而位于第三和第四层次的中原、关中、闽东南、长株潭、长吉和哈大齐六个城市群的竞争力较为薄弱。① 中国发展研究基金会于 2019 年 3 月发布的《中国城市群一体化报告》，选取了京津冀、长三角、珠三角、成渝等 12 个城市群作为分析对象，包含了 157 个地级以上城市，占全国国土总面积的 19.57%。分析结果表明，2006—2015 年，这 12 个城市群占全国 GDP 的比重从 70.56% 上升至 82.03%，经济活动向城市群区域集中的态势较为明显。但同时，这 12 个城市群之间在发展水平上的差距也较为明显。其中，长三角、京津冀、珠三角三大城市群的经济份额占 12 个城市群经济总量的比重超过 40%，而其他 9 个城市群的经济份额占比不到 60%。②

二、中西部城市群内部各地区之间发展不平衡的问题较为突出

城市群是一个跨越多个行政区的经济区，其内部的各地区由于各自所处的地理区位、所拥有的自然资源禀赋和所具有的行政等级等通常存在一定的差异，导致各地区在对人口和生产要素的集聚能力和集聚规模上会存在一定的不同，并引发各地区在经济社会发展水平上的差距。目前，我国城市群内部各地区之间经济社会发展不平衡的问题不同程度地存在，特别是中西部地区城市群内部各地区之间经济社会发展不平衡的问题较为突出。《国家新型城镇化规划（2014—2020 年）》指出，我国的"城市群布局不尽合理，城市群内部分工协作不够、集群效率不高；部

---

① 张凡、宁越敏、娄曦阳：《中国城市群的竞争力及对区域差异的影响》，载《地理研究》2019 年第 7 期。

② 马兴国：《〈中国城市群一体化报告〉建议稳就业优先三大城市群》，http://house.southcn.com/f/2019-03/19/content_186104325.html，访问日期：2019 年 7 月 15 日。

分特大城市主城区人口压力偏大，与综合承载能力之间的矛盾加剧；中小城市集聚产业和人口不足，潜力没有得到充分发挥；小城镇数量多、规模小、服务功能弱，这些都增加了经济社会和生态环境成本"①。具体来说，我国中西部地区城市群内部各地区之间经济社会发展不平衡的问题主要表现在城市群内部省会城市一城独大的问题较为明显、城市群中心城市与行政中心高度重叠、城市群基本公共服务不均等问题较为突出等方面。

（一）城市群内部省会城市一城独大的问题较为明显

在我国中西部地区的省域内城市群中，省会城市通常是城市群的中心城市。作为城市群的中心城市，省会城市保持合理的首位度，不仅是提升竞争力的需要，也是更好地发挥对整个城市群发展的带动作用和提升整个城市群竞争力的需要。但是，在我国中西部地区的很多省域内城市群中，作为城市群中心城市的省会城市的首位度通常过高，省会城市在省域内城市群中一城独大的问题比较突出，省会城市与省域内城市群中的其他城市之间的经济社会发展水平差距过大，进而制约了省域内城市群协调发展水平的提升。例如，以我国中部地区的武汉城市群为例，武汉城市群是以武汉为中心，包括宜昌、荆州等 12 个城市的省域内城市群。2017 年，武汉市的地区生产总值为 13410.34 亿元，而同年排在武汉城市群第二位的襄阳市的地区生产总值为 4064.9 亿元，武汉市的经济首位度约为 3.33，武汉城市群内部省会城市一城独大的问题比较突出。② 除了武汉城市群外，中西部地区的安徽、四川、湖南等省份内部的城市群均不同程度地存在着省会城市的首位度过高和省会城市一城独大的问题，这些城市群城镇体系的规模结构都不尽合理。例如，黄妍妮等学者运用帕累托指数、mono 指数和首位度三个指标，在考察了

---

① 《国家新型城镇化规划（2014—2020）》，http：//www.gov.cn/gongbao/content/2014/content_2644805.htm，访问日期：2019 年 8 月 18 日。

② 中国经济与社会发展统计数据库：《2018 年湖北省统计年鉴》，http：//tongji.cnki.net/kns55/Navi/YearBook.aspx？floor=1&id=N2019010138###，访问日期：2019 年 8 月 16 日。

2007—2014 年我国有代表性的十大城市群空间结构的演变特征与内在规律后发现，在这段时期内，我国"东部地区的长三角、珠三角、京津冀、海峡西岸和辽中南城市群遵循位序—规模型分布特征，即近似服从Zipf 法则①。中部地区中原城市群由弱多中心结构向弱单中心结构演变，长江中游城市群呈弱多中心结构，西部地区城市群则表现为典型的单中心结构特征。此外，十大城市群的平均首位度由东向西逐渐增大，说明东部城市群较西部城市群相对均衡"。②

（二）城市群中心城市与行政中心高度重叠

城市群是由一个或一个以上的国家级中心城市或者区域性中心城市为核心，包含一定数量的大中小型城市和小城镇所构成的城镇体系。城市群中心城市是引领城市群发展的重要增长极，其能级对于整个城市群的发展水平和竞争力影响较大，城市群之间的竞争在某种程度上来说就是城市群中心城市之间的竞争。城市群是一个经济区，城市群的中心城市作为城市群的经济中心，与其在经济发展上对城市群内部的其他城市拥有相对较强的辐射和带动能力密切相关，而城市群的中心城市未必就是城市群区域内的行政中心。例如，在我国东部地区的部分省域内城市群中，城市群的中心城市就不是该省的省会城市。但是，在中西部地区的省域内城市群中，城市群中心城市与行政中心呈现出高度重叠的特征。在中西部地区大多数的省域内城市群中，省会城市凭借自身在公共服务资源配置上的优势集聚了城市群内部大多数的人口和生产要素，作为全省行政中心的省会城市也由此成为省域内城市群的中心城市。

（三）城市群基本公共服务不均等问题较为突出

我国的城市存在行政等级区分，一个城市所拥有的公共服务资源的数量和质量与该市的行政等级是大体对应的。在中西部地区的城市群中，行政等级较高的副省级城市和省会城市集聚了城市群内部优质的教

---

① Zipf 法则为齐夫法则，人口规模最大的城市是第二大城市的两倍，是第三大城市的三倍，以此类推。

② 黄妍妮、高波等：《中国城市群空间结构分布与演变特征》，载《经济学家》2016 年第 9 期。

育、医疗和文化等公共服务资源，地级市及地级市以下的城市和小城镇难以获得较为优质的公共服务资源，城市群内部的公共服务资源配置呈现出不均衡的格局。这使得城市群内部的各地区在基本公共服务供给数量、供给水平和供给质量等方面会存在较大的差异，城市群基本公共服务不均等的问题也随之出现并不断加剧。城市群基本公共服务的均等化程度是影响人口和生产要素在城市群内部的流动方向和配置格局的重要因素，能够提供较为优质的基本公共服务的城市群中心城市集聚了城市群内部大量的人口和生产要素，城市群中心城市给城市群内部其他城市造成的巨大的虹吸效应，使得城市群中心城市与城市群内部的其他城市之间的发展差距不断拉大，非常不利于城市群协调发展格局的形成。

三、城市群产业布局不合理和地区间低水平同质化竞争问题日渐凸显

"城市群作为一种紧密的城市网络组织，是一种追求绩效的结构。其整体的经济产出不仅取决各城市个体的单体绩效，还体现在更为复杂的城市网络关系，包括城市间产业联系等网络结构形式。"[1]城市群合理的产业布局和城市群内部的各城市在产业分工基础上的密切协作，是推动城市群规模经济效应呈现和集聚效应发挥的基本前提，也是不断提升城市群整体竞争力，实现以城市群为增长极带动区域协调发展目标的重要保障。但是，当前我国绝大多数城市群的产业布局不尽合理，城市群内部各地区间因产业同构而引发的低水平同质化竞争不利于城市群内部各地区间的协调发展。

(一)城市群产业布局不尽合理，城市群内部各地区间的产业分工和协作体系不太完备

作为内部各地区之间经济联系和社会交往程度较为紧密的经济区

---

① 吴培培、朱小川、王伟：《长江经济带十大城市群内部城市间产业联系对经济产出影响研究——基于行业间投入产出引力模型方法》，载《城市发展研究》2017年第7期。

域，城市群一般以 1 个或若干个具有一定的产业优势和较强竞争力的特大城市或大城市为中心，其他的大中小型城市和城镇要围绕着城市群中心城市来进行合理的产业分工与协作，以此来推动城市群协调发展水平和质量的不断提升。但是，在"现实生产中，城市群内各个在行政关系上相互独立的地方政府，得益于其自身所具有的要素禀赋，通常根据各自既有的比较优势来制定产业政策和发展战略。而'在特定时段内，只有某些特定产业具有较高的盈利水平，出于'利益最大化'的考虑，城市群内地方政府在制定各自发展战略和产业政策时，更倾向于支持那些盈利水平高的行业发展，最终会形成城市群内各个城市产业发展的同质化现象'"。[1] 张学良和李丽霞通过对长江三角洲城市群内部各地级市及以上城市的"十一五""十二五"和"十三五"国民经济和社会发展规划中有关产业发展规划方面的表述进行梳理和对比后发现，长江三角洲城市群内部很多地区的产业发展规划存在趋同的问题，进而影响到整个长三角城市群产业布局的调整和优化。例如，现代商贸、电子信息产业、软件和信息技术服务业、金融业、房地产业、商务服务业、旅游业等都被写进了长三角区域半数以上城市的五年规划中。其中，在"十一五""十二五""十三五"规划中，分别有 21 个、34 个和 36 个城市提出优先发展、重点发展、培育发展或者积极发展金融业。[2]

同时，由于我国城市群起步较晚，绝大部分城市群内部的行政区经济现象依然较为严重，行政区划边界对资源配置和要素流动所形成的刚性约束，使得地区间的产业分工与协作体系难以得到有效建立，各城市的产业特色和产业优势也很难形成，进而制约了各城市竞争力和城市群整体竞争力的提升，也不利于城市群协调发展格局的形成。以京津冀城市群内部各地区间的产业分工与协作情况为例，在产业链条上，北京的产业优势主要集中在科技和现代服务业，且均处于产业链的高端；而天

---

① 任维德、乔德中：《城市群内府际关系协调的治理逻辑：基于整体性治理》，载《内蒙古师范大学学报(哲学社会科学版)》2011 年第 3 期。

② 张学良、李丽霞：《长三角区域产业一体化发展的困境摆脱》，载《改革》2018 年第 12 期。

津经济正在由以石化、钢铁等传统制造业向装备制造、电子信息、航空航天、新能源新材料等战略新兴产业过渡中，处于产业链的中端；而河北除个别地区外，在制造业和服务业中大部分处于产业链的低端，且优势产业中以高能耗、高污染、低附加值的传统产业居多。因此，京津冀三者之间产业结构差异巨大，产业的相互依赖性和上下游关联性较少，难以形成产业互动，也无法通过产业关联、产业协作、产业融合而达到利益互惠，三者之间利益的缺失又进一步限制了京津冀之间协同发展的基础。① 同时，有学者在对我国成渝城市群内部各地区的产业结构进行分析和研究后发现，"成渝城市群内部各城市经济发展不平衡，产业发展存在趋同和无序竞争。成都市、重庆主城产业结构已实现'三二一'转型，而7大区域中心城市的产业结构还多为'二三一'，产业分工、协作、互补程度不高，且经济发展水平相差较大"②。

（二）城市群内部地区间产业同构和低水平同质化竞争问题较为严重

　　城市群内部的各城市同处一个经济区域，各地区之间的有序竞争和积极合作有利于推动人口和生产要素在城市群空间内的合理流动和均衡配置，进而推动城市群协调发展水平的不断提升。但是，由于城市群内部的各地方政府是理性的具有一定利益诉求的经济人，经济利益上的争夺使得城市群内部各地方政府之间的府际合作难以有效展开，地区间的产业同构和因此而引发的低水平同质化竞争等问题较为严重，制约了城市群协调发展水平的提升。产业结构灰色关联系数是反映一定区域内两个地区之间产业结构的相似程度、专业化水平以及地区间产业分工状况的重要指标，这一系数能够很好地判定一个区域内各地区间产业结构的趋同程度。张学良等运用这一指标对 2005 年、2010 年和 2016 年我国长江三角洲区域的产业结构分别进行测定后发现，到 2016 年时我国长

　　① 薄文广、陈飞：《京津冀协同发展：挑战与困境》，载《南开学报（哲学社会科学版）》2015 年第 1 期。

　　② 李月起：《新时代成渝城市群协调发展策略研究》，载《西部论坛》2018 年第 3 期。

江三角洲区域内各地区的产业结构仍然具有较高的趋同性。2016年长江三角洲城市群中产业结构灰色关联系数最高的城市为0.977的杭州，最低的城市是0.898的丽水，南京和上海的灰色关联系数分别为0.973和0.970，分列第二位和第四位，长江三角洲区域内部各地区产业结构相似度较高的特征非常明显。①

　　同时，在我国很多的城市群内部，因为地区间产业结构趋同问题而引发的地区间低水平同质化竞争问题也日渐凸显。例如，在我国的京津冀城市群，在天津市和河北省约640公里的海岸线上，自北向南分布着秦皇岛港、唐山港、曹妃甸港、天津港、黄骅港等五大港口。这五大港口都将综合性港口作为各自的发展方向，每个港口的特色和优势均不明显，同质化竞争问题较为严重。京津冀协同发展目标的实现迫切需要在港口布局上形成以天津港为核心、以河北省几大港口为两翼的布局合理、分工明确、功能互补的港口群。近年来，在中央大力推动实施京津冀协同发展战略的过程中，天津港与河北省的几大港口之间的整合力度不断加大，京津冀城市群内部的港口布局也随之逐步优化。此外，长江三角洲城市群虽然是我国城市群中协调发展水平相对较高、综合实力相对较强的城市群之一，但长江三角洲城市群内部各城市之间的产业同构和低水平同质化竞争问题也较为严重。国家发展和改革委员会、住房和城乡建设部于2016年6月联合印发的《长江三角洲城市群发展规划》中指出，长江三角洲城市群内部的"各城市间分工协作不够，低水平同质化竞争严重，城市群一体化发展的体制机制有待进一步完善。人均地区生产总值、地均生产总值等反映效率和效益的指标，与其他世界级城市群相比存在明显差距"②。

---

　　① 张学良、李丽霞：《长三角区域产业一体化发展的困境摆脱》，载《改革》2018年第12期。
　　② 国家发展和改革委员会：《长江三角洲城市群发展规划》，https：//www.ndrc.gov.cn/xxgk/zcfb/ghwb/201606/t20160603_962187.html，访问日期：2019年9月10日。

四、推动城市群协调发展的体制和机制不尽完善

城市群是一个跨越多个行政区的经济区，城市群协调发展目标的实现需要弱化行政区划边界对人口和生产要素跨行政区流动的阻碍，推动人口和生产要素实现合理流动和均衡配置。但是，在我国的经济发展格局由传统的省域经济、市域经济等行政区经济向城市群经济转变的同时，与行政区经济格局相适应的行政管理体制和运行机制却并未发生相应变革，现有的推动城市群协调发展的体制和机制还存在诸多不完善之处，阻碍了城市群协调发展目标的实现。具体来说，我国现有的推动城市群协调发展的体制和机制方面存在的问题主要有，城市群发展规划在推动城市群协调发展方面所发挥的作用有待强化，城市群区域性公共事务治理机制尚未得到有效的构建，城市群内生治理机制在推动城市群协调发展上所发挥的成效较为有限等。

（一）城市群发展规划在推动城市群协调发展方面所发挥的作用有待强化

城市群内部包含多个行政区，在协调好城市群内部各地区经济社会发展规划的基础上，对城市群空间进行统一的规划，是有效化解城市群区域性公共事务治理难题、推动城市群协调发展的内在要求和重要保障。为了充分发挥城市群发展规划在引领和推动城市群协调发展方面的重要作用，近些年来中央政府在推动实施西部开发、东北振兴、中部崛起和东部率先的区域发展总体战略和出台《全国主体功能区规划》的基础上，陆续编制和实施了一定数量的跨省域城市群发展规划；与此同时，部分省级政府也制定了一定数量的关于省域内城市群的发展规划。

跨省域城市群发展规划和省域内城市群发展规划，明确了相应的城市群在一段时期内的发展方向和重要任务，有利于推动城市群协调发展水平和质量的不断提升。但是，由于城市群发展规划属于政府文件的性质，致使其难以对城市群范围内的各地方政府在经济社会发展规划的编制等方面的决策和行为产生较强的约束力，在推动城市群协调发展方面所能发挥的作用也较为有限。目前在我国的城市群治理和城市群发展实

践中，城市群内部的各地方政府拥有各自行政区域内的国土空间开发规
划、国民经济和社会发展规划、城乡规划、生态环境保护和治理规划等
多种类型规划的制定权，城市群内部各地方政府制定的规划之间通常缺
乏有效的衔接，致使城市群空间范围内各地区规划之间的不协调甚至是
冲突不时出现，阻碍了城市群协调发展。

**（二）城市群区域性公共事务治理机制尚未得到有效的构建，致使
部分城市群区域性公共事务难以得到有效的治理**

城市群是一个人口和生产要素高度集聚的空间，内部各地区之间的
经济联系和社会交往较为紧密，人类的生产活动和日常生活对周边生态
环境的影响较大。近些年来，伴随我国城市群空间的快速扩张、城市群
人口规模的不断增加以及城市群内部各地区之间的经济联系和社会交往
的不断增强，城市群区域性公共事务日渐增多，而碎片化的治理体制使
得部分城市群区域性公共事务难以得到有效的治理，进而影响和制约了
城市群协调发展水平的提升。这些区域性公共事务主要有城市群大气污
染治理、城市群跨域江河湖泊的治理等。

一是城市群大气污染治理。工业生产和汽车行驶过程中所排放的废
气等是造成城市群大气污染的主要因素。城市群大气质量状况的恶化，
不仅会对城市群区域内居民的日常生活和身体健康造成较大影响，也不
利于城市群协调发展水平和质量的提升。以国家生态环境部发布的
2018 年 74 个重点城市的空气质量状况为例，2018 年 1—5 月，国家重
点监控的 74 个城市中，空气质量相对较差的后 10 位城市主要集中在京
津冀城市群。① 在城市群大气污染防治过程中，很多地方政府存在搭便
车的心理，"区域公共产品的非排他性使城市政府认为：即使不为区域
生态生产和供应承担成本，也可同样享用，区域生态治理被条块分割，

---

① 生态环境部：《2018 年 5 月和 1—5 月重点区域和 74 个城市空气质量状
况》，http://www.mee.gov.cn/gkml/sthjbgw/qt/201806/t20180613_443082.html，访
问日期：2019 年 5 月 8 日。

不能形成统筹协调的生态治理系统"①，进而使得城市群大气污染问题难以得到有效的治理。有学者在对京津冀城市群大气污染的跨域合作治理中存在的问题进行研究后发现，利益协调是城市群大气污染跨域合作治理能否取得成功的关键，而治理体制的单中心、碎片化和各治理主体在合作治理行为上表现出的机会主义行为策略等是当前府际利益协调工作所面临的主要困境，② 进而影响到城市群大气污染跨域合作治理的成效。

二是城市群区域内跨域江河湖泊的治理。由于跨域江河湖泊的治理存在较强的外部性特征，各地方政府不同程度地存在着搭便车的心理，碎片化的管理体制极易引发城市群区域内跨域江河湖泊治理的难题。这些跨域江河湖泊对于城市群区域内的各地方政府来说就是城市群空间内的公共地，尽最大可能地使用而不是尽可能地保护，通常会成为绝大多数地方政府的行为策略，公共地的悲剧极易在城市群内部跨域江河湖泊的治理上出现。以我国的长江中游城市群为例，近年来，"长江中游地区生态环境压力日益加大，其作为长江中下游乃至全国的生态屏障承受力日益减弱。一是生产活动扩张和不当开发导致湖泊和湿地萎缩退化，自然生态空间被挤压。二是重化工业企业密集，'三废'过度排放，造成长江及主要支流重度污染，鱼类大幅减少，影响农作物生产，危及生态安全"③。近年来，随着河长制、湖长制的建立和实施，城市群内部跨域江河湖泊的治理取得了一定的成效。但是，由于城市群内部缺乏必要的横向生态补偿机制等作为重要的调节手段，进而影响到各地方政府参与城市群跨域江河湖泊治理的主动性和积极性，城市群跨域江河湖泊治理难题的存在，不利于城市群内部各地区之间协调发展水平的提升。

---

① 汪波：《论城市群生态一体化治理：梗阻、理论与政策工具》，载《武汉科技大学学报(社会科学版)》2015 年第 1 期。

② 汪伟全：《空气污染的跨域合作治理研究——以北京地区为例》，载《公共管理学报》2014 年第 1 期。

③ 谷玉辉、吕霁航：《长江中游城市群协调发展存在的问题及对策探析》，载《经济纵横》2017 年第 12 期。

（三）城市群内生治理机制在推动城市群协调发展上所发挥的成效较为有限

城市群作为一个各地区之间经济联系较为紧密、社会交往比较频繁的跨多个行政区的经济区，区域性的公共事务较多，虽给城市群治理带来了一定的压力，但同时也是推动城市群内生治理机制逐步构建和不断完善的重要动力。目前，我国城市群内生治理机制主要以城市群内部各地方政府之间的协作治理、合作治理等府际协作治理模式为主，城市群上级政府在城市群治理和推动城市群协调发展方面所发挥的作用较为有限。城市群内部的各地方政府通过构建一定的府际协作治理机制，"如长三角城市群'主要领导座谈会'、珠三角城市群'9+2最高行政首长联席会议'、长江中游城市群'省会城市会商会'等"，① 然后各地方政府以此为平台就特定的治理议题展开讨论和协商，最终达成一定的合作协议来协调各方的决策和行为，进而实现特定的治理目的和发展目标。城市群内部的各地方政府通过彼此间的沟通、协商和合作，能够在化解部分城市群治理难题、增强各地方政府之间政策和行为上的协同性、推动人口和生产要素在城市群内部跨行政区的自由流动和合理配置等方面发挥一定的成效，进而更好地推动城市群协调发展。例如，在我国长三角城市群内部，浙江和安徽两省就新安江水源保护所达成的对赌协议，就是地方政府之间通过府际合作来化解城市群内部水污染治理困境的成功实践。

城市群内生治理机制是化解城市群治理难题和推动城市群协调发展的重要动力。但是，从我国以府际协作治理、府际合作治理等主要的城市群内生治理机制在实践中的运行成效来看，"虽然地方政府之间的横向协调比较普遍且容易达成，但是这种机制只适用于合作方之间具有较强利益互补关系等比较简单的区域合作类型，难以解决更为复杂的区域

---

① 吕丽娜、赵小燕：《中国城市群府际合作治理困境与对策——基于元治理的视角》，载《武汉理工大学学报（社会科学版）》2017年第3期。

合作治理"难题,① 在很多城市群,特别是市场机制发育较为滞后的中西部地区的城市群中,城市群内生治理机制在推动城市群协调发展上所发挥的成效较为有限。很多地方政府在参与城市群府际协作治理的态度上虽表现得比较积极,各地方政府之间签署的双边和多边治理协议也较多,但真正能付诸实际行动的却很少。有学者基于府际协作的视角,从积极性、实质性、自主性与制度性等维度对我国城市群府际协作治理的水平进行测度后指出,我国城市群内部的府际协作治理趋势虽然正在不断加强,但城市群际协作治理的实质性较低、自主性和一体化动能较弱,需要从央地关系调整、创新地方政府协作的激励手段和完善城市群层级的协调组织与机制等方面,来提升城市群府际协作治理机制在实践中的运行成效。② 以京津冀城市群为例,由于北京、天津和河北三地在发展阶段和发展水平上存在一定的差异,推动京津冀城市群协调发展的难度相对较大。虽然京津冀三地政府都深知协同发展的重要性,但是由于三地政府在参与府际协作上的动机和利益诉求不尽一致,致使由京津冀三地政府自发组建的府际协作治理机制在推动京津冀协同发展上所发挥的成效较为有限;直到国家层面的京津冀协同发展领导小组的成立,才使得京津冀协同发展的体制构建和机制运行迈出了实质性的一步。目前,在中央政府及其有关部门的大力推动下,许多困扰京津冀城市群协调发展的跨域事务得到了有效的治理,京津冀城市群协调发展的水平和质量正逐步提升。

本 章 小 结

城市群是城镇化发展到高级阶段的空间组织形式,是以 1 个或 1 个以上的国家级中心城市或区域性中心城市为核心,由一定数量的大城市

① 邢华:《我国区域合作治理困境与纵向嵌入式治理机制选择》,载《政治学研究》2014 年第 5 期。

② 锁利铭:《面向府际协作的城市群治理:趋势、特征与未来取向》,载《经济社会体制比较》2016 年第 6 期。

或都市圈为构成单元，依托互联互通程度较高的基础设施网络所形成的，各城市功能定位较为明确、城市间产业分工与协作体系较为完备和区域一体化程度较高的城镇密集区域。按照城市群是否跨越省级行政区域，可以将城市群分为跨省域城市群和省域内城市群两种类型。城市群协调发展是指在市场、城市群内部各地方政府和城市群上级政府等多元力量的共同作用之下，城市群内部的大中小城市和小城镇之间的经济联系和社会交往日益紧密，地区间产业分工与协作水平不断提升，人口和生产要素在城市群空间内的配置格局不断优化，大中小城市和小城镇之间经济社会发展水平上的差距不断缩小的过程。改革开放以来，伴随我国城镇化进程的不断加快、国家城镇化战略发生的重大转向和撤县(市)设区等行政区划改革的不断推进，城市群开始在我国出现并得到了快速发展。同时，中央政府制定的跨省域城市群发展规划和省级政府制定的省域内城市群发展规划，也对我国城市群的产生和发展起到了重要的引领和推动作用。目前，中心城市和城市群已经成为我国承载发展要素的主要空间形式，以中心城市引领城市群发展、以城市群带动区域发展已经成为我国区域发展的新模式，城市群协调发展的重要性日渐凸显。

　　不过，我们在看到我国的城市群从无到有、快速发展的同时，也要注意到我国城市群在协调发展方面还存在一些问题，不同区域城市群之间的发展差距相对较大，中西部城市群内部各地区之间发展不平衡的问题较为突出，城市群产业布局不合理和地区间低水平同质化竞争问题日渐凸显，推动城市群协调发展的体制机制还不尽完善。这些问题的存在，不仅阻碍了我国城市群协调发展水平的提升，而且影响到城市群在推动区域协调发展上作用的发挥。城市群的出现及其快速发展，推动着我国经济社会发展格局和经济发展空间结构发生着深刻变革，城市群在国民经济和社会发展中的重要性和影响力正不断提升。分析城市群协调发展困境的生成逻辑并采取相应的治理模式，有效化解城市群协调发展所面临的困境，不断提升城市群协调发展水平，是当前我国城市群治理和城市群发展面临的重要任务。

第三章　城市群协调发展困境的生成
逻辑与治理路径选择

政府和市场是推动城市群发展的两大动力，府际关系是影响城市群协调发展的重要因素。当前我国城市群协调发展困境，与我国 20 世纪 90 年代以来由中央政府主导实施的行政分权改革和财政分权改革所引发的地方政府间关系格局的深刻变革、城市群基本公共服务不均等以及城市群上级政府在推动城市群协调发展上的统筹力度不足等因素密切相关。城市群协调发展困境的化解，除了可以依靠以城市群内部各地方政府为核心治理主体的城市群府际协作治理外，也可以将纵向府际整合治理模式应用于城市群治理中，充分发挥作为跨省域城市群上级政府的中央政府和作为省域内城市群上级政府的省级政府在化解城市群协调发展困境上的重要作用。通过城市群上级政府对城市群内部各地方政府的部分事权和财权进行适度的整合，有助于弱化各地方政府制造政策壁垒和开展无序竞争的能力与动机，不断提升城市群基本公共服务均等化水平，进而有利于推动城市群协调发展格局的形成。

第一节　我国城市群协调发展困境的生成逻辑

政府和市场是推动城市群发展的两大动力，府际关系是影响城市群协调发展水平的重要因素，其实质是政府间的权力配置和利益分配关系。[1]

---

① 谢庆奎：《中国政府的府际关系研究》，载《北京大学学报(哲学社会科学版)》2000 年第 1 期。

央地之间的事权配置结构和财权划分格局，会对地方政府的决策权限、决策动机和行为策略产生深刻影响，并由此塑造出特定的地方政府间关系格局，进而影响到城市群协调发展的水平。因此，我们在充分发挥市场在城市群内部资源配置中的决定性作用的同时，也需要协调好城市群内部各地方政府之间的关系，以及城市群上级政府与城市群内部各地方政府之间的关系，充分发挥城市群内部的地方政府和城市群上级政府在推动城市群协调发展上的重要作用。当前我国城市群协调发展困境的生成，与 20 世纪 90 年代以来由中央政府主导实施的行政分权改革和财政分权改革所引发的地方政府间关系格局的深刻变革、纵向政府间基本公共服务事权配置的不合理以及城市群上级政府在推动城市群协调发展上的统筹力度不足等因素密切相关。"自上世纪 90 年代以来，中国开展了行政权力下放和财税体制改革。随着中央行政权力逐渐向地方政府下放，地方政府逐渐拥有制定地方经济发展规划和配置资源的权力；财政制度改革使地方政府成为相对独立的利益主体，具备了相对独立的行政决策权，这就为地方政府间竞争提供了制度条件。"①城市群是一个包含多个行政区的经济区，人口和生产要素在城市群空间内的合理流动和均衡配置以及地区间产业分工与协作体系的构建，是实现城市群协调发展的基本前提和重要保障。而行政分权改革引发的地区间政策壁垒阻碍了人口和生产要素在城市群空间内的合理流动，财政分权改革使得地方政府拥有了开展无序竞争的能力与强烈动机，不利于地区间产业分工与协作体系的构建。同时，由于我国纵向政府间基本公共服务事权配置的不合理和城市群内部公共服务资源空间配置的不均衡所引发的城市群基本公共服务的不均等，使得城市群内部的人口和生产要素的空间配置格局出现一定程度的失衡，进而制约了城市群协调发展格局的形成。此外，伴随行政分权改革和财政分权改革力度的不断加大，城市群上级政府在推动城市群协调发展上的统筹力度也随之呈现出一定程度的弱化，这也

---

① 张明军、汪伟全：《论和谐地方政府间关系的构建：基于府际治理的新视角》，载《中国行政管理》2007 年第 11 期。

在很大程度上阻碍了我国城市群协调发展水平的不断提升。

一、行政分权改革引发的地区间政策壁垒阻碍了人口和要素的合理流动

我国是一个采用单一制国家结构形式的社会主义国家，中央政府在央地经济社会管理权限的划分上拥有决定权。从中华人民共和国成立到改革开放之前，我国一直实行的都是由中央政府高度集权的计划经济管理体制，中央政府及其各个职能部门通过自上而下的指令性计划主导着整个国民经济的运行，地方政府几乎没有独立的经济管理权限。在这段时期内，中央政府也曾尝试过给地方政府分权，以调动地方政府发展经济的主动性和积极性，但由于受到多种因素的影响和制约，中央政府给地方政府的分权改革最后基本上都以中央政府所下放权力的上收而结束。1956 年 4 月 25 日，毛泽东同志在《论十大关系》的讲话中指出，"在中央和地方的关系问题上，要在巩固中央统一领导的前提下，扩大地方的权力（即权力下放给地方），让地方办更多的事情，发挥中央和地方两个积极性"[①]。《论十大关系》的发表，为如何处理我国的央地关系明确了基本原则和主要方向，在维护和巩固中央统一领导的前提下充分发挥中央和地方两个积极性开始成为此后我国央地关系变革和调整所应遵循的基本准则。在 1956 年 9 月党的八大结束之后不久，中央政府开始有计划、有步骤地给地方政府下放了部分经济社会管理权限，地方政府发展经济的主动性和积极性也随之得到了一定程度的提高。而由于受到国民经济运行状况等多种因素的影响，中央政府又开始逐步上收经济社会管理权限。此后直到改革开放前，中央政府虽几次给地方政府下放了一定的经济社会管理权限，但也都因各种原因而很快就上收，中央政府高度集权的计划经济管理体制一直延续到改革开放之后才逐渐被打破。

1978 年改革开放的启动，使得经济建设重新回到党和国家各项事

---

① 《毛泽东选集（第五卷）》，人民出版社 1977 年版，第 275 页。

业的中心位置。如何通过央地关系的变革来激发和调动地方政府发展经济的主动性和积极性，成为行政管理体制改革面临的重要任务。1982年通过的《宪法》明确了我国中央政府和地方政府之间权力划分的基本原则，即遵循在中央的统一领导下，充分发挥地方的主动性和积极性。1987年，党的十三大提出，"在中央和地方的关系上，要在保证全国政令统一的前提下，逐步划清中央和地方的职责，做到地方的事情地方管，中央的责任是提出大政方针和进行监督"①。在这一原则的指导下，从20世纪90年代初开始，中央政府主导实施的行政分权改革力度开始不断加大，地方政府拥有的经济社会管理权限日渐增多，地方政府在经济社会管理权限行使上的独立性也不断增强。党的十八大以来，伴随简政放权改革力度的不断加大，地方政府拥有的经济社会管理权限也随之进一步扩大。2016年国务院制定的《关于推进中央与地方财政事权和支出责任划分改革的指导意见》（国发［2016］49号）中指出，要在完善中央决策、地方执行机制的基础上，切实落实地方政府在中央授权范围内履行事权的责任，最大限度减少中央对微观事务的直接管理，发挥地方政府因地制宜加强区域内事务管理的优势，调动和保护地方干事创业的积极性和主动性。在中央政府给地方政府不断下放经济社会管理权限的同时，省级政府给下级地方政府下放经济社会管理权限的力度也在不断加大。省级政府通过实施省直管县、扩权强县等改革，使得部分县和县级市拥有了地级市的经济社会管理权限，省级以下地方政府所拥有的经济社会管理权限不断增多。

　　行政分权改革的实施，使得地方政府在决策和行为上的自主性与独立性不断增强，推动着我国政府间关系格局发生了深刻变革，进而对我国经济社会发展格局产生了重要的影响。一方面，伴随行政分权改革力度的不断加大，"地方政府在公共安全、地方规划、教育、社会保障、环境保护等若干公共事务和公共服务领域，获得了更多的政策决定权和

---

①　《中国共产党第十三次全国代表大会报告》，http://cpc.people.com.cn/GB/64162/64168/64566/65447/4526369.html，访问日期：2019年8月7日。

管理责任（事权），增强了其自主管理的能力"①，使得各级地方政府能够更好地制定和实施符合本地区实际的经济社会发展等方面的规划和政策，有利于激发地方政府发展经济的主动性、积极性和创造性，不断提升各地区的经济社会发展水平。另一方面，行政分权改革的实施，也使得地方政府在决策和行为上的独立性不断增强，地方政府逐渐拥有了制定本地区经济社会发展规划和主导本行政区域内资源配置的权力，而为地区间政策壁垒的形成埋下了隐忧。由于各地方政府在经济社会发展规划的编制以及产业政策、社会政策等政策的制定上通常缺乏有效的沟通与必要的协调，致使各地区之间通常缺乏有效的衔接，在经济社会发展规划、产业政策和社会政策等方面的政策壁垒也随之逐渐形成，不利于人口和生产要素跨行政区的合理流动，进而阻碍了区域协调发展水平的提升。

"总体来看，分权化改革为中国经济创造了巨大的利益，其积极贡献表现为：（1）作为中国改革战略的一部分，有助于克服来自中央政府部门对改革的抵制；（2）允许地方进行创新试点，避免出现大风险和大错误；（3）有助于推行'增量改革'，保证改革政策的连续性。但也必须看到，分权化也带来许多不容忽视的问题，其中最大的问题就是地方保护和市场分割"②，给区域协调发展带来了很大的阻碍。城市群是一个包含多个行政区的经济区，城市群内部的各地区在经济社会发展规划上的有效衔接以及产业政策和社会政策等政策上的有效协同，是引导人口和生产要素在城市群空间内合理流动和均衡配置，进而实现城市群协调发展的内在要求和重要保障。但是，由于城市群内部的各地方政府拥有各自行政区域内经济社会发展规划编制以及产业政策和社会政策等方面政策制定的权限，在缺乏区域性权威来推动各地区经济社会发展规划之间实现有效的衔接，并确保各地区产业政策和社会政策之间实现有效协

---

① 王晓燕、方雷：《地方治理视角下央地关系改革的理论逻辑与现实路径》，载《江汉论坛》2016年第9期。

② 燕继荣：《分权改革与国家治理：中国经验分析》，载《学习与探索》2015年第1期。

同的情况下，城市群内部经济社会发展规划编制以及产业政策和社会政策制定权限运行的碎片化，会诱发城市群内部各地区经济社会发展规划、产业政策和社会政策等方面政策壁垒的形成，不利于城市群内部各地区间经济联系的增强和社会交往的深化，妨碍了人口和生产要素在城市群内部的合理流动，进而不利于城市群协调发展水平的提升。

二、财政分权改革使得地方政府拥有了开展无序竞争的能力与强烈动机

地方政府是一个理性的利益主体，中央政府和地方政府之间的财权划分格局会对地方政府所拥有的决策动机及其所采取的行为策略产生重要的影响，进而影响到地方政府间的关系格局和区域协调发展的水平。中华人民共和国成立以来，我国财政管理体制的变革大体经历了从中华人民共和国成立到改革开放前的中央政府高度集权的统收统支、改革开放初期到1994年分税制改革实施前的中央政府与地方政府之间的财政分成和财政包干以及1994年分税制改革实施后的央地二级财政管理体制的确立三个阶段。从中华人民共和国成立到改革开放之前，我国实行的是由中央政府统收统支的财政管理体制，中央政府掌握着全国财政收入和财政支出的管理权限，地方政府缺乏相应的财政管理自主权。改革开放之后，为了充分调动地方政府发展经济的主动性和积极性，中央政府给地方政府的财政分权力度不断加大，特别是1994年分税制改革的实施，使得地方政府拥有了相对较为独立的财政管理权限。伴随中央政府给地方政府财政分权力度的不断加大，地方政府逐渐成为相对独立的利益主体，其行为能力、决策动机和行为策略也随之发生了深刻地变化。面对以地区生产总值和经济增长率等为核心指标的政绩评价标准以及不断增大的地方财政支出压力，拥有一定财政管理权限的地方政府不仅具备了为增长而开展无序竞争的能力，更具备了为增长而开展无序竞争的动机，进而阻碍了区域治理水平的提升和区域经济协调发展格局的形成。

首先，财政分权改革的实施，使得地方政府有了开展无序竞争的能力。1994年实施的分税制改革，不仅使得中央政府和地方政府在财政

收入上有了较为明确的划分，而且也使得地方政府逐步拥有了相对较为独立的财税政策制定权限和财税收入支配权限，进而为地方政府通过制定一定的税收优惠政策和财政补贴政策来进行产业和人口的争夺提供了可能，使得地方政府拥有了利用财税政策制定权限开展无序竞争的能力。"从财政包干制到分税制，财政体制改革的效应已远不止限于政府间财政关系的调整，它在很大程度上无异于重构了中央政府与地方政府的关系。在分权化的财政体制下，地方政府成为拥有独立的财力和财权，具有独立经济利益目标的公共事务管理主体，而不再是传统的统收统支的财政体制下一个纵向依赖的行政组织。同时，随着一系列制度安排的变迁，地方政府实际控制的资源也越来越丰富……使得地方政府可以在相当程度上根据自身的偏好自主地确立行政目标，并运用自己掌握的财权和财力最大限度地整合地方资源，以实现其特定的行政意图。"[1]

其次，财政分权改革的实施，也激发了地方政府开展无序竞争的动机。分税制改革的实施，使得中央政府与地方政府之间的财政收入分配格局发生了深刻地变化，中央政府财政收入占全国财政收入的比重不断上升，地方政府财政收入占全国财政收入的比重不断下降。而与此同时，地方政府所承担的财政事权却在不断增多，地方政府面临的财政支出压力不断增大。例如，从 2005 年到 2015 年，"中央政府财政支出占比从 25.9% 骤降至 14.5%，降幅为 11.4%；与此同时，地方政府财政支出占比却出现上升的趋势，地方财政支出占比从 74.1% 骤升至85.4%，增幅为 11.3%"[2]。面对日渐增大的地方财政支出压力和以地区生产总值、地区经济增长速度等为核心指标的政绩评价标准，地方政府为增长而竞争的动机被充分地激发出来。为了能够在短期内实现经济快速增长和财政收入快速增加的目标，作为理性的利益主体的地方政府选择了追求产业结构上的小而全或大而全，地区间的产业结构雷同和重

---

① 何显明：《市场化进程中的地方政府角色及其行为逻辑——基于地方政府自主性的视角》，载《浙江大学学报（人文社会科学版）》2007 年第 6 期。

② 刘弘阳：《我国地方政府竞争运行机理及其规制途径研究》，载《经济体制改革》2018 年第 1 期。

复建设问题日渐凸显,各地区在产业和人口争夺上的无序竞争妨碍了区域协调发展格局的形成。近年来,伴随城市群的出现及快速发展,我国的经济发展格局也随之发生着深刻变革,行政区经济正逐步向城市群经济转变,城市群逐步取代行政区成为经济竞争的基本单位,城市群内部各地区协调发展的重要性日渐凸显。城市群内部各地区间的有序竞争和积极合作是实现城市群协调发展的内在要求和重要保障,而地区间无序竞争问题的存在,阻碍了地区间产业分工与协作体系的形成,使得地区间产业结构雷同和低水平同质化竞争等问题日渐凸显,不利于城市群协调发展目标的实现。

三、城市群基本公共服务不均等致使人口和要素空间配置失衡问题加剧

在行政分权改革和财政分权改革不断推进的同时,我国纵向政府间基本公共服务事权配置格局也随之发生了一定程度的变革,地方政府所承担的基本公共服务供给等方面的财政事权日渐增多。基本公共服务是由政府主导、保障全体公民生存和发展基本需要、与经济社会发展水平相适应的公共服务。大体来说,基本公共服务主要包括义务教育、基本医疗、基本社会保障、公共卫生、公共文化、公共就业服务等类型。① 享有基本公共服务是公民的基本权利,保障人人享有基本公共服务、不断提升基本公共服务均等化水平是政府的重要职责。改革开放以来,中央政府和各级地方政府在基本公共服务供给上的财政投入力度不断加大,国家实施的基本公共服务项目类型也日渐增多,我国基本公共服务的供给水平和供给质量得到了较为明显的提升。目前,我国已构建起全世界最大规模的基本医疗保险体系和基本养老保险体系,覆盖全民的国家基本公共服务制度体系正处于不断完善之中。但同时,"我国基本公

---

① 国务院:《"十三五"推进基本公共服务均等化规划》,http://www.gov.cn/zhengce/content/2017-03/01/content_5172013.htm,访问日期:2019 年 9 月 10日。

共服务还存在规模不足、质量不高、发展不平衡等短板，突出表现在：城乡区域间资源配置不均衡，硬件软件不协调，服务水平差异较大；基层设施不足和利用不够并存，人才短缺严重；一些服务项目存在覆盖盲区，尚未有效惠及全部流动人口和困难群体；体制机制创新滞后，社会力量参与不足"①。

　　一个地区的义务教育、基本医疗、基本社会保障、公共卫生、公共文化和公共就业服务等类型的基本公共服务供给水平和供给质量，不仅会对一个地区居民的基本生活、身体健康和发展状况等产生重要的影响，而且也关系到一个地区的经济社会发展水平。"地区间公共服务水平的差距与地区间经济发展水平差距是相互影响、互相制约的。落后地区由于基础设施及其他公共服务水平较差，这就使得国家和其他投资主体在进行投资的区域选择的'用脚投票'时，容易向经济较发达、公共服务水平较高的地区倾斜。而越是如此，就越不能改善和提高后进地区公共服务水平。"②在城市群空间内，各地区在基本公共服务供给数量、供给水平和供给质量上的差异，是影响人口和生产要素在城市群内部流动方向和配置格局的重要因素。城市群范围内的人口在选择居住区位和资本在选择生产区位时，通常会选择基本公共服务供给数量较为充足、基本公共服务供给水平和供给质量相对较高的地区。因而，城市群基本公共服务的均等化是引导人口和生产要素在城市群空间内合理流动和均衡配置的基本前提，也是推动城市群内部各地区间协调发展的重要保障。

　　基本公共服务统筹层次的高低是影响基本公共服务均等化水平的重要因素。目前，我国城市群空间内的基本公共服务统筹层次相对较低，除了基本养老保险等少数基本公共服务实现了省级统筹外，绝大部分基

　　①　国务院：《"十三五"推进基本公共服务均等化规划》，http：//www. gov. cn/zhengce/content/2017-03/01/content_5172013. htm，访问日期：2019 年 9 月 10 日。

　　②　丁芸、张昕：《财税政策选择与区域经济协调发展》，载《经济与管理研究》2007 年第 2 期。

本公共服务的统筹层次还停留在地级市层面。城市群内部的各地方政府在财力上的差距通常较为明显，这使得城市群内部各地区的基本公共服务供给水平和供给质量也存在一定的差异。"地方政府财政能力差异是我国地区基本公共服务不均等的重要根源，其中，本级税收、转移支付收入、预算外收入是影响基本公共服务水平差异的三个重要因素。"[1]同时，等级化的城市管理体制也使得城市群内部不同行政等级的城市在公共服务资源的配置上存在较为明显的差距，城市群内部优质的教育、医疗、文化等公共服务资源主要集中在行政等级较高的城市群中心城市、省会城市和副省级城市，这也在一定程度上拉大了城市群内部各地区在基本公共服务供给水平和供给质量上的差距，进而制约了城市群基本公共服务均等化水平的提升。从当前我国城市群基本公共服务供给的现状来看，城市群内部的不同地区在基本公共服务供给水平和供给质量上的差距较为明显，城市群基本公共服务的均等化水平相对较低。例如，张建清和严妮飒从教育服务、医疗卫生服务、公共文化服务、社会保障和就业服务、基础设施服务以及生态环境服务等 6 个方面选取了 20 个指标构建了基本公共服务均等化评价体系，用主成分分析法和变异系数法对长江中游城市群 2005 年和 2013 年的基本公共服务均等化水平进行了测度。测度结果显示，除了教育和生态保护外，长江中游城市群其他领域基本公共服务的均等化水平相对较低。[2] 辛冲冲和陈志勇通过对 2007—2016 年我国基本公共服务供给水平的分布动态、地区差异及收敛性情况进行研究后发现，我国基本公共服务的供给水平整体上呈现由东往西逐次降低的趋势。除东部地区外，全国总体以及中西部区域的基本公共服务供给水平呈明显多极或两极分化趋势，梯度特征非常明

---

① 赵怡虹、李峰：《中国基本公共服务地区差距影响因素分析——基于财政能力差异的视角》，载《山西财经大学学报》2009 年第 8 期。

② 张建清、严妮飒：《长江中游城市群基本公共服务均等化的测度与特征分析》，载《生态经济》2017 年第 1 期。

显。① 卢文超采用极值标准化法，对京津冀教育、医疗、社保、基础设施等领域的基本公共服务进行测算时发现，2005—2014 年京津冀公共服务均等化徘徊在 0.6 左右的较低水平，基本公共服务在三地呈现较严重的非均衡配置状态。②

　城市群基本公共服务的不均等，会对人口和生产要素在城市群空间内的流动方向和配置格局产生重要的影响，使得城市群内部人口和生产要素的空间配置格局出现一定程度的失衡，进而影响到城市群协调发展水平的提升。那些基本公共服务供给数量充足、供给水平和供给质量较高的地区，会不断地吸引人口和生产要素的流入，进而有利于推动这些地区经济社会发展水平和质量的不断提升；而那些基本公共服务供给数量不足、供给水平和供给质量较低的地区，不仅难以吸引到外部的人口和生产要素，而且本地区的人口和生产要素也会呈现出不断流出的态势，地区之间经济社会发展上的差距将会随之不断拉大。目前，我国城市群范围内的中心城市、省会城市、副省级城市等城市因其所供给的基本公共服务水平和质量相对较高，这些城市通常集聚了城市群空间内主要的人口和生产要素，而城市群内部的其他中小城市和小城镇因基本公共服务的供给水平和供给质量相对较低，这些地区对人口和生产要素的集聚能力相对较弱，城市群范围内的中心城市、省会城市、副省级城市与城市群内部的其他城市和城镇之间在经济社会发展水平上的差距也随之不断扩大，制约了城市群协调发展格局的形成。当前，城市群已经成为引领我国区域经济发展的重要增长极和推动区域协调发展的重要载体，如何变革我国纵向政府间的基本公共服务事权配置格局，并不断提升城市群基本公共服务均等化的水平和质量，以推动人口和生产要素在城市群范围内的合理流动和均衡配置，进而实现城市群协调发展的目标，是当前我国城市群发展和城市群治理面临的重要任务。

---

① 辛冲冲、陈志勇：《中国基本公共服务供给水平分布动态、地区差异及收敛性》，载《数量经济技术经济研究》2019 年第 8 期。

② 卢文超：《京津冀一体化进程中的基本公共服务标准化》，载《人民论坛·学术前沿》2017 年第 17 期。

四、城市群上级政府的统筹力度不足阻碍了城市群协调发展水平的提升

中央政府主导的行政分权改革和财政分权改革的实施及其力度的不断加大，不仅对地方政府所拥有的决策权限和行为策略产生了深刻影响，而且也在一定程度上弱化了中央政府在推动跨省域城市群协调发展上的统筹与协调能力和省级政府在推动省域内城市群协调发展上的统筹与协调能力，进而影响到城市群协调发展的水平和质量。城市群是一个跨行政区的经济区，城市群协调发展难题的破解和城市群协调发展水平的提升离不开城市群上级政府的合理统筹和有力推动。同时，作为跨省域城市群上级政府的中央政府和作为省域内城市群上级政府的省级政府，化解城市群区域性公共事务治理难题、推动城市群协调发展水平的不断提升也是其重要的职责。为此，中央政府和省级政府应该要在城市群大气污染防治和城市群跨域江河湖泊治理等城市群区域性公共事务治理难题的破解，以及不断缩小城市群内部各地区之间的发展差距等方面，发挥重要的统筹与协调作用。近年来，中央政府和省级政府在化解城市群区域性公共事务治理难题和缩小城市群内部各地区之间的发展差距上发挥了重要的作用，但在推动城市群协调发展上的统筹力度仍有待强化，碎片化的治理体制使得城市群内部很多区域性公共事务难以得到有效的治理，城市群内部各地区财力上不协调的问题依然较为严重，城市群上级政府在推动城市群协调发展上的统筹力度的不足在一定程度上阻碍了城市群协调发展水平的提升。

首先，城市群上级政府在推动城市群协调发展上所承担的财政事权较为有限，阻碍了城市群协调发展水平的提升。政府的财政事权是指一级政府应承担的运用财政资金提供基本公共服务的任务和职责。由于不同层级的政府所管辖的地域空间大小及其在国家治理中所扮演角色的不同，不同层级的政府所应承担的财政事权也不尽一致，合理地划分不同层级政府的财政事权是推动国家治理体系和治理能力现代化的内在要求和重要保障。作为跨省域城市群上级政府的中央政府，应该要承担起跨

省域城市群内部区域性公共事务治理的职责，或者将其作为中央政府与城市群内部的各地方政府共同承担的财政事权。同样，作为省域内城市群上级政府的省级政府，应该要承担起省域内城市群内部区域性公共事务治理的职责，或者将其作为省级政府与城市群内部的各地级市政府共同承担的财政事权。但是，自 1994 年分税制改革实施后的很长一段时期内，中央政府与地方政府之间的财政事权始终没有得到明确的划分，省级政府与省级以下地方政府之间财政事权的划分也处于较为模糊的状态，许多应该由或者适合由中央政府来承担的、与跨省域城市群协调发展密切相关的财政事权交给了地方政府来承担，部分应该由或适合由省级政府来承担的、与省域内城市群协调发展密切相关的财政事权交给了省级以下的地方政府来承担。中央政府在推动跨省域城市群协调发展上所承担的财政事权的不足和省级政府在推动省域内城市群协调发展上所承担的财政事权的不足，不仅增加了地方政府的财政支出压力，而且也造成了与城市群协调发展密切相关的部分财政事权运行的碎片化，使得城市群大气污染防治、城市群跨域江河湖泊治理等城市群区域性公共事务难以得到有效的治理，阻碍了城市群协调发展水平的提升。

其次，城市群上级政府在缩小城市群内部各地区财力上的差距等方面统筹力度的不足，也阻碍了城市群协调发展水平的提升。城市群内部存在着一定数量的不同等级、不同规模和不同发展能级的城市和小城镇，产业集聚是提升城市群竞争力的内在要求和重要保障。城市群内部的各地区所处的地理区位、所拥有的自然资源禀赋和所具有的行政等级通常存在一定的差异，导致各地区在人口和生产要素的集聚能力和集聚规模上通常也会存在一定的差距，进而引发各地区财力上的差距。城市群中心城市、次中心城市和重要节点城市集聚了城市群空间内主要的人口和生产要素，这些城市政府的财力明显要强于其他城市和城镇的政府，城市群内部各地区财力上的不协调阻碍了城市群协调发展格局的形成。近些年来，中央政府和省级政府虽然一直在不断加大对城市群内部经济社会发展较为落后地区财政转移支付的力度，城市群内部经济社会发展水平较为落后地区的财力状况也得到了一定程度的改善。但是，城市群内部各地区财力不协调的问题仍然较为突出。不断缩小城市群内部各地区财力上的差距，是实现城市群协调发展的重要保障。为此，不仅需要中央政府和省级政府在纵向上加大对城市群内部经济社会发展水平较为落后地区的财政转移支付的力度，也需要中央政府和省级政府对城市群内部现有的地方政府财税收入分配格局进行必要的变革，以此来不断缩小城市群内部各地区财力上的差距。但中央政府和省级政府一直以来过于注重通过纵向上的财政转移支付等制度设计，来缩小城市群内部各地区财力上的差距；而对于横向上的通过对城市群内部地方政府财税收入分配格局进行适度地变革来不断缩小各地区财力上的差距等方面的制度设计，并未给予足够的关注，有限的财政转移支付资金在缩小城市群内部各地区财力差距上的作用较为有限，致使城市群内部各地区财力上的差距依然较大，阻碍了城市群协调发展水平的提升。

第二节　推动城市群协调发展的治理路径选择

城市群协调发展目标的实现，不仅需要依靠城市群内部各地方政府的共同推动，也需要充分发挥城市群上级政府的重要作用。在推动城市群协调发展的治理路径的选择上，我们注重运用以城市群内部的各地方政府为核心治理主体的城市群府际协作治理来化解城市群协调发展所面临困境，也需要注重运用以城市群上级政府为核心治理主体的城市群纵向府际整合治理模式，通过城市群府际协作治理和城市群纵向府际整合治理的有机结合，来共同推动城市群协调发展格局的形成和城市群协调发展水平的不断提升。

一、城市群府际协作治理

城市群府际协作治理是一种以城市群范围内的各地方政府为核心治理主体，各地方政府在不断沟通和充分协商的基础上达成协作的共识，并采取相应的府际协作行动来化解城市群治理难题、推动城市群协调发展的城市群治理模式。依据参与府际协作治理的政府数量的不同，可以将城市群府际协作治理分为城市群双边府际协作治理和城市群多边府际协作治理两种类型。城市群协调发展是一个内生动力和外部因素共同作用的结果，其"内生动力是城市群内部各个城市之间相互作用而产生的"①。在城市群内部各城市相互影响和相互作用的过程中，"要素流动和企业跨区域发展既密切了城市之间的经济社会联系，也增进了城市之间的产业分工。根据区域分工理论，城市之间分工的深化必然会推动它们相互之间开展局部的或全面的合作"②，城市群内部各地方政府之间的府际协作随之开始出现并不断深入。目前，城市群府际协作治理已经成为我国城市群治理实践所采用的主要模式，学界有关城市群治理难题的化解和城市群协调发展等方面问题的研究也主要是从城市群府际协作治理的视角来展开的。

(一) 城市群府际协作治理模式在我国城市群治理实践中的应用

在城市群府际协作治理机制的构建和运行中，城市群范围内的各地方政府是城市群府际协作治理体系中的核心治理主体，而作为跨省域城市群上级政府的中央政府和作为省域内城市群上级政府的省级政府，则主要在城市群府际协作治理中发挥着一定的引导和推动作用。在市场机制发育较为成熟的城市群，城市群内部各地区间的产业分工与协作体系通常较为完备，城市群中心城市对周边地区的辐射和带动作用较为明显。伴随城市群中心城市产业结构不断转型和升级，城市群中心城市的部分产业将逐步向周边地区转移，主动承接中心城市转移出的产业，积极参与以城市群中心城市为主导的产业链的构建，会给城市群中心城市周边地区的经济社会发展带来更多更大的机会，这些地区的地方政府在参与城市群府际协作上的意愿较为强烈。同时，城市群中心城市也需要通过向周边地区转移部分产业来实现自身产业结构转型和升级的目标，并且以城市群中心城市为核心的城市群产业链的打造和城市群产业竞争

---

①　覃成林、周姣：《城市群协调发展：内涵、概念模型与实现路径》，载《城市发展研究》2010 年第 12 期。

②　覃成林、周姣：《城市群协调发展：内涵、概念模型与实现路径》，载《城市发展研究》2010 年第 12 期。

力的不断提升，也离不开城市群范围内其他城市的积极参与，因而，城市群中心城市参与府际协作的意愿也较为强烈。在此背景下，作为理性的利益主体的城市群范围内的各地方政府，在参与府际协作能够使其获得更多收益的动机的驱动下，会愿意让渡出自身部分的经济社会事务管理权限和经济利益，以换取更多的和更为长远的府际协作收益，城市群府际协作治理机制也由此得以构建并不断地发展和完善。目前，在我国的长江三角洲城市群和粤港澳大湾区城市群中，各地方政府之间的双边或多边府际协作治理机制就是由各地方政府基于双方或多方的共同利益需要而构建起来的。长江三角洲城市群和粤港澳大湾区城市群内部的这些双边或多边的府际协作治理机制，在化解城市群内部的区域性公共事务治理难题、弱化地区间的政策壁垒和利益藩篱、提升城市群基本公共服务的均等化水平和质量等方面发挥了重要的作用，推动着城市群协调发展水平和质量的不断提升。

　　长江三角洲城市群是目前世界六大城市群之一，也是我国最具经济活力、开放程度最高、创新能力最强、吸纳外来人口最多的城市群之一，是"一带一路"与长江经济带的重要交汇地带，在国家现代化建设大局和全方位开放格局中具有举足轻重的战略地位。长江三角洲城市群内部的府际协作治理机制不仅构建时间相对较早，而且运行也较为成熟，为长江三角洲城市群协调发展水平的不断提升和长三角区域一体化进程的不断加速提供了有力的支撑。1992 年，为了更好地推动长江三角洲地区经济社会的协调发展，加速区域一体化的进程，上海、南京、苏州等 14 个城市发起成立了长江三角洲十四城市协同办（委）主任联席会议，开启了长江三角洲城市群内部各城市政府之间府际协作的序幕。1997 年，长江三角洲十四城市协同办（委）主任联席会议升格为由各城市政府的副市长和协作办（委）主任出席的长三角城市经济协调会。此后，长三角城市经济协调会成员的数量不断增加。2019 年 10 月 15 日，长三角城市经济协调会第十九次会议在安徽省芜湖市召开，会议审议通过了《关于吸纳蚌埠等 7 个城市加入长三角城市经济协调会的提案》。至此，长三角城市经济协调会的成员数量增加到 41 个，基本涵盖了长三角地区所有的地级及以上城市。目前，在国家层面的《长江三角洲城市群发展规划》和《长江三角洲区域一体化发展规划纲要》的引领和推动下，"长三角协调机制在组织架构上形成了以长三角地区主要领导座谈会为决策层，以长三角地区合作与发展联席会议为协调层，以联席会议办公室、重点合作专题组、城市经济合作组为执行层的'三级运作'机制"①，为长江三角洲城市群经济社会协调发展水平的稳步提升和长三角区域一体化进程的不断加快提供了有力的支撑。

　　近些年来，伴随我国城市群的快速发展和城市群区域性公共事务的日渐增多，城市群府际协作治理机制在化解城市群区域性公共事务治理难题、提升城市群治理水平等方面所发挥的作用正不断增强。比如，在城市群大气污染防治方面，很多城市群成立了由各地方政府参与的府际协作治理机制。例如，长三角城市群的长三角区域大气污染防治协作小组、京津冀城市群的京津冀及周边地区大气污染防治协作小组②、成都平原城市群的四川省大气污染防治工作领导小组③等。这些区域性大气污染防治府际协作治理机制的建立，为实现城市群大气污染联防联控的目标提供了有力的保障。

(二)影响和制约城市群府际协作治理模式在推动城市群协调发展上成效发挥的主要因素

　　城市群府际协作治理模式能否在推动城市群协调发展上取得较为明显的治理成效，以城市群内部的各地方政府具有较为强烈的参与府际协作的意愿、较为一致的参与府际协作的动机以及各地方政府能够自觉遵守并认真执行城市群府际协作治理机制所达成的治理协议等为基本前提和重要保障。从长江三角洲城市群和粤港澳大湾区城市群府际协作治理

---

　　①　张学良、林永然、孟美侠：《长三角区域一体化发展机制演进：经验总结与发展趋向》，载《安徽大学学报(哲学社会科学版)》2019年第1期。

　　②　2018年7月，经中共中央和国务院同意，京津冀及周边地区大气污染防治协作小组调整为京津冀及周边地区大气污染防治领导小组。

　　③　张雪：《城市群环境污染合作治理中府际责任分担机制探析——以大气污染为例》，载《治理现代化研究》2018年第6期。

的实践中可以看出，推动长江三角洲城市群和粤港澳大湾区城市群中府际协作治理机制构建和运行的主要动力来自城市群内部的各地方政府，各地方政府不仅拥有较为强烈的参与府际协作的意愿，而且府际协作治理所达成的治理协议通常也能够被各地方政府较好的遵守。但是，在城市群治理实践中，上述确保城市群府际协作治理的成效能够得到较为充分发挥的基本前提并非在所有类型的城市群中都能够得到有效的保障，特别是在很多市场机制发育不太成熟、各地方政府参与府际协作的意愿较弱和各地方政府参与府际协作的动机差距较大的城市群中，城市群府际协作治理模式在推动城市群协调发展方面所能发挥的治理成效相对较弱。

1. 城市群内部的各地方政府参与府际协作的意愿可能存在一定的差异。城市群内部的各地方政府是城市群府际协作治理体系中的核心治理主体，各地方政府参与府际协作治理意愿的强弱，直接关系到城市群府际协作治理机制能否顺利构建和有效运行。城市群范围内参与城市群府际协作治理的各地方政府是理性的、具有一定独立决策权限和特定利益诉求的经济人，其是否参与城市群府际协作治理以及参与的程度，主要取决于其从城市群府际协作治理中所能获取收益的大小。而由于城市群范围内的各地区在经济社会发展阶段、发展水平、产业结构和基本公共服务供给水平等方面通常存在一定的差异，城市群府际协作治理能够给各地区带来的收益也是不一样的，这就会导致各地方政府在参与城市群府际协作治理的意愿上存在很大的差异，部分地方政府在城市群府际协作治理上表现得非常主动和积极，而有的地方政府则表现得较为被动和消极，各地方政府在参与城市群府际协作意愿上的差异、可能会影响到城市群府际协作治理机制的顺利构建及其在城市群治理实践中运行成效的发挥。

2. 城市群内部的各地方政府参与府际协作的动机可能差距较大。城市群内部的各地方政府是理性的经济人，各地方政府参与府际协作的动机是否相近，直接关系到城市群府际协作行动能否顺利地达成并取得一定的实效。在市场机制发育较为成熟、各地区经济社会发展水平差距较小的城市群中，地区间的产业分工与协作体系相对较为完备，府际协作对于提升各地区和整个城市群的经济社会发展水平都较为有利，各地方政府参与府际协作的动机通常较为相近，府际协作行动一般能够较为顺利地达成。而在市场机制发育不太成熟、各地区经济社会发展水平差距相对较大的城市群中，各地方政府可能具有较为强烈的参与府际协作的意愿，但是由于各地方政府参与府际协作的动机通常存在一定的差异，府际协作行动常常会陷入难以达成的困境。例如，在京津冀三地的协同发展上，天津是开展环渤海区域经济合作最早的倡导者和推动者，在推动环渤海区域经济合作方面表现得较为主动和积极；而与此同时，北京却在推动以北京为中心的首都经济圈的规划和建设，不愿意主动融入由天津主导的环渤海区域经济合作体系。而河北省在推动京津冀协同发展方面则表现得较为积极，想通过京津冀协同发展战略的实施来承接更多的产业和项目，以此来提升河北省的经济社会发展水平。但是，由于河北省的经济实力、政治定位和产业竞争力等都无法与北京和天津两地平等对话，使得河北省只能被动地去适应北京和天津两地的发展规划，并依此来寻求自身相应的发展空间，进而导致河北省的经济社会发展规划始终处于不断地变革和调整之中，缺乏相应的稳定性。京津冀三地参与府际协作的动机存在较大的差异，导致京津冀城市群的府际协作治理机制在实践中所发挥的成效一直较弱，京津冀协同发展的困局在很长时期内都难以破解，直到国务院京津冀协同发展领导小组成立之后，在中央政府及其相关职能部门的主动介入之下，京津冀协同发展的困境才得以逐步破解。

3. 城市群内部的部分地方政府所采取的机会主义行为策略会阻碍城市群府际协作治理机制运行成效的发挥。城市群府际协作治理机制的构建及其运行成效的发挥，不仅需要各地方政府具有较高的参与府际协作的意愿和较为一致的参与府际协作的动机，也需要城市群范围内的各地方政府能够主动地遵守和认真地执行通过府际协作治理机制所达成的协议。但是，由于城市群内部的各地方政府是理性的具有特定利益诉求的经济人，在缺乏明确的城市群府际协作治理成本分担机制的情况下，部分地方政府会采取机会主义的行为策略，进而阻碍了城市群府际协作治理机制运行成效的发挥。同时，城市群府际协作治理机制在运行过程中，由于缺乏必要的法律和制度保障，地方政府间联席会议等府际协作治理组织的"权威性不足，很可能面临'议而不决、决而不行'等问题"①。此外，由于城市群府际协作治理所达成的"宣言""合作协议""备忘录"等形式的行政协议，大多属于框架性的协议或共识，对各地方政府的决策和行为的约束力较为有限，进而也在一定程度上影响到城市群府际协作治理机制运行成效的发挥。叶必丰等在对我国行政协议进行了较为系统地研究后发现，不管是长三角和珠三角等市场机制发育相对较为成熟、地方政府间府际协作治理水平相对较高的城市群，还是其他市场机制发育相对较为滞后、地方政府间府际协作治理水平相对较低的城市群，在城市群内部各地方政府所签署的行政协议中，很少具体规定关于各地方政府在行政协议履行过程中如违约需要承担何种责任以及各地方政府在行政协议履行过程中所发生的府际争议应该如何化解等方面的问题，缔约机关消极履行行政协议，或者完全违反行政协议来决策和行为的现象时有发生。②

　　城市群府际协作治理机制的有效运行是以各地方政府拥有较为主动地参与府际协作的意愿、较为相近的参与府际协作的动机以及能够自觉遵守城市群府际协作治理机制所达成的合作协议等为基本前提，而城市群内部的各地方政府参与府际协作的意愿和动机可能不尽一致，并且部分地方政府在参与府际协作治理的过程中存在搭便车的心理，因此，城市群府际协作治理机制在推动城市群协调发展上的治理成效的发挥存在一定程度的不确定性，完全依靠城市群府际协作治理机制来化解城市群协调发展所面临困境的难度较大。在市场机制发育较为成熟、城市群内生合作治理动能较强的城市群中，各地方政府具有较为强烈的参与城市

---

① 张雪：《城市群环境污染合作治理中府际责任分担机制探析——以大气污染为例》，载《治理现代化研究》2018年第6期。

② 叶必丰、何渊、李煜兴等：《行政协议：区域政府间合作机制研究》，法律出版社2010年版，第15页。

群府际协作的意愿和动机，城市群府际协作治理机制在化解城市群协调发展困境和推动城市群协调发展水平不断提升等方面的治理成效较为显著。但是，在市场机制发育不太成熟、行政区经济现象较为凸显的城市群中，市场机制难以在资源配置中发挥决定性的作用，行政权力对于人口和生产要素跨行政区流动和配置的干预较多，各地方政府参与府际协作的主动性和积极性通常不足，难以构建起有效的城市群府际协作治理机制。即使城市群府际协作治理机制在外部力量的推动下能够构建起来，该机制的运行成效也会因为府际协作治理机制所达成的协议不能被各地方政府严格的执行，而难以得到切实有效的保障。有学者基于府际协作的视角，从积极性、实质性、自主性与制度性等维度对我国城市群府际协作治理的水平进行测度后指出，我国城市群内部的府际协作治理虽正在不断加强，但城市群府际协作治理的实质性较低、自主性和一体化动能较弱，需要通过央地关系调整、创新地方政府协作的激励手段和完善城市群层级的协调组织与机制等方面来推动城市群府际协作治理的完善。① 因此，在推动城市群协调发展的治理路径的选择上，我们在推动以城市群内部的各地方政府为核心治理主体的城市群府际协作治理的水平不断提升的同时，也需要不断地探索以城市群上级政府为核心治理主体的城市群治理模式，以此来推动城市群协调发展困境的化解和城市群协调发展水平的不断提升。

二、城市群纵向府际整合治理

城市群协调发展是一个内生动力和外生动力共同作用的过程。城市群内部的各地方政府是推动城市群协调发展的内生动力，城市群内部各地方政府之间的有序竞争和积极合作，是化解城市群协调发展困境和推动城市群协调发展水平不断提升的重要动力。同时，城市群协调发展也需要一定的外生动力的推动，而"城市群外生动力则是由城市群上级政

---

① 锁利铭：《面向府际协作的城市群治理：趋势、特征与未来取向》，载《经济社会体制比较》2016 年第 6 期。

府对城市群发展进行干预而产生的。城市群内的城市发展竞争是由市场机制主导的，因此，不可避免地会伴生无效竞争和损害城市群整体发展利益的事情，如产业发展的过度竞争或者产业的同构，要素和资源的过度集聚或者不合理的分散，市场分割，基础设施不对接，生态环境污染的外溢或者转嫁，土地和矿产资源的无序开发，等等。而且，城市地方政府之间的合作不可能全面地解决城市群发展所存在的全局性、战略性问题。于是，由城市群的上级地方政府甚至是国家来干预城市群发展就有了必要，并且可行"①。城市群纵向府际整合治理和城市群府际协作治理的有机结合，将会为我国城市群协调发展所面临困境的化解和城市群协调发展水平的不断提升提供较为坚实的治理工具支撑。

（一）城市群纵向府际整合治理的基本内涵

作为纵向府际整合治理模式在城市群层面的应用与实践，城市群纵向府际整合治理是指以城市群上级政府为核心治理主体，由城市群上级政府对城市群内部各地方政府所拥有的、与城市群治理和城市群发展密切相关的部分事权和财权进行必要的整合，不断强化城市群上级政府在城市群治理和城市群发展上的统筹与协调能力，以此来改变各地方政府的决策动机和行为策略，不断提升城市群内部各地方政府之间以及城市群内部各地方政府与城市群上级政府之间决策和行为上的协同性，进而实现特定治理目标的城市群治理模式。依据城市群是否跨省级行政区域，可以将城市群划分为跨省域城市群和省域内城市群两种类型。相应地，城市群纵向府际整合治理也可以分为跨省域城市群纵向府际整合治理和省域内城市群纵向府际整合治理两种类型。其中，中央政府及其相关职能部门在跨省域城市群纵向府际整合治理中发挥着重要的统筹和整合作用，省级政府及其相关职能部门在省域内城市群纵向府际整合治理中发挥着重要的统筹和整合作用。如表 3-1 所示，作为一种由城市群上级政府主导实施的城市群治理模式，城市群纵向府际整合治理与以城市

---

① 覃成林、周姣：《城市群协调发展：内涵、概念模型与实现路径》，载《城市发展研究》2010 年第 12 期。

群内部各地方政府为核心治理主体的城市群府际协作治理模式之间既存在一定的联系，也有着较为明显的区别。

表 3-1　　城市群府际协作治理与城市群纵向府际整合
治理之间的联系与区别

治理模式	治理目标	核心治理主体	主要治理手段	主要适用区域
城市群府际协作治理	化解城市群区域性公共事务治理难题、提升城市群协调发展水平	城市群内部的各地方政府	以城市群内部各地方政府间的沟通、协商和合作为主要治理手段	市场机制发育较为成熟、地方政府参与府际协作治理的意愿较为强烈和动机较为相近的城市群
城市群纵向府际整合治理	化解城市群区域性公共事务治理难题、提升城市群协调发展水平	城市群上级政府	以城市群上级政府对城市群内部各地方政府的部分事权和财权的整合为主要治理手段	市场机制发育不太成熟、地方政府参与府际协作治理的意愿较弱和动机差距较大的城市群

注：本表为作者自制。

城市群内部各地方政府之间的竞合关系格局是影响和制约城市群协调发展的重要因素，城市群协调发展目标的实现以城市群内部各地方政府之间的有序竞争和积极合作为基本前提和重要保障。20 世纪 90 年代以来，中央政府主导实施的行政分权改革和财政分权改革以及对地方政府政绩评价标准的转变，在激发地方政府发展经济的主动性、积极性和创造性的同时，也使得地方政府逐渐产生了制造政策壁垒和开展无序竞争的能力与动机，致使地方政府间陷入了为增长而激烈竞争的府际关系格局，给城市群治理和城市群协调发展带来了很大的阻碍。将纵向府际整合治理模式应用于我国的城市群，特别是在那些市场机制发育不太成熟、各地方政府参与府际协作治理的意愿较弱和动机差距较大以及城市群内部各地区之间协调发展水平较低的城市群中,通过由城市群上级政府对城市群范围内各地方政府所拥有的部分事权和财权进行必要的整合,有助于推动城市群内部各地方政府的决策动机和行为策略发生相应的变革,促进地方政府间为增长而竞争的府际关系格局向有序竞争和积极合作的府际关系格局转变,进而实现化解地区间的政策壁垒和利益藩篱,不断提升城市群基本公共服务均等化水平的目的,以此来引导人口和生产要素在城市群空间内的合理流动和均衡配置,不断提升城市群协调发展的水平和质量。

(二)城市群纵向府际整合治理的运行逻辑

城市群纵向府际整合治理是一种符合我国经济发展格局的,由行政区经济向城市群经济转变要求的治理模式。城市群纵向府际整合治理机制的构建和运行是由城市群的上级政府来主导的。不断提升城市群内部各地方政府之间以及城市群内部各地方政府与城市群上级政府之间决策和行为上的协同性,进而实现特定的城市群治理和城市群发展目标,是城市群纵向府际整合治理的主要目的。由城市群上级政府对城市群范围内各地方政府所拥有的、与城市群治理和城市群发展密切相关的部分事权和财权进行适度的整合,是城市群纵向府际整合治理模式所采用的主要治理手段。同时,城市群纵向府际整合治理模式主要适用于我国的市场机制发育不太成熟和各地方政府参与府际协作治理意愿相对较弱的城市群。

1. 城市群纵向府际整合治理是一种符合我国经济发展格局由行政区经济向城市群经济转变要求的城市群治理模式。20 世纪 90 年代以来,行政分权改革和财政分权改革的实施,在激发地方政府发展经济的主动性、积极性和创造性,推动我国经济在较长时期内保持高速增长的同时,也使得我国经济发展呈现出以省域经济、市域经济等为主要类型的行政区经济格局。近些年来,城市群的出现及其快速发展,推动着我国经济社会发展格局发生着深刻变革,传统的省域经济、市域经济等行政区经济正逐步向城市群经济转变,而既有与行政区经济格局相适应的地方政府部分事权和财权碎片化的运行格局已经越来越难以适应城市群经济发展的需要，进而阻碍了城市群协调发展格局的形成。当前，城市群已经成为我国承载发展要素的主要空间形式，以中心城市群引领城市群发展、以城市群带动区域发展已经成为我国区域发展的新模式，城市群协调发展的水平和质量已经成为区域协调发展战略目标能否顺利实现的重要影响因素。破除城市群内部各地方政府拥有的、与城市群治理和城市群发展密切相关的部分事权和财权运行的碎片化给城市群协调发展带来的阻碍，推动形成有利于城市群协调发展的地方政府事权和财权运行格局，是化解城市群协调发展困境和推动城市群协调发展水平不断提升的内在要求和重要保障。城市群协调发展水平的提升，除了需要依靠城市群内部各地方政府之间开展必要的府际协作外，也需要由城市群上级政府对城市群内部现有的、不利于城市群协调发展的地方政府部分事权和财权的运行格局进行必要的变革，以构建有利于城市群协调发展的地方政府事权和财权运行格局。而由城市群上级政府推动实施的城市群纵向府际整合治理模式，主张通过对城市群地方政府的部分事权和财权进行适度整合，来构建起有利于城市群协调发展的地方政府事权和财权运行格局，这一模式符合我国经济发展格局由行政区经济向城市群经济转变的要求，有利于推动城市群协调发展水平的不断提升。

2. 城市群纵向府际整合治理机制的构建和运行主要由城市群上级政府来主导。城市群治理一个由以政府为核心的多元治理主体参与的治理活动。城市群治理机制的构建和运行，既可以由城市群内部的各地方政府来推动，也可以由城市群上级政府来主导。在城市群府际协作治理模式中，城市群范围内的各地方政府是城市群治理的核心主体，城市群范围内的市场主体、社会组织以及城市群上级政府等是参与城市群治理的重要治理主体。各治理主体虽然在城市群府际协作治理中所发挥的作用存在一定的差异，但是在城市群治理体系中的地位大体是相等的，通过制度化或非制度化的渠道来表达自身的利益诉求，共同推动治理共识的达成，以此来化解城市群治理困境，推动城市群协调发展。但是，在城市群纵向府际整合治理模式中，城市群纵向府际整合治理机制的构建和运行主要是由城市群的上级政府来主导和推动的。在跨省域城市群的纵向府际整合治理中,中央政府作为跨省域城市群的上级政府,主导着跨省域城市群纵向府际整合治理机制的构建和运行。而在省域内城市群的纵向府际整合治理中,省级政府作为省域内城市群的上级政府,主导着省域内城市群纵向府际整合治理机制的构建和运行。

3. 不断提升城市群内部各地方政府之间以及城市群内部各地方政府与城市群上级政府之间决策和行为上的协同性,进而实现特定的城市群治理和城市群发展目标,是城市群纵向府际整合治理的主要目的。政府是城市群治理体系中的核心治理主体,城市群上级政府的统筹有力以及城市群内部各地方政府之间的有序竞争和积极合作,是提升城市群治理水平和提高城市群协调发展质量的内在要求和重要保障。城市群内部的各地方政府是理性的、具有一定自主决策权限和特定利益诉求的经济人,地区利益最大化是各地方政府在决策和行为时所遵循的基本逻辑;而城市群上级政府的决策和行为则是以整个城市群的利益为出发点,着眼于推动城市群内部各地区之间的协调发展。由于城市群上级政府与城市群内部各地方政府在决策动机和行为策略上的不同,城市群内部各地方政府的决策和行为之间以及城市群内部的各地方政府与城市群上级政府的决策和行为之间难免存在一定的不协同甚至是冲突,而这也正是阻碍城市群治理难题化解和城市群协调发展水平提升的重要症结所在。城市群纵向府际整合治理的主要目的就是通过必要的整合治理手段的应用,来不断提升城市群内部各地方政府之间以及城市群内部各地方政府与城市群上级政府之间决策和行为上的协同性,以来化解城市群治理难题和实现特定的城市群发展目标。

4. 由城市群上级政府对城市群范围内各地方政府所拥有的、与城市群治理和城市群发展密切相关的部分事权和财权进行适度的整合,是城市群纵向府际整合治理模式所采用的主要治理手段。府际关系的本质是政府间的权力配置和利益分配关系。① 纵向政府间的权力配置和利益

---

① 谢庆奎:《中国政府的府际关系研究》,载《北京大学学报(哲学社会科学版)》2000年第1期。

分配格局，会对地方政府所拥有的决策权限及其所采取的行为动机产生深刻影响，并由此对区域治理水平和区域发展质量产生重要影响。城市群上级政府对城市群内部各地方政府部分事权的整合，和城市群上级政府对城市群内部各地方政府部分财权的整合，是城市群纵向府际整合治理模式所采用的两种主要治理手段。城市群内部的各地方政府是拥有一定自主决策权限和特定利益诉求的经济人，各地方政府决策上的不协调所引发的地区间的政策壁垒和利益上的争夺所引发的地区间的无序竞争，是阻碍城市群治理水平提升和城市群发展质量提高的主要原因。在城市群纵向府际整合治理中，城市群上级政府通过对城市群内部各地方政府所拥有的、与城市群治理和城市群发展密切相关的部分事权和财权进行适度的整合，有助于弱化各地方政府制造政策壁垒和开展无序竞争的能力与动机，不断强化城市群上级政府在城市群治理和城市群发展上的统筹与协调能力，以此来不断提升城市群内部各地方政府之间以及城市群上级政府与城市群内部各地方政府之间决策和行为上的协同性，进而实现特定的城市群治理和城市群发展目标。

5. 城市群纵向府际整合治理模式主要适用于我国市场机制发育不太成熟和地方政府参与府际协作治理意愿相对较弱的城市群。城市群治理是化解城市群协调发展困境和推动城市群协调发展的重要动力。城市群治理机制的构建和运行需要内生动力和外部动力的共同推动，当城市群内生治理机制难以构建或者难以发挥有效的治理成效时，外部动力应该要在城市群治理中发挥重要的作用。在市场机制发育不太成熟和地方政府参与府际协作治理的意愿较弱的城市群中，我们在不断激发城市群范围内的各地方政府参与城市群府际协作治理的意愿，推动城市群府际协作治理水平不断提升的同时，也需要将纵向府际整合治理模式运用于城市群治理中，通过城市群府际协作治理和城市群纵向府际整合治理的有机结合，来不断提升城市群治理水平和提高城市群协调发展质量。

第三节　运用纵向府际整合治理推动
城市群协调发展的实施路径

城市群的出现及其在国民经济和社会发展中重要性的不断提升，推动着我国经济发展格局发生着深刻变革，传统的省域经济、市域经济等行政区经济正逐步向城市群经济转变，现有的与行政区经济格局相适应的、地方政府部分事权和财权碎片化的运行格局已经越来越难以适应城市群经济发展的需要。由城市群内部各地方政府部分事权和财权碎片化的运行格局所引发的地区间的政策壁垒和无序竞争，以及由于纵向政府间基本公共服务事权配置的不合理所引发的统筹层次较低的基本公共服务供给格局，阻碍了人口和生产要素在城市群空间内的合理流动和均衡配置，进而不利于城市群协调发展水平的提升。对城市群地方政府部分事权和财权现有的运行格局进行必要的变革，不断强化城市群上级政府在推动城市群协调发展上的统筹与协调能力，进而构建起与城市群经济发展相适应、能够推动城市群协调发展的城市群地方政府事权和财权运行格局的重要性正日渐凸显。为此，可以将纵向府际整合治理模式应用于城市群治理中，从城市群地方政府事权整合和城市群地方政府财权整合两个方面，化解城市群内部现有的地方政府事权和财权运行格局给城市群协调发展带来的阻碍，进而构建起有利于城市群协调发展的地方政府事权和财权运行格局，以此来推动城市群协调发展目标的实现。其中，在城市群地方政府事权整合方面，主要由城市群上级政府对城市群内部各地方政府所拥有的、与城市群协调发展密切关联的部分事权进行适度的整合，不断强化城市群上级政府在推动城市群协调发展上的事权，以此来弱化各地方政府制造政策壁垒的能力，不断提升城市群基本公共服务均等化水平，以构建起有利于城市群协调发展的地方政府事权运行格局。而在城市群地方政府财权整合方面，主要由城市群上级政府对城市群内部各地方政府所拥有的、与城市群协调发展密切关联的部分财税政策制定权限和财税收入分配权限进行适度整合，以此弱化各地方政府开展无序竞争的能力与动机，不断缩小城市群内部各地区在财力上的差距，构建起有利于城市群协调发展的地方政府财权运行格局。

一、城市群地方政府事权整合

政府事权是指各级政府为行使特定的政府职能而依法获取的，在本行政区域内进行经济管理、社会管理和提供公共服务等方面的权力和责任。政府事权是权力、任务和职责的有机统一，包括行政权力和财政事权两个部分。其中，行政权力是指政府管理经济事务和社会事务的权力，而政府的财政事权则是指一级政府应承担的运用财政资金提供基本公共服务的任务和职责。例如，供给基本公共服务和实施生态环境保护等就属于政府的财政事权。不同层级的政府在国家治理中的功能定位存在一定的差异，因而合理划分不同层级政府的事权是推动国家治理体系和治理能力现代化的内在要求，也是不断提升经济社会发展水平的重要保障。当前我国城市群协调发展困境的生成，与城市群内部各地方政府所拥有的、与城市群协调发展密切相关的部分事权运行的碎片化所引发的地区间的政策壁垒，以及纵向政府间基本公共服务事权配置的不合理所引发的统筹层次较低的基本公共服务供给格局密切相关。行政分权改革所引发的地区间的政策壁垒，阻碍了人口和生产要素在城市群空间内的合理流动和均衡配置，而统筹层次较低的基本公共服务供给格局所引发的城市群基本公共服务的不均等，又加剧了城市群空间内人口和生产要素配置失衡的格局，阻碍了城市群协调发展水平的提升。

城市群内部地区间政策壁垒的破除和城市群基本公共服务均等化水平的提升，除了可以通过城市群内部各地方政府之间的主动沟通与积极协作来推动外，也可以通过城市群上级政府对城市群内部各地方政府的部分事权进行适度的整合即实施城市群地方政府事权整合来实现。城市群地方政府事权整合主要从整合城市群内部各地方政府所拥有的、与城市群协调发展密切关联的部分行政权限，和不断强化城市群上级政府在推动城市群协调发展上的事权两个方面，来破除地区间的政策壁垒，并不断提升城市群基本公共服务均等化水平，以此来引导和推动人口、生产要素在城市群空间内的合理流动和均衡配置，进而推动城市群协调发展格局的形成。

（一）整合城市群内部各地方政府所拥有的、与城市群协调发展密切关联的部分行政权限，以弱化各地方政府制造政策壁垒的能力

城市群是一个跨行政区的经济区，城市群协调发展格局的形成以人口和生产要素在城市群空间内的合理流动和均衡配置为基本前提和重要保障。改革开放以来，中央政府主导实施的行政分权改革，使得地方政府发展经济的主动性、积极性和创造性被充分地激发出来，为我国经济在很长一段时期内保持高速增长提供了强大的动力支撑。以至于有学者认为，"中国经济增长的主要源泉不是企业之间的竞争与成长，而是地方政府特别是城市政府之间的竞争，没有地方政府的竞争，中国的经济成长就失去了动力机制"[①]。中央政府主导实施的行政分权改革，使得地方政府拥有的经济社会发展规划编制和主导本行政区域内的资源配置等方面的经济社会管理权限日渐增多，在有利于各地方政府因地制宜地发展本地区经济的同时，也使得各地方政府逐步具有了制造政策壁垒的能力。地方政府主导本行政区域内经济社会发展规划的编制和资源配置的权力运行格局，使得经济活动的组织和资源的配置主要以行政区域为界线来展开，阻碍了人口和生产要素跨行政区的合理流动和均衡配置，地区间的产业分工与协作体系也难以有效地建立。伴随我国经济发展格局由传统的省域经济、市域经济等行政区经济向城市群经济的转变，现有的与行政区经济发展格局相适应的地方政府事权运行格局已经越来越难以适应城市群经济发展的需要，地区间经济社会发展规划和资源配置等方面政策壁垒的存在已经成为影响和制约城市群协调发展的重要障碍。为此，需要由城市群上级政府对城市群范围内各地方政府所拥有的与城市群协调发展密切关联的部分行政权限进行必要的整合，以此来弱化各地方政府制造政策壁垒的能力，不断提升各地方政府政策上的协同

---

① 踪家峰：《区域治理结构优化研究》，载《华中科技大学学报（人文社会科学版）》2007年第3期。

性，进而实现破除地区间政策壁垒和推动城市群协调发展的目标。

（二）强化城市群上级政府在推动城市群协调发展上的事权，不断提升城市群基本公共服务均等化水平

化解城市群协调发展所面临的困境和推动城市群协调发展水平的不断提升是城市群上级政府的重要职责，因此，城市群上级政府需要承担一定的推动城市群协调发展等方面的事权。城市群基本公共服务的均等化水平是影响和制约城市群协调发展水平提升的重要因素。居民在选择居住区位、资本在选择生产区位时，通常会选择那些基本公共服务供给数量较为充足、供给水平和供给质量相对较高的地区。城市群内部各地区在基本公共服务供给数量、供给水平和供给质量上的差异，会对人口和生产要素在城市群范围内的流动方向和配置格局产生重要的影响，进而影响到城市群协调发展的水平。城市群基本公共服务不均等问题的存在，与我国现有的纵向政府间基本公共服务等方面事权配置的不合理密切相关。我国现有的纵向政府间基本公共服务事权配置结构，使得基本公共服务的统筹层次相对较低，基本公共服务的供给主要以地级市为单位来展开，作为跨省域城市群上级政府的中央政府和省域内城市群上级政府的省级政府在城市群基本公共服务供给上所承担的事权相对不足。国务院《关于推进中央与地方财政事权和支出责任划分改革的指导意见》（国发〔2016〕49号）指出，要适度加强中央政府承担基本公共服务的职责和能力；要坚持基本公共服务的普惠性、保基本、均等化方向，加强中央在保障国家安全、维护全国统一市场、体现社会公平正义、推动城市群协调发展等方面的财政事权。同时，将部分适宜由更高一级政府承担的基本公共服务职能上移，明确省级政府在保持区域内经济社会稳定、促进经济协调发展、推进区域内基本公共服务均等化等方面的职责。为此，作为跨省域城市群上级政府的中央政府和省域内城市群上级政府的省级政府，要在提升城市群基本公共服务统筹层次、提高城市群基本公共服务均等化水平等方面承担更多的事权和职责，以逐步实现城市群范围内基本公共服务供给一体化的目标，以此来推动人口和生产要素在城市群内部的合理流动和均衡配置，进而实现城市群协调发展的目标。

二、城市群地方政府财权整合

"如何趋利避害，规范作为区域治理核心主体的地方政府间的竞争行为，促进区域间的良性协调发展，这是区域治理需要认真研究的话题。"[①]城市群内部的各地方政府是理性的具有特定利益诉求的经济人，弱化各地方政府开展无序竞争的能力与动机，是推动地方政府间有序竞争和积极合作的府际关系格局形成，进而推动城市群协调发展格局形成的重要保障。改革开放以来，中央政府主导实施的财政分权改革力度不断加大，使得地方政府拥有的财政管理自主权限日渐增多，地方政府开展无序竞争的能力和动机也随之不断增强，各地区间的无序竞争阻碍了城市群协调发展格局的形成。同时，在现有的财税分配体制下，城市群内部的各地区在人口和生产要素的集聚能力和集聚规模上的差异，会导致各地区在财力上出现较为明显的差距，进而使得各地区在经济社会发展水平上的差距不断拉大。面对地区间的无序竞争和各地区间较为明显的财力上的差距，城市群地方政府财权整合的必要性不断提升。城市群地方政府财权整合主要是通过城市群上级政府对城市群内部各地方政府所拥有的部分财税政策制定权限和财税收入分配权限进行适度的整合，以此来弱化各地方政府开展无序竞争的能力和动机，不断缩小城市群内部各地区在财力上的差距，进而推动城市群协调发展格局的形成。

(一)整合城市群内部各地方政府的部分财税政策制定权限，弱化各地方政府开展无序竞争的能力

在单一制国家，地方政府拥有的财政税收权限的大小及其所能获得的财税收入的多少，与中央政府所采用的财税管理体制密切相关。改革开放以来，由中央政府主导实施的财政分权改革力度的不断增强，使得地方政府拥有的财政管理权限日渐增多，在激发地方政府发展经济的主

---

① 陈瑞莲、刘亚平等：《区域治理研究：国际比较的视角》，中央编译出版社 2013 年版，第 4 页。

动性和积极性的同时，也使得各地方政府逐步拥有了开展无序竞争的能力。作为理性的利益主体的各地方政府纷纷利用税率优惠、税收返还和财政补贴等手段来开展人口和产业的争夺，"地区市场封锁、诸侯经济等地方保护主义日益严重，不仅阻碍和破坏了国内统一市场的形成，还导致市场主体异化和市场割裂"①，阻碍了城市群协调发展格局的形成。为此，城市群上级政府需要对城市群范围内各地方政府所拥有的部分财政税收政策制定权限进行必要的整合，以此来弱化各地方政府开展无序竞争的能力，推动地区间的无序竞争向有序竞争的转变。

（二）整合城市群内部各地方政府的部分财税收入分配权限，弱化各地方政府开展无序竞争的动机，不断缩小各地区财力上的差距

城市群内部包含一定数量的不同等级、不同规模和不同发展能级的城市和城镇，这些城市和城镇在经济社会发展水平上通常存在一定的差距，特别是地区间的财税收入差距较大。推动城市群协调发展是作为跨省域城市群上级政府的中央政府和作为省域内城市群上级政府的省级政府的重要职责，中央政府和省级政府在不断加大对城市群内部经济社会发展水平较为落后地区财政转移支付的力度、强化自身在推动城市群协调发展方面支出责任的同时，也需要对城市群内部各地方政府所拥有的财税收入分配权限进行必要的整合，以此来弱化各地方政府开展无序竞争的动机，不断缩小城市群内部各地区在财力上的差距，以各地区财力上的协调来推动城市群协调发展水平的不断提升。

本 章 小 结

政府和市场是推动城市群发展的两大动力，府际关系是影响城市群协调发展水平的重要因素。府际关系的实质是政府间的权力配置和利益

---

① 曾凡军：《基于整体性治理的政府组织层级关系整合研究》，载《广西社会科学》2012 年第 11 期。

分配关系。① 央地之间的事权配置结构和财权划分格局会对地方政府的决策权限、决策动机和行为策略产生深刻影响，并由此塑造出特定的地方政府间关系格局，进而影响到城市群协调发展的水平。因此，我们在充分发挥市场在城市群内部资源配置中的决定性作用的同时，也需要协调好城市群内部各地方政府之间的关系以及城市群上级政府与城市群内部各地方政府之间的关系，充分发挥城市群内部的地方政府和城市群上级政府在推动城市群协调发展上的重要作用。当前我国城市群协调发展困境的生成，与 20 世纪 90 年代以来由中央政府主导实施的行政分权改革和财政分权改革所引发的地方政府间关系格局的深刻变革、纵向政府间基本公共服务事权配置的不合理以及城市群上级政府在推动城市群协调发展上的统筹力度不足等因素密切相关。城市群是一个包含多个行政区的经济区，人口和生产要素在城市群空间内的合理流动和均衡配置，以及地区间产业分工与协作体系的构建，是实现城市群协调发展的基本前提和重要保障；而行政分权改革引发的地区间政策壁垒阻碍了人口和生产要素在城市群空间内的合理流动，财政分权改革使得地方政府拥有了开展无序竞争的能力与强烈动机，不利于地区间产业分工与协作体系的构建。同时，我国纵向政府间基本公共服务事权配置的不合理和城市群内部公共服务资源空间配置的不均衡所引发的城市群基本公共服务的不均等，使得城市群内部的人口和生产要素的空间配置格局出现一定程度的失衡，进而制约了城市群协调发展格局的形成。此外，伴随行政分权改革和财政分权改革力度的不断加大，城市群上级政府在推动城市群协调发展上的统筹力度也随之呈现出一定程度的弱化，这也在很大程度上阻碍了我国城市群协调发展水平的不断提升。

城市群治理是化解城市群协调发展所面临的困境和推动城市群协调发展水平不断提升的重要动力。如何选择合适的城市群治理模式来有效化解城市群内部地区间的政策壁垒和无序竞争等难题，不断提升城市群

① 谢庆奎：《中国政府的府际关系研究》，载《北京大学学报（哲学社会科学版）》2000 年第 1 期。

基本公共服务均等化水平，是实现城市群协调发展目标的关键所在。目前，我国城市群治理所采用的主要治理模式是以城市群内部的各地方政府为核心治理主体的城市群府际协作治理，而对于以城市群上级政府为核心治理主体的城市群治理模式的探究相对较少。但由于城市群内部的各地方政府参与府际协作治理的意愿和动机不尽一致，以及部分地方政府在府际协作中会采取机会主义的行为策略，致使府际协作治理在推动城市群协调发展上的成效的发挥存在一定程度的不确定性。城市群协调发展目标的实现，不仅需要依靠城市群内部各地方政府的共同推动，也需要充分发挥城市群上级政府的重要作用。为此，在推动城市群协调发展的治理路径的选择上，我们在注重运用以城市群内部的各地方政府为核心治理主体的城市群府际协作治理来化解城市群协调发展所面临困境的同时，也需要注重运用以城市群上级政府为核心治理主体的城市群纵向府际整合治理模式，通过城市群府际协作治理和城市群纵向府际整合治理的有机结合，来共同推动城市群协调发展格局的形成和城市群协调发展水平的不断提升。

作为纵向府际整合治理模式在城市群层面的应用与实践，城市群纵向府际整合治理是指以城市群上级政府为核心治理主体，由城市群上级政府对城市群内部各地方政府所拥有的与城市群治理和城市群发展密切相关的部分事权和财权进行必要的整合，不断强化城市群上级政府在城市群治理和城市群发展上的统筹与协调能力，以此来改变各地方政府的决策动机和行为策略，不断提升城市群内部各地方政府之间以及城市群内部各地方政府与城市群上级政府之间决策和行为上的协同性，进而实现特定治理目标的城市群治理模式。城市群地方政府事权整合和城市群地方政府财权整合，是运用纵向府际整合治理模式来推动城市群协调发展的两大基本路径。

第四章 城市群地方政府事权整合：构建有利于城市群协调发展的事权运行格局

城市群是一个包含多个行政区的经济区，人口和生产要素在城市群空间内的合理流动和均衡配置是实现城市群协调发展的基本前提和重要保障。但是，城市群内部地区间政策壁垒的存在，阻碍了人口和生产要素在城市群空间内的合理流动和均衡配置，进而制约了城市群协调发展格局的形成。同时，我国纵向政府间基本公共服务事权配置的不合理，致使城市群基本公共服务的统筹层次相对较低，加之城市群空间内公共服务资源配置的不均衡，进而使得城市群基本公共服务均等化水平较低，进一步加剧了城市群内部人口和生产要素空间配置失衡的格局，不利于城市群协调发展水平的提升。地区间政策壁垒的破除和城市群基本公共服务均等化水平的提升，除了可以依靠城市群内部各地方政府之间的府际协作来推动外，也可以通过由城市群上级政府对城市群内部各地方政府所拥有的与城市群协调发展密切相关的部分事权进行适度的整合，以构建有利于城市群协调发展的事权运行格局来实现。

第一节 城市群地方政府事权整合的缘起

如何合理地划分不同层级政府的事权，不仅关系到国家政治大局的稳定，也会对经济社会发展格局产生重要的影响。改革开放以来，特别是 20 世纪 90 年代以来，伴随中央政府给地方政府行政分权改革力度的不断加大，地方政府拥有的经济社会管理权限日渐增多，地方政府逐渐成为各自行政区域内经济社会发展规划和产业政策的制定主体，行政区经济格局逐渐形成。与此同时，地方政府所承担的基本公共服务供给和生态环境保护与治理等方面的财政事权也日渐增多，纵向政府间基本公共服务事权配置不合理的问题日渐凸显。伴随我国经济发展格局由行政区经济向城市群经济的转变，城市群内部现有的地方政府事权运行格局已经越来越难以适应城市群经济和城市群协调发展的需要。具体来说，城市群内部现有的地方政府事权运行格局给城市群协调发展带来的阻碍，主要表现在城市群内部各地区经济社会发展规划之间缺乏有效的衔接、城市群中心城市集聚效应的生成和扩散效应的发挥受到较大的阻碍、城市群区域性公共事务难以得到有效的治理、城市群内部省际或市际交界地区通常成为城市群内部的经济洼地、城市群基本公共服务均等化水平较低等方面。为了有效地化解城市群地方政府事权运行格局给城市群协调发展带来的阻碍，由城市群上级政府对城市群内部各地方政府所拥有的、与城市群协调发展密切相关的部分事权进行适度的整合，以构建起有利于城市群协调发展的地方政府事权运行格局的重要性正日渐凸显。

一、城市群内部各地区经济社会发展规划之间缺乏有效的衔接

城市群内部存在着一定数量的行政区，各地方政府拥有各自管辖区域内的国民经济和社会发展规划、城乡建设规划、产业发展规划等多种类型经济社会发展规划的制定权。城市群协调发展目标的实现，需要城市群内部的各地方政府所制定的不同类型的发展规划之间能够做到有效的衔接，以此来推动人口和生产要素在城市群内部的合理流动和均衡配置。但是，各地方政府是各自行政区域内的经济社会发展规划的编制主体，在缺乏外部力量统筹与协调的情况下，各地方政府在编制自身的经济社会发展规划时，通常缺乏与相邻地区的地方政府进行沟通与协调的动机，导致各地方政府制定的发展规划之间缺乏有效的衔接，地区间规划上的不协调甚至上规划上的冲突也易于形成，不利于各地区间的协调发展。

二、城市群中心城市集聚效应的生成和扩散效应的发挥受阻

城市群是以 1 个或 1 个以上的国家级中心城市或区域性中心城市为核心，由一定数量的大中小城市和小城镇所组成的城镇密集区域。作为城市群的核心，城市群中心城市的综合实力和竞争力及其对城市群内部其他城市的辐射力和带动力的强弱，是影响城市群协调发展水平的重要因素。现有城市群之间的竞争，从某种程度上来说就是城市群中心城市之间的竞争。城市群中心城市集聚效应的产生是提升城市群中心城市竞争力的基本前提，城市群中心城市扩散效应的发挥是实现以城市群中心城市带动城市群协调发展的重要保障。城市群中心城市集聚效应的生成和扩散效应的发挥，以人口和生产要素在城市群空间内能够实现跨行政区的自由流动为基本前提。但是，城市群内部的各地方政府通常在人口和生产要素跨行政区流动上的干预较多，使得城市群中心城市集聚效应的生成和扩散效应的发挥受到一定程度的阻碍，不仅会影响到城市群中心城市竞争力的提升，而且也会使得城市群中心城市对其周边城市和地区的扩散效应难以得到充分的发挥，进而制约了城市群协调发展水平的提升。例如，在我国的京津冀城市群，河北省的部分地区虽紧邻北京和天津两地，但由于三地之间在人口流动和产业转移等方面政策壁垒的存在，致使北京对于河北省环北京地区的辐射和带动作用较为有限，天津对于河北省环天津地区的辐射和带动作用也不太明显，河北省环北京地区和环天津地区与北京和天津两地在经济社会发展水平上存在着较大的差距。"2015 年，北京、天津和河北人均地区生产总值分别为 106284 元、100908 元和 40367 元，北京市居民人均可支配年收入为 48458 元，是紧邻北京的张家口和承德市的 3.07 倍和 3.42 倍。"[1]

---

[1]　吕丽娜、赵小燕：《中国城市群府际合作治理困境与对策——基于元治理的视角》，载《武汉理工大学学报（社会科学版）》2017 年第 5 期。

三、城市群区域性公共事务难以得到有效的治理

城市群是城镇化发展到高级阶段的城镇空间形态。相比于都市区、都市圈等城镇空间形态，城市群集聚的人口规模更大，空间范围更广。近年来，伴随我国城镇化进程的不断加速，城市群内部各地区之间的经济联系和社会交往也更加频繁，越来越多的单个行政区内部的事务逐渐外溢为区域性公共事务，这些事务的有效治理是提升城市群协调发展水平和质量的重要保障。由于城市群内部的单个地方政府难以有效应对城市群大气污染治理、城市群跨域江河湖泊治理等区域性公共事务治理难题，开展府际协作和推动合作治理逐渐成为化解城市群区域性公共事务治理难题的重要路径。不过，城市群区域性公共事务治理的外部性特征较为明显，城市群内部的各"地方政府在处理跨行政区公共事务时首先考虑的是本行政区的局部利益，往往对区域性公共事务采取'积极不主动'和'认真不负责'的态度，一些地方政府抱着'搭便车'的心理，不想付出治理成本，而是坐享治理绩效，结果必然是区域公共性事务治理失灵"①，致使城市群区域性公共事务难以得到有效的治理。

四、城市群省际或市际交界地区通常成为城市群内部的经济洼地

行政区经济是指因行政区划边界对经济发展的刚性约束作用而产生的一种经济现象，最明显的特征就是行政区边界与经济区边界的高度重叠。在区域发展中，行政区经济现象表现的最明显的地方通常就是区域内部两个或多个行政区交界的地区。在城市群区域内，两个或多个省级行政区或市级行政区交界的地区通常是城市群内部行政区经济现象表现得最为明显的地区，这些地区通常也是城市群区域内的经济洼地。例如，京津冀城市群中存在河北省与北京市交界地区的环北京贫困带。伴

---

① 王建新：《在竞争中合作——地方政府间横向关系探析》，载《学术探索》2015 年第 3 期。

随区域经济一体化进程的不断加速，行政区经济逐步向城市群经济转变。城市群区域内省际或市际交界地区行政区经济现象的日渐凸显，会在一定程度上影响到城市群内部人口和生产要素跨行政区的自由流动和合理配置，进而影响到城市群协调发展的水平和质量。

五、城市群基本公共服务均等化水平较低

基本公共服务是与广大居民最基本的生存权与发展权密切相关的公共服务类型，具有基本性、普惠性、公平性等特征。一个地区基本公共服务的供给数量、供给水平和供给质量，是影响和制约一个地区对人口和生产要素的集聚能力和集聚规模的重要因素。供给基本公共服务是政府的重要职责，不断提升基本公共服务的均等化水平是政府切实履行其基本公共服务供给职责的内在要求。但是，在城市群基本公共服务的供给上，我国纵向政府间基本公共服务事权配置的不合理，致使城市群基本公共服务的统筹层次相对较低；加之城市群空间内公共服务资源配置的不均衡，进而使得城市群基本公共服务均等化水平较低，进一步加剧了城市群内部人口和生产要素空间配置格局失衡的问题，制约了城市群协调发展格局的形成。

第二节　城市群地方政府事权整合的
基本逻辑和主要手段

城市群内部的各地方政府是理性的具有一定自主决策权限的行为主体，地区间政策壁垒的存在，阻碍了人口和生产要素在城市群内部的合理流动和均衡配置。同时，城市群基本公共服务的不均等，也在一定程度上加剧了城市群内部人口和生产要素空间配置失衡的格局，阻碍了城市群协调发展格局的形成。城市群内部地区间政策壁垒的破除和城市群基本公共服务均等化水平的提升，需要城市群上级政府对城市群地方政府的部分事权进行必要的整合。作为城市群纵向府际整合治理主要内容之一的城市群地方政府事权整合，就是由城市群上级政府对城市群内部

各地方政府所拥有的、与城市群协调发展密切相关的部分事权进行适度的整合，不断强化城市群上级政府在推动城市群协调发展方面的事权，以此来弱化各地方政府制造政策壁垒和开展无序竞争的能力，不断提升城市群基本公共服务均等化水平，进而推动人口和生产要素在城市群范围内的合理流动和均衡配置，实现城市群协调发展目标的整合治理举措。

一、城市群地方政府事权整合的基本逻辑

城市群内部存在着一定数量的地方政府，各地方政府之间处于不断的博弈之中，府际博弈的结果会对城市群空间内的经济社会发展格局产生深刻的影响。城市群内部的各地方政府之间在多次重复博弈后，城市群内部的府际合作最终将会达成，阻碍城市群协调发展的地区间的政策壁垒也将随之逐步弱化。但是，这种通过各地方政府间的重复博弈最终达成的府际合作所耗费的时间成本和机会成本无疑是巨大的，府际合作所产生的收益也存在较大的不确定性。因而，对于那些市场机制发育不太成熟、地方政府参与府际协作治理的意识和动机较弱的城市群来说，城市群上级政府的适度介入是破除地区间政策壁垒和推动府际合作达成的重要保障。城市群地方政府事权整合的基本逻辑就是通过中央政府对跨省域城市群内部各地方政府拥有的、与城市群协调发展密切关联的事权进行必要的整合，省级政府对省域内城市群内部各地方政府拥有的、与城市群协调发展密切关联的事权进行必要的整合，不断强化城市群上级政府在推动城市群协调发展上的事权，以此来弱化各地方政府制造政策壁垒的能力，不断提升城市群基本公共服务的均等化水平，进而实现城市群协调发展的目的。作为城市群纵向府际整合治理的主要内容之一，中央政府或省级政府的主导是城市群地方政府事权整合顺利实施的重要保障，城市群区域内需要整合的事权的界定，是城市群地方政府事权整合的重要内容，中央政府或省级政府及其相关职能部门是推动城市群地方政府事权整合的主体，破除地区间的政策壁垒和提升城市群基本公共服务均等化水平，是城市群地方政府事权整合的主要目的。

（一）中央政府或省级政府的主导是城市群地方政府事权整合顺利实施的重要保障

城市群府际协作治理是化解城市群内部各地区间政策壁垒，推动城市群协调发展的重要治理模式之一。在城市群府际协作治理中，城市群内部的各地方政府是核心治理主体，城市群上级政府主要处于引导和推动各地方政府开展府际合作的角色。但是，在城市群纵向府际整合治理中，城市群上级政府是核心治理主体，作为城市群上级政府的中央政府或省级政府的主导，是城市群地方政府事权整合得以顺利实施的重要保障。我国作为一个单一制的社会主义国家，中央政府在央地之间的事权划分上拥有决定权，省级政府在省级政府与省级以下地方政府之间的事权划分上拥有一定限度的决定权。中央政府和省级政府在城市群治理中可以依据城市群协调发展的需要，来对城市群内部各地方政府所拥有的部分事权进行适度的整合，以此来为城市群协调发展提供有力的支撑。

（二）城市群区域内需要整合的事权的界定是城市群地方政府事权整合的重要内容

在制度性集体行动理论看来，"在缺乏不同政策领域或辖区的决策整合机制的情况下，地方政府基于短期利益的策略安排将会导致集体无效率的集体行动困境"[1]。回顾改革开放以来我国纵向政府间事权配置格局的变迁历程可以发现，"在高度集权的单一制国家结构体制下，中国的政治发展以往呈现了'放权—收权'的循环特点。就30多年的政策实践来看，释放地方和社会要素的活力是改革的主流方向。但是，客观地说，这种分权化改革也产生了国家权力'碎片化'的倾向"[2]，给区域治理和区域协调发展带来了不利的影响。

20世纪90年代以来，伴随区域经济一体化进程的不断加快和城市群的快速发展，我国经济发展格局正逐步由省域经济、市域经济等行政

---

[1]　Richard C. Feiock, "The institutional collective action framework," Policy Studies Journal, Vol. 41, 2013.

[2]　燕继荣：《分权改革与国家治理：中国经验分析》，载《学习与探索》2015年第1期。

区经济向城市群经济转变，城市群内部各地方政府所拥有的、与城市群协调发展密切相关的部分事权运行的碎片化及其引发的地区间的政策壁垒正日渐成为城市群协调发展的障碍。将分散于城市群内部各地方政府的、与城市群协调发展密切关联的部分事权进行适度的整合，是破除城市群内部部分事权运行的碎片化问题给城市群协调发展所带来阻碍的重要保障。当前，我国城市群内部部分事权运行的碎片化所引发的不利于城市群协调发展的难题，主要集中在各地区规划上的不协调、地区间的产业同构和重复建设、部分城市群区域性公共事务难以得到有效的治理、省际或市际交界地区的行政区经济现象较为严重、城市群基本公共服务均等化水平相对较低等方面。相应地，需要在城市群层面进行适度整合的事权，主要包括各地方政府所拥有的经济社会发展规划的制定、省际或市际交界地区的管理、区域性公共事务的治理和基本公共服务的供给等方面的事权。

(三) 中央政府或省级政府及其相关职能部门是推动城市群地方政府事权整合的主体

作为一种由城市群上级政府主导推动的城市群治理模式，中央政府或省级政府及其相关职能部门是推动城市群地方政府事权整合的主体。具体来说，在跨省域城市群地方政府事权整合的实践中，作为跨省域城市群上级政府的中央政府及其相关职能部门是地方政府部分事权整合的主体；在省域内城市群地方政府事权整合的实践中，作为省域内城市群上级政府的省级政府及其相关职能部门是地方政府部分事权整合的主体。例如，在城市群内部各地方政府的经济社会发展规划权限的整合上，中央政府的发展和改革部门或省级政府的发展和改革部门是负责实施整合的主体。

(四) 破除地区间的政策壁垒和提升城市群基本公共服务均等化水平，是城市群地方政府事权整合的主要目的

城市群内部的各地方政府是理性的具有一定自主决策权限和特定利益诉求的经济人，利用自己可以获取的权力来实现本地区利益最大化的目标，是各地方政府制定政策和开展行动的基本逻辑。改革开放以来，中央政府给地方政府行政分权力度的不断增强，使得各地方政府所拥有的决策自主权限不断扩大，而这既为各地方政府之间府际合作的开展提供了便利，同时也给地区间政策壁垒的形成提供了可能。城市群地方政府事权整合的主要目的，就是要通过对各地方政府所拥有的部分事权进行必要的整合，来强化中央政府和省级政府在推动城市群协调发展上的事权，以此来破除地区间的政策壁垒并不断提升城市群基本公共服务均等化水平，引导和推动人口和生产要素在城市群内部的合理流动和均衡配置，进而实现推动城市群协调发展的目标。

二、城市群地方政府事权整合的主要手段

针对城市群发展过程中存在的各地区经济社会发展规划之间缺乏有效的衔接、城市群内部的省际或市际交界地区行政区经济现象较为严重、城市群区域性公共事务大多难以得到有效的治理、城市群基本公共服务均等化水平较低等问题，城市群地方政府事权整合的手段主要包括城市群地方政府规划权限整合、城市群内部省际或市际交界地区管理权限整合、城市群区域性公共事务治理权限整合、城市群基本公共服务供给整合等。

（一）城市群地方政府规划权限整合

规划是行动的先导和指南，科学合理的经济社会发展规划是实现地区经济社会健康发展和区域经济社会协调发展的重要保障。城市群是一个跨越多个行政区的经济区，城市群的协调发展离不开城市群发展规划的指导和城市群内部各地区经济社会发展规划之间的有效衔接。当前，在我国城市群区域内，经济社会发展规划的编制主要以行政区为单位，城市群区域内各地方政府所编制的经济社会发展规划之间通常缺乏有效的衔接，甚至同一个地方政府内部的不同部门所编制的规划之间通常也缺乏有效的衔接；加之城市群层面缺乏具有权威性的综合性发展规划对各地区规划的编制进行有效的规范、约束和引导，进而使得城市群发展面临各地区在规划上各自为政的困境，制约了城市群协调发展水平的提升。2015 年 9 月，中共中央和国务院联合印发的《生态文明体制改革总

体方案》明确提出，要注重整合目前各部门分头编制的各类空间性规划，编制统一的空间规划，建立空间规划体系，实现规划全覆盖。① 城市群内部各地区经济社会发展规划上的不协调，给城市群协调发展带来了很大的阻碍，对城市群内部各地方政府的规划权限进行适度整合的重要性正日渐凸显。城市群地方政府规划权限整合的基本思路是通过制定城市群规划法或城市群规划条例，不断增强城市群发展规划的权威性、科学性和可适用性；或通过编制和实施城市群国民经济和社会发展规划、城市群专项规划和实施城市群内部各地方政府间规划变更承诺制度等手段，来对城市群内部各地方政府规划权限的行使进行有效的规范、约束和引导，以此来解决城市群区域内各地区规划之间的不协调和规划冲突等方面的难题，以统一协调的城市群规划体系来推动城市群协调发展水平和质量的稳步提升。

（二）城市群内部省际或市际交界地区的管理权限整合

城市群是承载发展要素的主要空间形式，是带动区域协调发展的重要载体。行政区经济现象的存在给城市群协调发展所带来的影响要远大于一般类型的区域。城市群空间内的多个行政区交界的地区，例如跨省域城市群的省际交界地区和省域内城市群的市际交界地区，通常是行政区经济现象表现得最为明显的地方。由于受到行政区边界分割的影响，城市群内部省际或市际交界地区基础设施的互联互通程度相对较差，地区间的产业分工与协作水平通常较低，跨域事务治理难题通常较多，地区间的协调发展水平相对较低。为了有效地提升城市群内部省际或市际交界地区协调发展的水平，需要将分散于各地方政府的管理权限进行适度地整合。

（三）城市群区域性公共事务治理权限整合

城市群内部碎片化的治理体制，使得很多城市群区域性公共事务通常难以得到有效的治理。特别是在那些外部性特征较为明显、与城市群

---

① 《生态文明体制改革总体方案》，http：//www.gov.cn/gongbao/content/2015/content_2941157.htm，访问日期：2019 年 9 月 25 日。

协调发展关系较为密切的区域性公共事务的治理上，在缺乏必要的横向利益补偿机制的前提下，各地方政府在城市群区域性公共事务治理上的府际合作通常难以有效达成。为此，可以由城市群上级政府对分散于各地方政府的部分城市群区域性公共事务的治理权限进行适度的整合，通过设置城市群区域性公共事务管理机构来负责治理特定的城市群区域性公共事务，以此来实现有效化解城市群区域性公共事务治理难题和推动城市群协调发展的目的。例如，在城市群大气污染防治、城市群跨域江河湖泊治理等方面，可以设置隶属于中央政府或省级政府相关职能部门的区域性公共事务管理机构来承担上述区域性公共事务的治理职责。

(四)城市群基本公共服务供给整合

一个地区基本公共服务的供给水平和供给质量，是影响该地区对人口和生产要素集聚能力的重要因素。我国现有的统筹层次较低的基本公共服务供给体制，使得城市群基本公共服务的均等化水平相对较低，阻碍了人口和生产要素在城市群范围内的合理流动和均衡配置。为此，需要由作为城市群上级政府的中央政府或省级政府对城市群内部碎片化的基本公共服务供给体制进行必要的整合，通过不断增强城市群上级政府在城市群基本公共服务供给上的事权，不断提升城市群基本公共服务的统筹层次，以此来不断提高城市群基本公共服务的均等化水平，以更好地引导人口和生产要素在城市群空间内的合理流动和均衡配置，进而实现城市群协调发展水平不断提升的目的。

第三节　城市群地方政府规划权限整合

"以规划引领经济社会发展，是党治国理政的重要方式，是中国特色社会主义发展模式的重要体现。"[①]自城市群被确立为我国新型城镇化的主体形态以来，国家出台了一定数量的跨省域城市群发展规划，省级

---

① 武廷海、卢庆强、周文生等：《论国土空间规划体系之构建》，载《城市与区域规划研究》2019 年第 1 期。

政府也出台了一定数量的省域内城市群发展规划，在引领和推动城市群内部各地区间的协调发展上发挥了重要的作用。但是，由于中央政府和省级政府制定的城市群发展规划在性质上属于政府文件，对城市群内部各地方政府的规划和决策所能产生的约束力较为有限，城市群内部各地方政府在编制本地区的经济社会发展规划时依然处于各自为政的状态，城市群内部各地区规划上的不协调制约了城市群协调发展水平的提升。协调区域主义是西方区域主义中的一个流派，"协调区域主义（coordinating regionalism）就是要将区域内各种的计划加以整合，使地方县（市）或是乡（镇）的策略计划与区域性的策略计划能够具有一致的整体规划方向，进而推动各级地方自治团体在区域政策上的目标与执行能够具有一致性，同时让资源的投入与配给能够实现最适规模与最佳经济效益"①。协调区域主义理论为我们在城市群治理中通过规划整合推动城市群协调发展提供了有益的启示。面对当前我国城市群内部各地区在规划上各自为政、城市群层面缺乏统一的具有权威性的发展规划等问题，对城市群内部各地方政府的规划权限进行必要的整合以推动城市群协调发展的重要性正日渐凸显。城市群地方政府规划权限整合主要是通过制定跨省域城市群规划法和省域内城市群规划条例，不断增强城市群发展规划的权威性、科学性和可适用性；或通过编制和实施城市群国民经济和社会发展规划、城市群专项规划，实施城市群内部地方政府间规划变更承诺制度等手段，来对城市群内部各地方政府规划权限的行使进行有效的规范和约束，以破除各地区在规划上的壁垒，推动各地区规划上的有效衔接，进而构建起有利于城市群协调发展的城市群规划体系。

一、制定跨省域城市群规划法和省域内城市群规划条例

"城市群建设是一个在机理上无比复杂、在环境资源方面消耗巨

---

① 曹海军、张毅：《统筹区域发展视域下的跨域治理：缘起、理论架构与模式比较》，载《探索》2013 年第 1 期。

大、在现实进程中涉及亿万人现实利益与历史命运的巨型人类历史运动。"①城市群建设水平的提升和城市群协调发展质量的提高，除了要充分发挥市场机制的作用外，也离不开中央政府和省级政府制定的有关促进城市群协调发展的规划和政策的推动。"法律工具的权威性、规范性和国家意志性等基本功能，对保证区域政策的权威性、稳定性、连续性和区域政策的有效执行有着重大作用。"②在西方国家的区域治理和区域发展实践中，很多国家为了推动特定区域经济社会发展水平的提升而专门制定了一定数量的法律，以此来规范和约束区域内部各地方政府的决策和行为，这些有关区域治理和区域发展方面的法律在提升区域治理水平和推动区域协调发展等方面发挥了十分重要的作用。例如，1935年5月，美国国会通过《田纳西流域管理局法》，设立了一个既有政府权力、又有私人企业灵活性的公司——田纳西河流域管理局，统一指挥流域内的水电工程、洪水控制、土壤保护、植树造林、土地休耕、河流净化和通航等综合开发和利用，有力地推动了该地区的工农业发展。③ 同时，为了有效地打破行政区划设置给区域治理和区域协调发展带来的制约，美国还于20世纪60年代制定了《地区再开发法案》和《阿巴拉契亚山区域开发法案》。日本在东京都市圈的形成和发展过程中，也制定了《首都圈建设法》《首都圈整治法》《首都圈建成区内工业等设施控制法》《首都圈城市开发地区整治法》及《商务流通城市整治法》等法律，用于规范和引导东京都市圈内各地方政府的决策和行为，有效地推动了东京都市圈内部各地区间的协调发展。因此，如果能将我国中央政府和省级政府制定的有关推动城市群协调发展的规划和政策上升为法律或地方性法规，不仅有助于保障中央政府和省级政府制定的有关城市群协调发展的

---

① 刘士林：《关于我国城市群规划建设的若干重要问题》，载《江苏社会科学》2015年第5期。

② 陈瑞莲、刘亚平等：《区域治理研究：国际比较的视角》，中央编译出版社2013年版，第79页。

③ 陈瑞莲、刘亚平等：《区域治理研究：国际比较的视角》，中央编译出版社2013年版，第79页。

规划和政策的权威性、稳定性和连续性，而且有利于有效规范和约束，城市群内部各地方政府在经济社会发展规划的编制等方面的行为，以此来破除各地区在经济社会发展规划等方面的政策壁垒，进而推动城市群协调发展水平和质量的不断提升。

近些年来，为了更好地推动城市群协调发展，中央政府和部分省级政府制定了一定数量的城市群发展规划。但是，由于这些城市群发展规划在性质上属于中央政府或省级政府制发的文件范畴，而非全国人大制定的法律或省级人大制定的地方性法规，城市群发展规划的权威性相对较低，进而影响到城市群发展规划在化解城市群治理难题和推动城市群协调发展方面作用的发挥。"目前，我国的城市群协调发展战略的实施一直停留在政策层面，主体功能区规划和区域发展规划没有确切的法律地位，区域合作、互助与扶持政策的制定和实施分立在多个部门，且职能交叉重叠，政策'碎片化'问题严重，这种现状加大了跨部门协调的成本，最终损害了区域政策的预期收益"[1]，不利于城市群协调发展水平和质量的提升。作为文件性质的城市群发展规划，难以对城市群区域内各地方政府的决策和行为进行严格规范和有效约束，制定有关城市群规划方面的法律或地方性法规的重要性日渐凸显。习近平总书记在2013年12月的中央城镇化工作会议中强调，要保持城市规划的连续性，"不能政府一换届、规划就换届。编制空间规划和城市规划要多听取群众意见、尊重专家意见，形成后要通过立法形式确定下来，使之具有法律权威性"[2]。同样，城市群规划也需要用法律或地方性法规的形式予以确认，以此来确保城市群规划的权威性和连续性。为此，可以考虑在中央政府编制的跨省域城市群发展规划的基础上，为每一个跨省域城市群制定一部城市群规划法。同时，在省级政府制定的省域内城市群发展规划的基础上，为每一个省域内城市群制定一部城市群规划条例。

---

①　陈瑞莲、刘亚平等：《区域治理研究：国际比较的视角》，中央编译出版社2013年版，第94~95页。

②　中国城市规划网：《城市规划应承担引领城市发展历史责任》，http://www.planning.org.cn/news/view? cid=0&id=6157，访问日期：2019年10月8日。

跨省域城市群规划法的制定，可以由中央政府负责起草城市群规划法草案，提请全国人大或全国人大常委会审议通过后以法律的形式予以公布；省域内城市群规划条例的制定，可以由省级政府负责起草城市群规划条例草案，提请省级人大或省级人大常委会审议通过后以地方性法规的形式予以公布。在具体内容上，跨省域城市群规划法和省域内城市群规划条例要对相应城市群的发展目标、城市群的空间结构和发展方向、城市群内部各城市的功能定位、产业分工、基础设施布局、生态环境保护与治理等问题进行明确。并且，跨省域城市群规划法和省域内城市群规划条例还需要就以城市群为空间单位编制的各种类型的规划对城市群内部各地方政府编制的相应规划的约束力进行明确，将城市群内部各地方政府依据城市群层面的有关规划来编制本行政区域内相关规划的制度建立起来。

跨省域城市群规划法和省域内城市群规划条例的制定和实施，有助于推动统一协调的城市群规划体系的构建，进而实现以城市群规划的统一性来增强城市群内部各地区间发展的协调性的目的。跨省域城市群规划法和省域内城市群规划条例作为规范性法律文件，对于城市群规划编制行为具有较强的约束力，城市群发展规划、城市群城镇体系规划、城市群土地利用规划、城市群生态环境保护与治理规划等规划的编制要以该城市群的规划法或规划条例为依据。同时，跨省域城市群内部的各地方政府及其相关部门在编制本行政区域内的相关规划时要以跨省域城市群规划法为依据，不得违反城市群规划法；同样，省域内城市群内部的各地方政府及其相关部门在编制本行政区域内的相关规划时要以省域内城市群规划条例为依据，不得违反省域内城市群规划条例。对于跨省域城市群内部各地方政府违反跨省域城市群规划法而制定的具体规划，中央政府及其相关部门拥有依据跨省域城市群规划法对其进行变更或撤销的权限；同样，对于省域内城市群内部各地方政府违反省域内城市群规划条例制定的具体规划，省级政府及其相关部门拥有依据省域内城市群规划条例对其进行变更或撤销的权限。

二、不断增强城市群发展规划的权威性、科学性和可适用性

"2018 年 11 月，中共中央、国务院《关于统一规划体系更好发挥国家发展规划战略导向作用的意见》明确了国家规划体系以及空间规划在规划体系中的定位，要求建立以国家发展规划为统领，以空间规划为基础，以专项规划、区域规划为支撑，由国家、省、市县各级规划共同组成，定位准确、边界清晰、功能互补、统一衔接的国家规划体系。"[①]目前，区域规划在提升区域治理水平和推动区域协调发展中的重要性正不断提升，已经成为西方国家和我国政府在区域治理和区域发展中经常使用的治理工具。"实质上，自上而下的协调机制得益于不同层级规划的任务不同……在这种上下层级中，区域规划已成为一种高效的地域尺度重构工具，通过区域规划与区域政策来激活、革新呆板的依附于行政区划与层级的规划体系已在空间治理部门成熟运用。为了优化纵向的协调机制，英国还曾通过郡一级的行政区划体系改革推动空间规划层级体系改革，形成了国家范畴下层次更清晰的'区域—地方'的新型二级规划体系，避免了原有地方二级规划体系内二级地方层面发展规划相互交叠矛盾的状况。"[②]

编制和实施权威、科学、合理的城市群发展规划，是确保城市群建设顺利推进和城市群协调发展水平不断提升的内在要求和重要保障。我国现有的国家层面和省级层面的城市群发展规划，在推动城市群协调发展方面发挥了重要的作用，但也存在规划权威性不够、表述过于笼统、可操作性不强、稳定性有待提升等问题，这也在一定程度上影响到城市群发展规划在推动城市群协调发展方面作用的发挥。为了更好地发挥城市群发展规划在化解城市群内部各地区在发展规划的编制上各自为政、

---

① 武廷海、卢庆强、周文生等：《论国土空间规划体系之构建》，载《城市与区域规划研究》2019 年第 1 期。

② 张永姣、方创琳：《空间规划协调与多规合一研究：评述与展望》，载《城市规划学刊》2016 年第 2 期。

各地区发展规划之间缺乏有效衔接等制约城市群协调发展难题上的重要作用，我们需要不断增强城市群发展规划的权威性、科学性和可适用性。

（一）不断增强城市群发展规划的权威性

20世纪90年代以来，伴随城市群在我国的出现和快速发展，城市群发展规划已经逐渐成为中央政府和省级政府优化我国城市群空间布局和推动城市群协调发展的重要治理工具。《国家新型城镇化规划（2014—2020）》明确指出，中央政府负责跨省级行政区城市群规划的编制和组织实施工作，省级政府负责本行政区内城市群规划的编制和组织实施工作。近年来，在城市群发展规划的编制上，中央政府编制了《长江三角洲城市群发展规划》《长江中游城市群发展规划》《哈长城市群发展规划》和《成渝城市群发展规划》等跨省域城市群发展规划。很多省级政府也制定了一定数量的省域内城市群发展规划，例如湖南省政府制定的《长株潭城市群区域规划（2008—2020）》。这些城市群发展规划的编制和实施，对于提升我国城市群发展的水平和质量起到了很好的引领和推动作用。不过，由于现有的国家层面和省级层面的城市群发展规划在性质上属于政府文件，城市群发展规划的权威性存在一定程度的不足。为了更好地发挥城市群发展规划在提升城市群治理水平和促进城市群协调发展等方面的重要作用，我们需要不断增强城市群发展规划的权威性。为此，可以将城市群上级政府制定的城市群发展规划由政府文件上升为行政法规或者地方政府规章，以此来增强城市群发展规划对城市群内部各地方政府相关规划编制行为的约束力。具体来说，可以将中央政府及其相关部门编制的城市群发展规划上升为行政法规，将省级政府及其相关部门编制的城市群发展规划上升为地方政府规章。由政府文件上升为行政法规或者地方政府规章后，城市群发展规划的权威性将会随之得到很大程度的提升，城市群发展规划在推动城市群协调发展方面的作用也将会得到更加有效的发挥。

（二）不断增强城市群发展规划编制的科学性

"一个内部经济发展协调的区域可以使区位、生产要素和产业结构不同的各级各类城市通过合理分工、相互协作而承担不同的经济职能，克服单个城市在资源、空间等方面的不足，形成规模经济和集聚效应，优化资源配置，实现共同发展"①，而这一目标的实现和格局的形成离不开政府编制的科学合理且有效的区域发展规划的推动。习近平总书记曾多次指出："城市规划在城市发展中起着重要的引领作用，考察一个城市首先看规划，规划科学是最大的效益，规划失误是最大的浪费，规划折腾是最大的忌讳。"②同样，城市群的发展也需要科学的城市群规划的引领。城市群发展规划是推动城市群内部各地区经济社会协调发展的纲领性和指导性规划，城市群发展规划编制的科学性对于提升城市群治理水平和提高城市群协调发展质量非常重要。我国现有的城市群发展规划是由中央政府和省级政府负责编制实施的，城市群区域内各地方政府的利益诉求和合理建议在城市群发展规划的编制过程中可能并未得到充分听取和吸纳，进而影响到城市群发展规划编制的科学性，并由此影响到城市群内部各地方政府对于城市群发展规划的认可程度。

为了有效提升城市群发展规划编制的科学性，需要坚持自上而下与自下而上相结合的编制原则，构建城市群发展规划编制前的协调机制和城市群发展规划编制后的评估机制。首先，城市群发展规划的编制，需要充分听取城市群内部各地方政府的利益诉求和合理建议。而城市群发展规划编制前的协调机制的建立和运行，可以确保城市群发展规划的编制既能够着眼于整个城市群区域的视角，也能够较为充分地考虑和兼顾到城市群内部各地区在功能定位和比较优势等方面的差异，以更好地推动各地区间的协调发展。为此，在城市群发展规划的编制过程中，可以考虑成立城市群发展规划编制协调会议，由中央政府或省级政府的发展和改革部门负责牵头、城市群内部各地方政府及其相关部门的负责人参加明确城市群发展规划编制的基本原则，然后由中央政府或省级政府的

---

① 石佑启：《论区域合作与软法治理》，载《学术研究》2011 年第 6 期。

② 武廷海、卢庆强、周文生等：《论国土空间规划体系之构建》，载《城市与区域规划研究》2019 年第 1 期。

发展和改革部门在充分听取各地方政府的利益诉求和合理建议的基础上组织编制城市群发展规划草案。同样，城市群国民经济和社会发展规划以及城市群专项规划的编制也可以参照这种协调机制来推动，以不断提升城市群规划编制的科学性。其次，城市群发展规划编制后的评估机制的建立和运行，有助于对城市群发展规划编制的科学性进行严格审视，进而不断提升城市群发展规划编制的科学性。城市群发展规划的评估工作可以交由较为独立的第三方评估机构来完成，以保证城市群发展规划评估的公正性和专业性，进而为不断提升城市群发展规划的科学性提供有力的保障。

（三）不断增强城市群发展规划的可适用性

城市群发展规划是城市群专项规划和城市群内部各地方政府所编制的具体规划的上位规划，不断增强城市群发展规划的可适用性，是更好地发挥城市群发展规划在推动城市群协调发展等方面作用的内在要求和重要保障。增强城市群发展规划的可适用性，需要从提高城市群发展规划的可操作性、明确合理的城市群发展规划编制周期以及对城市群发展规划进行适时的修订等方面来着手。一方面，城市群发展规划的可操作性需要不断提高。城市群发展规划虽然属于战略性和纲领性的规划，但为了确保该发展规划能够在城市群发展和治理中发挥实效，需要在制定规划时尽可能具体，城市群发展规划要对城市群的空间范围、城市群区域内各城市的功能定位、城市群的产业布局、地区间产业分工与协作体系、城市群基础设施建设和城市群生态环境保护与治理等方面的事项予以明确。另一方面，城市群发展规划的编制周期要适当，并要依据城市群经济社会发展的需要来对城市群发展规划进行适时的修订。城市群发展规划编制的周期过短或过长，都会影响到城市群发展规划在推动城市群协调发展等方面功能和效果的发挥。我国现有的城市群发展规划所规划的时间通常较长，部分城市群发展规划所规划的时间甚至达到了十几年，难以适应城市群不断变化的经济社会发展格局的需要。对此，中央政府和省级政府在编制城市群发展规划时，可以和国家国民经济和社会发展规划的编制周期保持一致，每五年编制一次。同时，在城市群发规划实施的过程中，中央政府和省级政府可以依据国家区域发展总体战略、《全国主体功能区规划》以及各城市群经济社会发展格局变化的需要，在尊重客观经济规律的前提下，依据法定程序对城市群发展规划进行定期或不定期的修订，以提高城市群发展规划的可适用性。

三、编制和实施城市群国民经济和社会发展规划

国民经济和社会发展规划是指国家或者地区对于一定时期内国民经济和社会发展的主要活动所做的规划和安排，是指导规划期限内国家或者地区经济和社会发展的纲领性规划。国民经济和社会发展规划的编制通常以五年为一个周期。从所规划空间的尺度来看，国民经济和社会发展规划可以分为国家国民经济和社会发展规划、地区国民经济和社会发展规划和区域国民经济和社会发展规划。与国家国民经济和社会发展规划和地区国民经济和社会发展规划以行政区为单位来编制不同，区域国民经济和社会发展规划是在打破以行政区为单位编制国民经济和社会发展规划惯例的基础上，尝试以区域为单位来编制的国民经济和社会发展规划类型。从我国现有的国民经济和社会发展规划的编制体制来看，各级政府是各自行政区域内国民经济和社会发展规划的编制主体，中央政府负责编制全国的国民经济和社会发展规划，地方政府负责编制本地区的国民经济和社会发展规划。而区域国民经济和社会发展规划则因特定的区域内存在着多个地方政府而缺乏明确的编制主体，编制工作相对较为滞后。伴随区域一体化进程的不断加快和区域协调发展战略的深入实施，如何弱化行政区经济现象对区域一体化进程的阻碍，不断提升区域协调发展水平，已经成为我国区域治理和区域发展面临的重要任务，而跨行政区编制区域性的国民经济和社会发展规划是推动区域协调发展水平不断提升的重要路径之一。

改革开放以来，伴随我国工业化和城镇化进程的快速推进，城市群在我国出现并得到了快速发展，推动着我国经济社会发展格局和经济发展空间结构发生着深刻变革，传统的省域经济、市域经济等行政区经济开始向城市群经济转变。城市群作为我国新型城镇化主体形态，是引领

区域经济增长的重要增长极和推动区域协调发展的重要载体，城市群内部各地区之间的经济联系和社会交往较为密切，现有的以行政区为单位进行国民经济和社会发展规划编制的做法已经难以适应城市群经济社会发展的需要。以城市群为空间单位，依据城市群规划法或城市群规划条例以及城市群发展规划来编制城市群国民经济和社会发展规划，对于降低城市群治理难度、实现城市群协调发展和加速城市群一体化进程具有非常重要的意义。在城市群国民经济和社会发展规划的编制上，跨省域城市群的国民经济和社会发展规划可以由中央政府及其发展和改革部门负责编制，省域内城市群的国民经济和社会发展规划可以由省级政府及其发展和改革部门负责编制。城市群国民经济和社会发展规划制定后，城市群内部的各地方政府应据此来编制各自行政区域内的国民经济和社会发展规划，以确保城市群内部各地区国民经济和社会发展规划之间的有效衔接。目前，我国第一个城市群国民经济和社会发展规划是于2016年2月出台的《"十三五"时期京津冀国民经济和社会发展规划》，这也是我国第一个跨省域编制的区域性国民经济和社会发展规划。《"十三五"时期京津冀国民经济和社会发展规划》明确了"十三五"期间京津冀地区在协同发展等方面的任务，即打造国际一流航空枢纽，构建世界级现代群，加快建设环首都公园，打赢河北脱贫攻坚战，建立健全区域安全联防联控体系，全面提高首都服务国际交往的软硬件水平，加强与长江经济带的联动，建立统一规范的市场体系，探索建立行政管理协同机制、生态环保联动机制、产业和科技创新协同机制等。①

四、编制和实施城市群专项规划

城市群内部各地区经济社会发展规划之间的不协调，是影响和制约城市群协调发展的重要因素之一。城市群内部各地区经济社会发展规划之间不协调问题的出现，与城市群层面缺乏相应的专项规划密切相关。

---

① 中国政府网：《京津冀"十三五"发展目标确定》，http：//www.gov.cn/xinwen/2016-02/08/content_5040272.htm，访问日期：2019年9月26日。

城市群发展规划是推动城市群协调发展的纲领性和战略性规划，城市群协调发展目标的实现离不开城市群发展规划的引领和推动。但是，城市群发展规划是指导城市群发展的综合性规划，在指导城市群内部各地方政府有关专项规划的编制上所能发挥的作用较为有限。因此，为了更好地将城市群发展规划落到实处，不断提升城市群内部各地区经济社会发展专项规划之间的协同性，我们在编制和实施城市群发展规划的同时，还需要依据跨省域城市群规划法或省域内城市群规划条例以及城市群发展规划来编制和实施城市群专项规划，并将其作为城市群内部各地方政府编制本行政区域内的相关专项规划时的上位规划。城市群专项规划的编制和实施，使得城市群内部的各地方政府编制本地区的相关规划时有了统一的依据，有助于减少各地区规划之间不协调的问题，进而推动形成有利于城市群协调发展的城市群规划体系。城市群专项规划主要包括城市群产业发展规划、城市群土地利用规划、城市群城镇体系规划、城市群基础设施建设规划、城市群生态环境保护和治理规划等。

（一）编制和实施城市群产业发展规划

城市群是一个跨行政区的经济区，推动地区间产业分工与协作体系的构建，不断优化城市群的产业布局是实现城市群协调发展的内在要求。由于城市群内部的各地方政府拥有各自行政区域内产业发展规划的编制权，如何实现各地区产业规划上的有效衔接是推动城市群协调发展的重要保障。改革开放以来，在以地区生产总值和经济增长率等为核心指标的绩效考核机制面前，各地方政府参与构建产业分工与协作体系的内在动力不足，以行政区为单位，追求小而全、大而全的产业格局成为绝大多数地方政府制定产业政策时的主导思维，相邻地区间产业同构、重复建设以及由此引发的无序竞争等问题也随之凸显，非常不利于城市群产业竞争力的提升和城市群协调发展格局的塑造。"产业集聚作为一种空间组织形式，需要区域之间进行协调。城市群为保持各自的竞争优势，提升整体竞争力，必须通过城市群协调发展规划、整合区域资源、优化产业结构、衔接基础设施、解决环境生态等问题。城市间产业的合理布局、协调发展是决定城市群协调发展的核心内容，也是发挥城市群集聚优势和规模效应的前提。"①而解决当前我国城市群内部产业分工与协作体系构建难题、降低城市群内部各地区间产业结构雷同和无序竞争频发给城市群协调发展带来的不利影响的有效路径之一，就是编制城市群产业发展规划，对城市群内部的产业布局进行合理地规划。

产业发展规划是国家或地区产业政策的重要组成部分，主要是对一定规划周期内国家或地区产业发展的重点、产业结构调整的方向等问题所进行的规划。产业发展规划主要包括国家层面的产业发展规划和地区层面的产业发展规划两种类型，例如国家发展和改革委员会于 2016 年 12 月出台的《"十三五"国家战略性新兴产业发展规划》。相比于国民经济和社会发展规划中对于产业发展的表述而言，产业发展规划更加具体和详细，可操作性也更强。目前，我国产业发展规划的编制权掌握在各级政府手中，而区域层面的产业发展规划的编制工作相对较为滞后。伴随区域经济一体化进程的不断加速，编制区域层面的产业发展规划已经成为优化区域内部的产业布局、推动区域产业分工与协作体系的构建、提升区域产业竞争力的重要手段。城市群协调发展格局的形成，需要依据城市群范围内各地区的比较优势来构建较为完备的城市群产业分工与协作体系，打造具有一定竞争优势的城市群产业链，而编制城市群产业发展规划是推动上述目标实现的重要保障。城市群产业发展规划分为跨省域城市群产业发展规划和省域内城市群产业发展规划两种类型。其中，跨省域城市群产业发展规划由中央政府的发展和改革部门负责编制和实施，省域内城市群产业发展规划由省级政府的发展和改革部门负责编制和实施。城市群产业发展规划的编制，要充分考虑到城市群范围内各地区的比较优势，按照产业集聚和规模经济的原则，推动形成合理的城市群产业布局，不断提升城市群协调发展的水平和质量。

（二）编制和实施城市群土地利用规划

城市群是一个跨越多个行政区的经济区，合理开发与有效利用城市

---

①　尹来盛、冯邦彦：《从城市竞争到区域合作——兼论我国城市化地区治理体系的重构》，载《经济体制改革》2014 年第 5 期。

群国土空间是推动城市群协调发展的内在要求和重要保障。当前我国的土地利用规划主要以行政区为单位进行编制，区域层面的土地利用规划相对较少。由于城市群空间内并存着一定数量的、拥有相对较为独立的土地利用规划编制权限的主体，如果各地区编制的土地利用规划之间缺乏有效的衔接，可能会引发城市群空间内无序开发的现象，进而给地区间的协调发展带来较大的阻碍。为了解决城市群内部各地区土地利用规划之间缺乏有效的衔接及其可能给城市群协调发展带来的阻碍等问题，可以由城市群上级政府及其相关职能部门来编制城市群土地利用规划，城市群内部的各地方政府需要据此编制各自行政区域内的土地利用规划。在城市群土地利用规划的编制主体上，跨省域城市群的土地利用规划可以由中央政府的自然资源部门负责编制和实施，而省域内城市群的土地利用规划则可以由省级政府的自然资源部门负责编制和实施。

(三) 编制和实施城市群城镇体系规划

"城镇体系(urban system)作为一个科学术语，最早由美国地理学家邓肯(1960)在《大都市与区域》一书中提出。"[1]在我国，"宋家泰、顾朝林在《城镇体系规划的理论与方法初探》一文中首次系统提出了城镇体系规划理论与方法，将城镇体系规划的基本内容归纳为结构与网络，即城镇体系的地域空间结构、等级规模结构、职能类型结构和网络系统组织，简称'三结构一网络'"[2]。城市群作为城镇化发展到高级阶段的城镇空间形态之一，人口和生产要素跨行政区流动比较频繁，结构合理的城镇体系是推动城市群协调发展的基本前提和重要保障。齐夫法则是一个认同度相对较高的衡量一个城市群的城镇体系结构是否合理的评价指标。齐夫法则以城市群的首位城市为参照标准，如果在城市群城镇体系中排第 N 位的城市，其经济总量和人口规模大约是该城市群首位城市经济总量和人口规模的 N 分之一，那就说明该城市群的城镇体系结构

---

① 张泉、刘剑：《城镇体系规划改革创新与"三规合一"的关系——从"三结构一网络"谈起》，载《城市规划》2014 年第 10 期。

② 张泉、刘剑：《城镇体系规划改革创新与"三规合一"的关系——从"三结构一网络"谈起》，载《城市规划》2014 年第 10 期。

较为合理。依据齐夫法则来看，目前我国绝大多数城市群的城镇体系结构都不尽合理。一方面，城市群中心城市要么过强、要么过弱，城市群中心城市在人口和生产要素的集聚上存在集聚过度或者集聚不足的问题，中西部地区部分省域内城市群中的省会城市一家独大的问题比较突出；另一方面，在城市群中心城市与小城市和小城镇之间，缺乏一定数量的对人口和生产要素具有一定集聚能力的中等城市，制约了较为合理的城市群城镇体系结构的形成。

我国绝大多数城市群城镇体系结构不尽合理问题的出现，一方面与我国实施的等级化的城市管理体制有着重要的联系。另一方面也与我国城市群层面的城镇体系规划的相对缺乏密切相关。我国现有的城镇体系规划的编制以行政区为单位，城市群等区域层面的城镇体系规划的编制工作相对较为滞后。改革开放以来，不断推进的城镇化进程使得特大城市和大城市的空间快速蔓延，城市空间的区域化趋势和区域空间的城市化趋势相互激荡。在城市空间的区域化和区域空间的城市化趋势不断强化的现实面前，通过编制和实施城市群城镇体系规划来推动城市群协调发展的重要性正日渐凸显。城市群城镇体系规划可以分为跨省域城市群城镇体系规划和省域内城市群城镇体系规划两种类型。其中，跨省域城市群的城镇体系规划可以由中央政府的住房和城乡建设部门负责编制和实施，而省域内城市群的城镇体系规划则可以由省级政府的住房和城乡建设部门负责编制和实施。城市群城镇体系规划编制完成后，城市群内部的各地方政府需要据此编制和实施本行政区域内的城镇体系规划。

（四）编制和实施城市群基础设施建设规划

城市群是一个内部各地区之间经济联系和社会交往较为紧密的区域，城市群空间内基础设施的互联互通程度直接关系到人口和生产要素在城市群空间内的流动速度，进而影响到城市群协调发展的水平和质量。基础设施建设规划是影响城市群空间内基础设施互联互通程度的重要因素，而城市群内部各地区基础设施建设规划之间的有效衔接是提升城市群基础设施互联互通水平的重要保障。但是，由于城市群空间内各地方政府主导着本行政区域内基础设施建设规划的编制工作，致使各地区基础设施建设规划之间通常缺乏有效的衔接，进而影响到城市群基础设施互联互通水平的提升。为此，可以由城市群上级政府及其相关部门来负责编制和实施城市群基础设施建设规划，以此来不断优化城市群内部的基础设施布局，提升城市群基础设施的互联互通水平，进而为城市群协调发展水平和质量的不断提升提供有力的支撑。城市群基础设施建设规划可以分为跨省域城市群基础设施建设规划和省域内城市群基础设施建设规划两种类型。其中，跨省域城市群基础设施建设规划由中央政府的交通运输部门负责编制和实施，省域内城市群基础设施建设规划由省级政府的交通运输部门负责编制和实施。城市群基础设施建设规划编制完成后，城市群内部的各地方政府要据此编制各自行政区域内的基础设施建设规划。

（五）编制和实施城市群生态环境保护与治理规划

"在城市群一体化发展过程中，'区域流'如同一条经济纽带，将原本孤立的各城市政府的行政区利益链接成为利益交织的共容利益，进而形成区域生态共容体，共容利益诱使城市政府关心区域生态的可持续发展。"①但是，城市群生态环境保护和治理具有较强的外部性特征，以行政区为单位的碎片化的治理体制使得各地方政府在城市群生态环境保护与治理上存在搭便车的心理，不利于府际合作治理行动的达成和治理绩效的改善。城市群生态环境保护与治理能力的提升，需要打破现有的以行政区为单位的碎片化的治理体制，从城市群层面来统筹和谋划城市群生态环境保护与治理工作。目前，"伴随着区域一体化向广度与深度扩展，区域生态治理逐渐转向区域一体化治理。区域生态治理一体化内生性要求区域治理权威，但当前中国主要城市群并不存在有效的区域治理权威"②。因此，如何在不改变城市群内部现有的行政区划设置格局的前提下来塑造有效的城市群治理权威，是我们在化解城市群生态环境保

---

① 汪波：《论城市群生态一体化治理：梗阻、理论与政策工具》，载《武汉科技大学学报（社会科学版）》2015年第1期。

② 汪波：《论城市群生态一体化治理：梗阻、理论与政策工具》，载《武汉科技大学学报（社会科学版）》2015年第1期。

护与治理等城市群区域性公共事务治理难题时所面临的重要任务，而由城市群上级政府来编制和实施城市群生态环境保护与治理规划是一条较为可行的治理路径。城市群生态环境保护与治理规划要对具体的治理目标、治理方案、治理行动和治理成本的分担等问题进行明确，以切实提升城市群生态环境保护与治理的水平，不断提高城市群生态环境保护与治理的绩效。城市群生态环境保护与治理规划可以分为跨省域城市群生态环境保护与治理规划和省域内城市群生态环境保护与治理规划两种类型。其中，跨省域城市群生态环境保护与治理规划由中央政府的生态环境部门负责编制和实施，省域内城市群生态环境保护与治理规划由省级政府的生态环境部门负责编制和实施。

五、实施城市群内部各地方政府间规划变更承诺制度

城市群地方政府规划权限整合是城市群地方政府事权整合的重要手段之一，通过制定有关城市群规划方面的法律或地方性法规、编制和实施城市群发展规划以及部分城市群专项规划等方式，来有效引导、规范和约束城市群区域内各地方政府在经济社会发展规划编制上的行为，从而实现城市群区域性公共事务得到有效治理和推动城市群协调发展的目标。不过，在城市群地方政府规划权限整合的过程中，城市群范围内的各地方政府依然是本行政区域内相关经济社会发展规划的编制主体，拥有相对独立的自主决策和行为的权限，这就使得相邻地区的规划之间难免会存在一些不一致，特别是部分地方政府在修改本行政区域内现有的某项规划时，可能会引发与相邻地区既有规划之间的冲突。同时，中央政府和省级政府也可能会根据国家区域发展总体战略的变化和城市群经济社会发展的需要，来对现有的城市群发展规划和相关的具体规划进行适度的调整和变更，这也会给城市群内部各地方政府的既有规划带来一定的影响，甚至引发各地区规划上的冲突，进而给城市群的协调发展带来不利影响。对此，需要建立和实施城市群内部各地方政府间规划变更承诺制度。城市群内部各地方政府间规划变更承诺制度，是指城市群内部的各地方政府在准备修改其现有的某项规划时，特别是在修改那些涉

及城市群协调发展的规划时，有义务告知与该规划变更在利益上存在密切关联的地区，以避免引发各地区规划上的冲突，以此来推动城市群协调发展水平和质量的不断提升。目前，城市群规划承诺制度已经在部分国家开始实施。例如，在英国大伦敦城市群空间内，"根据大伦敦政府法、规划和强制性采购法以及国家规划政策框架相关规定，大伦敦市长、大伦敦范围内的市区政府、与大伦敦毗邻的郡和市政府，在准备或修改其各自的规划时，负有相互协商和告知的职责"①。在 2016 年 3 月发布的《大伦敦规划》中，大伦敦市长及其团队就向大伦敦城市群范围内的市区政府、与大伦敦毗邻的郡和市政府就总体层面合作、规划层面协同、政策层面协同、重点领域聚焦和重要空间突破等方面的跨域事项进行了规划变更承诺。

第四节　城市群内部省际或市际交界地区管理权限整合

行政区经济是由于行政区划边界对经济发展的刚性约束作用而形成的经济现象，城市群中行政区经济现象表现最为突出的地区通常是省际或市际交界的地区，这些地区的协调发展水平和质量直接关系到城市群协调发展的水平和质量。《中共中央国务院关于建立更加有效的区域协调发展新机制的意见》指出，要加强省际交界地区城市间的交流合作，探索建立省际合作的新机制。因行政区经济和地区间的政策壁垒等因素的作用，城市群内部的省际或市际交界地区通常也是城市群内部协调发展难度最大的地区。对城市群内部省际或市际交界地区的管理权限进行必要的整合，对于提升城市群协调发展的水平和质量来说非常重要。为此，一方面需要将城市群内部的省际或市际交界地区作为一个整体空间来进行统一规划，统一编制城市群内部省际或市际交界地区的经济社会

---

① 万鹏飞：《伦敦城市群跨域协同治理制度研究》，载《公共管理评论》2016年第 3 期。

发展规划，以规划上的统一来推动城市群省际或市际交界地区协调发展水平的不断提升；另一方面，可以考虑在城市群内部部分资源和环境承载能力较好的省际或市际交界地区设立城市群协调发展示范区，努力将其打造成推动城市群协调发展的重要增长极。

一、统一编制城市群内部省际或市际交界地区的经济社会发展规划

跨省域城市群内部的省际交界地区和省域内城市群内部的市际交界地区通常是城市群内部各地方政府间府际争议发生最多的区域之一，也是城市群内部治理难度较大和地区间协调发展水平相对较低的区域之一。城市群内部的各地方政府是各自行政区域内经济社会发展规划编制的主体，这种以行政区为单位的经济社会发展规划编制体制，使得城市群内部省际或市际交界地区相对不大的空间范围内并存着数个地区经济社会发展规划。由于缺乏有效的衔接，各地区规划将城市群省际或市际交界地区分割成数个相对独立的经济社会运行单位，人口和生产要素在各地区之间的流动和配置将会受到行政区划边界的阻碍，各地区经济社会发展规划上的不协调制约了城市群内部省际或市际交界地区协调发展水平的提升。如果能将城市群内部这些省际或市际交界地区作为一个整体的空间来进行统一规划，将会大大降低省际和市际交界地区的治理难度，推动城市群协调发展水平和质量的不断提升。

将城市群内部省际或市际交界地区作为一个整体的空间来进行统一规划，是在不改变城市群行政区划设置格局的前提下，由城市群上级政府及其相关职能部门牵头，来破除城市群内部交界处地区碎片化的经济社会发展规划编制格局，推动交界地区的各地方政府联合编制经济社会发展规划，以经济社会发展规划上的统一来推动城市群内部省际或市际交界地区协调发展水平的不断提升。目前，在我国的京津冀城市群，统一编制省际交界地区的经济社会发展规划的实践已经取得了一定的成果。例如，北京的通州以及河北的三河、大厂和香河等地属于京津冀城市群内部的省际交界地区。北京市通州区与河北省三

河、大厂、香河三县(市)①地缘相近、人文相亲,地区间经济联系非常紧密,社会交往也较为频繁,很多工作在北京的人居住在三河、大厂和香河三县(市)。但是,由于通州与三河、大厂、香河分属于两个省级行政区管辖,导致通州与三河、大厂、香河三县(市)之间基础设施的互联互通程度较差,地区间产业分工与协作水平相对较低。为了有效地解决北京市通州区与河北省管辖的三河、大厂、香河三县(市)等京冀交界地区协调发展的难题,推动京津冀城市群协调发展水平的不断提升,在国家发展和改革委员会的大力推动下,北京市规划和自然资源委员会与河北省城乡和住房建设厅于2018年共同完成了对通州区与三河、大厂、香河三县(市)规划的整合任务,制定了《通州区与廊坊北三县地区整合规划》和《北京市通州区与河北省三河、大厂、香河三县市协同发展规划(讨论稿)》两个省际交界地区的发展规划。2020年3月,国家发展和改革委员会正式发布了《北京市通州区与河北省三河、大厂、香河三县市协同发展规划》。该规划是指导北京市通州区与河北省三河、大厂和香河三县市经济社会发展规划和建设的基本依据,规划范围包括通州区以及三河、大厂和香河三县市的行政辖区。《北京市通州区与河北省三河、大厂、香河三县市协同发展规划》的正式出台,有助于化解行政区划边界给该片区域协调发展带来的行政分割问题,有利于不断缩小三河、大厂、香河三县市与通州区在经济社会发展水平上的差距,进而有利于更好地推动京津冀协同发展战略的实施,不断提升京津冀城市群协调发展的水平和质量。

二、在部分资源和环境承载能力较强的省际或市际交界地区设立城市群协调发展示范区

城市群协调发展示范区是在中央政府或省级政府的引导下,为了推动城市群协调发展向更高水平和更高质量迈进,而在城市群内部部分资源和环境承载能力较强的省际交界地区或市际交界地区设立的,依据统

---

①　通称为北三县。

一规划、统一标准、统一管理、合作共建、利益共享的原则来运行的示范区。其中，中央政府及其相关职能部门主要负责推动跨省域城市群协调发展示范区的建设和管理工作，省级政府及其相关职能部门主要负责推动省域内城市群协调发展示范区的建设和管理工作。

（一）在城市群内部省际或市际交界地区设立城市群协调发展示范区的意义

城市群内部的省际或市际交界地区，通常是城市群区域内地区间产业分工与协作水平较低、基础设施互联互通状况较差、行政区经济现象呈现的最为直观的区域。这些区域通常也是城市群区域内经济发展的洼地，制约了城市群协调发展格局的形成。在中央政府或省级政府的推动下，通过设立为城市群协调发展示范区，有利于将城市群区域内的经济洼地打造成带动城市群经济发展的新的增长极，在提升城市群内部省际或市际交界地区经济社会发展水平的同时也有利于带动周边地区的发展，进而不断提升城市群协调发展的水平和质量。

1. 有利于提升城市群省际或市际交界地区的经济社会发展水平。城市群区域内包含着一定数量的省级或市级行政区域，这些行政区域的交界地区在经济社会发展规划、产业发展、基础设施建设等方面通常缺乏有效的协同。邻避心理使得部分省级或市级政府在布局各自的产业项目时，通常会选择将一些污染性较大、危险性较高的产业布局在与其他行政区的交界地带。而在基础设施的规划和建设等方面，省际或市际交界地区的桥梁、公路等跨行政区基础设施的规划与建设工作需要得到各地方政府的会商方能顺利推进，而省际或市际会商机制的不足，极大地阻碍了省际或市际交界地区基础设施互联互通水平的提升，进而不利于人口和生产要素跨地区的合理流动。通过设立城市群协调发展示范区，按照统一规划、统一标准、统一管理、合作共建和利益共享的原则来推动示范区的建设，将有利于推动省际或市际交界地区的经济社会实现更好更快地发展，将省际和市际交界地区打造成引领城市群协调发展的新的增长极。

2. 有利于推动城市群协调发展向更高水平和更高质量迈进。城市群经济是典型的区域经济，城市群协调发展水平和质量的提升既需要不断弱化城市群内部的行政区经济现象，又有赖于城市群内部一定数量的经济增长极的有效带动。由于受到行政区经济格局的影响，城市群区域内的省际或市际交界地区通常也是城市群内部行政区经济现象表现得最为明显的地区。各地区在产业规划、基础设施建设等方面各自为政，使得城市群内部的省际或市际交界地区的人口和生产要素在跨行政区的流动上面临很多的障碍，进而制约了城市群这一跨行政区的经济区的发展。在省际或市际交界地区设立城市群协调发展示范区后，交界地区的规划和管理将由示范区建立之前的各自为政、缺乏协同转变为统一规划、统一管理。伴随中央政府或省级政府以及示范区内各地方政府在项目和资金上的投入力度的不断加大和制度供给上的不断完善，省际或市际交界地区将会由原本属于城市群区域内的经济洼地逐渐演变为城市群内部的经济高地，进而推动城市群协调发展向更高水平和更高质量迈进。

（二）城市群协调发展示范区运行的基本原则

城市群协调发展示范区是一个跨行政区设立的经济区。在城市群协调发展示范区的设立、建设和管理上，需要遵循统一规划、统一标准、统一管理、合作共建和利益共享等基本原则，以实现将城市群协调发展示范区培育为带动城市群发展的新的增长极和推动城市群协调发展水平不断提升的目的。

1. 统一规划。城市群协调发展示范区位于城市群区域内的省际或市际交界地区，统一规划是确保示范区得以建立并有效运行的基本前提和重要保障。城市群协调发展示范区经济社会发展规划的编制工作可以由中央政府或省级政府的相关职能部门来负责完成，也可以在中央政府或省级政府相关职能部门的主导下，由示范区内的各省、市政府联合编制和实施。

2. 统一标准。城市群协调发展示范区内并存着一定数量的行政区，各地区在经济社会发展等方面的政策标准上可能会存在一定的差异，如果不能对这些政策标准进行有效统一，示范区的运行将会受到地区间政策壁垒的影响。因此，城市群协调发展示范区设立后，需要统一各地区的政策标准，以有利于示范区的正常运行。

3. 统一管理。城市群协调发展示范区是一个跨行政区的功能区，需要有一个统一的管理机构来负责整个示范区的运行和管理工作。例如，可以通过设立城市群协调发展示范区管理委员会来负责管理整个城市群协调发展示范区。城市群协调发展示范区管理委员会的主任可以由中央政府或省级政府的副职领导人兼任，或者由省级政府或市级政府的分管领导轮流担任；城市群协调发展示范区管理委员会的工作人员可以从中央政府或省级政府以及示范区内的各地方政府抽调。城市群协调发展示范区管理委员会可以根据具体的工作需要，设置一定数量的职能部门。

4. 合作共建。城市群协调发展示范区虽然是在中央政府或省级政府的推动或者主导下设立的，但是示范区的建设和管理也离不开示范区内部各地方政府的积极支持和有力配合，由中央政府或省级政府与示范区内部的各地方政府合作共建示范区应成为城市群协调发展示范区运行的重要原则之一。伴随城市群协调发展示范区运行的日渐成熟，保障城市群协调发展示范区有效运行的各类制度、体制和机制的供给也将日渐完备，各地方政府合作共建示范区的意识和能力将会得到不断提升。这时，作为城市群上级政府的中央政府或省级政府可以逐步从管理中淡出，示范区将成为由各地方政府共同管理和建设的经济区。

5. 利益共享。利益共享是指在城市群协调发展示范区的运行过程中，要赋予示范区管理委员会等管理机构以一定的财政管理权限，示范区在运行过程中所产生的税收、国有土地出让金等收益要留在示范区内部，由示范区内部的各地方政府依据一定的比例来分享。这样一方面可以充分激发城市群内部省际或市际交界地区的各地方政府参与城市群协调发展示范区建设和管理的内在动力，另一方面也可以为城市群协调发展示范区的不断发展提供坚实的财力保障。

第五节　城市群部分区域性公共事务治理权限整合

城市群发展规划、城市群国民经济和社会发展规划以及城市群专项规划的制定和实施，为破除城市群内部各地区间的政策壁垒、推动各地区经济社会发展规划上的有效衔接奠定了坚实的基础。但是，在类似于城市群大气污染防治、城市群跨域江河湖泊治理等外部性特征较为明显的城市群区域性公共事务的治理上，除了要依靠相应的规划整合外，也需要对分散于各地方政府的治理权限进行必要的整合，由中央政府或者省级政府及其相应的职能部门来统筹管理，这样将更有利于化解城市群区域性公共事务治理难题，进而为城市群协调发展提供有力的支撑。具体来说，在城市群部分区域性公共事务治理权限的整合上，可以考虑设立隶属于中央政府或省级政府相关职能部门的城市群区域性公共事务治理机构。

一、城市群部分区域性公共事务治理权限整合的必要性

近些年来，伴随区域经济一体化进程的不断加快，城市群内部各地区之间的经济联系和社会交往日益密切，城市群区域性公共事务也随之日渐增多，碎片化的管理体制使得很多城市群区域性公共事务难以得到有效的治理，阻碍了城市群协调发展水平的提升。城市群大气污染防治、城市群跨域江河湖泊治理等区域性公共事务属于"城市群内跨越两个以上不同或相同层级行政区划的公共物品"[1]，城市群公共物品的非排他性特征，使得城市群内部的各地方政府在城市群大气污染防治和跨域江河湖泊的治理上存在搭便车的心理。在缺乏有效的制度安排来协调好参与区域性公共事务治理的各地方政府利益诉求的情况下，各地方政府之间通常很难在城市群大气污染防治和跨域江河湖泊治理等事务上进

---

① 王佃利、王玉龙、苟晓曼：《区域公共物品视角下的城市群合作治理机制研究》，载《中国行政管理》2015年第9期。

行有效的府际合作。

在市场机制发育比较成熟的城市群，可以通过设立流域性或区域性的产权交易机构，由各地方政府之间通过开展水权交易、碳排放权交易等方式来推动城市群大气污染防治和城市群跨域江河湖泊治理等取得实效。但是，在市场机制发育较为滞后的城市群，各地方政府之间的水权交易和碳排放权交易通常难以有效的开展，进而影响到城市群大气污染防治和城市群跨域江河湖泊治理的成效。由于城市群内部碎片化的治理体制是阻碍城市群区域性公共事务得到有效治理的主要障碍，而对分散于城市群内部各地方政府的碎片化的治理权限进行必要整合，将有利于化解城市群大气污染防治等外部性特征较为明显的城市群区域性公共事务的治理难题。同时，作为城市群上级政府的中央政府或省级政府，也有承担跨省域或省域内城市群内部的大气污染防治等区域性公共事务治理和推动城市群协调发展的职责。为此，可以考虑设立城市群区域性公共事务管理机构来负责部分城市群区域性公共事务的治理工作。

二、城市群部分区域性公共事务治理权限整合的手段

"在城市群内，如何生产和供给区域公共物品，解决区域发展中的资源配置、产业布局、环境治理、公共卫生、公共安全等区域公共问题，成为区域公共管理所面临的严峻挑战。面对这些新的问题，一方面要求反思以往的区域问题解决和区域发展的思路；另一方面要在区域公共物品供给的过程中构建更为有效的制度安排。"[1]为了更加有效地破除碎片化的治理体制与外部性特征较为明显的城市群大气污染防治等区域性公共事务治理之间的矛盾，可以由中央政府的相关职能部门设立跨省域城市群区域性公共事务治理机构，由省级政府的相关职能部门设立省域内城市群区域性公共事务治理机构，通过对分散于城市群内部各地方政府的碎片化的治理权限进行有效的整合，实现城市群区域性公共事务

---

① 王佃利、任宇波：《区域公共物品供给视角下的政府间合作机制探究》，载《中国浦东干部学院学报》2009 年第 4 期。

得到有效治理的目的，更好地推动城市群协调发展水平的提升。

(一) 由中央政府相关职能部门设立跨省域城市群区域性公共事务治理机构

跨省域城市群区域性公共事务治理机构是由中央政府及其相关职能部门，在对跨省域城市群内部各地方政府的治理权限进行适度整合的基础上设立的。例如，跨省域城市群大气污染防治机构，可以由中央政府的生态环境部门负责设立。跨省域城市群大气污染防治机构的主要职责是依据城市群生态环境保护与治理规划，负责整个城市群空间内的大气污染防治计划的制定和执行，对城市群区域内各地方政府在城市群大气污染防治中的管理权限、成本分担、收益分享等方面的问题进行有效的统筹与协调，以实现有效治理城市群大气污染和不断改善城市群空气质量的目的，进而为城市群协调发展营造良好的生态环境。城市群大气污染防治机构的运行经费可以由中央财政来承担，具体的治理费用则可以由中央政府与跨省域城市群内部的各地方政府依据一定的比例来分担。

(二) 由省级政府相关职能部门设立省域内城市群区域性公共事务治理机构

省域内城市群区域性公共事务治理机构是由省级政府及其相关职能部门，在对省域内城市群内部各地方政府的治理权限进行适度整合的基础上设立的。例如，在省域内城市群内部的跨域江河湖泊的治理上，通过设置城市群跨域江河湖泊治理机构来管理跨行政区的江河湖泊，可以较为有效地解决因治理权限的分散而导致的治理难题，推动这些江河湖泊治理成效的不断提升。省域内城市群跨域江河湖泊治理机构由省级政府的自然资源部门负责设立，省域内城市群跨域江河湖泊治理机构的运行经费可以由省级财政来承担，具体的治理费用由省级政府与省域内城市群内部的各地方政府依据一定的比例来分担。

第六节　城市群基本公共服务供给整合

基本公共服务是关系到广大居民切身利益的公共服务类型，供给基本公共服务并不断提升基本公共服务的均等化水平是政府的重要职责。一个地区基本公共服务的供给数量、供给水平和供给质量，也是影响一个地区人口和生产要素集聚规模的重要因素，进而会对该地区的经济社会发展水平产生重要的影响，不断提升城市群基本公共服务均等化水平是实现城市群协调发展目标的基本要求和重要保障。目前，我国纵向政府间的基本公共服务事权配置不尽合理，现有基本公共服务的统筹层次相对较低，加之城市群内部公共服务资源空间配置不均衡，致使绝大部分城市群基本公共服务的均等化水平相对较低，影响到人口和生产要素在城市群范围内的合理流动和均衡配置，进而阻碍了城市群协调发展水平和质量的不断提升。对此，需要不断强化中央政府和省级政府在城市群基本公共服务供给上的统筹力度，不断提升城市群基本公共服务的统筹层次和均等化水平。具体来说，作为跨省域城市群上级政府的中央政府和作为省域内城市群上级政府的省级政府，需要对城市群内部当前碎片化的基本公共服务供给格局进行必要的整合，通过不断优化城市群公共服务资源配置格局、建立健全城市群基本公共服务标准体系、加强城市群上级政府在城市群基本公共服务供给上的职责等方式，来不断提升城市群基本公共服务的均等化水平，以此来不断优化城市群内部人口和生产要素的空间布局，进而为城市群协调发展目标的实现提供有力的支撑。

一、不断优化城市群公共服务资源配置格局

城市群基本公共服务均等化水平与城市群公共服务资源配置格局有着密切的关联，将公共服务资源在城市群空间内进行合理的配置，是确保城市群基本公共服务均等化水平不断提升的内在要求和重要保障。一个地区所能获取的公共服务资源的数量和质量，是影响一个地区基本公共服务供给水平和供给质量的重要因素。在我国等级化的城市管理体制之下，一个城市的行政等级越高，其所能获得的公共服务资源，特别是优质公共服务资源的数量通常就越多，该城市基本公共服务的供给水平和供给质量通常也就越高。相反，一个城市的行政等级越低，其所获得

的公共服务资源总量不仅相对较少，优质的公共服务资源更是严重不足，进而制约了该地区基本公共服务供给水平和供给质量的提升。在跨省域城市群范围内，各城市的行政等级存在着一定的差异，直辖市和副省级城市因其拥有相对较高的行政等级，这些城市所拥有的公共服务资源比城市群内部其他城市的公共服务资源要更加充足且优质。在省域内城市群中，省会城市作为全省的行政中心，通常也是优质公共服务资源配置较为集中的地区，城市群内部公共服务资源的配置处于不均衡的格局。特别是在中西部地区的部分省域内城市群中，城市群中心城市与城市群内部的其他城市在公共服务资源的配置数量和质量上的差距非常明显，城市群内部公共服务资源空间配置失衡的问题较为严重，进而制约了各地区间的协调发展。为此，城市群上级政府需要推动公共服务资源配置向城市群内部的中小城市和小城镇倾斜，不断缩小城市群内部各地区在公共服务资源配置上的差距，努力提升城市群内部优质公共服务资源的共享水平，以此来不断优化城市群公共服务资源配置格局。

（一）推动公共服务资源配置向城市群内部的中小城市和小城镇倾斜，不断缩小城市群内部各地区在公共服务资源配置上的差距

城市群内部的公共服务资源配置格局，是影响城市群空间内的人口和生产要素的流动方向和配置格局的重要因素。城市群中心城市因其集聚了一定数量的优质的公共服务资源，能够吸引到大量人口和生产要素的集聚；而城市群内部的中小城市和小城镇则因优质公共服务资源的缺乏而导致人口和生产要素出现不断地外流，城市群内部各地区间发展不平衡的问题也随之日渐凸显。依据人口和生产要素的流动方向来配置公共服务资源，是提高公共服务资源利用效率的内在要求和重要保障。但同时，我们也要注意到，加大对人口和生产要素流失问题较为严重地区的公共服务资源，特别是优质公共服务资源的配置力度，也是吸引人口和生产要素回流、推动城市群内部人口和产业的空间分布格局从不合理不均衡走向合理和均衡的重要手段。在地区间发展不平衡问题较为明显的城市群，中小城市是人口和生产要素流失较为严重的地区，而这些地区的基本公共服务供给水平和供给质量相对较低是导致其人口和生产要素不断外流的重要因素。为此，需要充分发挥中央政府和省级政府在城市群公共服务资源配置上的统筹与协调作用，合理配置城市群范围内的公共服务资源，以解决城市群内部各地区间发展不平衡的难题，进而实现城市群协调发展的目标。为了更好地推动城市群协调发展水平和质量的不断提升，中央政府和省级政府在做好城市群公共服务资源存量调整和配置格局优化的同时，也需要加大对城市群内部中小城市公共服务资源的投入力度，要确保新增的优质公共服务资源向中小城市倾斜，以此来不断缩小城市群范围内各地区在公共服务资源配置数量和质量上的差距，推动城市群公共服务资源配置格局逐步从不均衡走向相对均衡，进而为缩小城市群内部各地方政府在基本公共服务供给能力上的差异、提升城市群基本公共服务均等化水平奠定较为坚实的基础。

(二) 不断提升城市群内部优质公共服务资源的共享水平

城市群内部的公共服务资源尤其是优质的公共服务资源是有限的，优质公共服务资源主要集中于城市群内部行政等级较高的城市的配置格局，阻碍了城市群基本公共服务均等化水平的提升，而这种格局在短期内难以得到有效的改变。因此，我们在推动公共服务资源配置向城市群内部的中小城市和小城镇倾斜，不断缩小城市群内部各地区在公共服务资源配置上的差距的同时，也需要不断提升城市群内部优质公共服务资源的共享水平，以此来不断提升优质公共服务资源的利用效率，进而为城市群基本公共服务均等化水平的提升提供有力的支撑。《中共中央国务院关于建立更加有效的区域协调发展新机制的意见》指出，要深化区域合作机制，积极探索建立城市群协调治理模式，鼓励成立多种形式的城市联盟。为此，可以考虑在中央政府或省级政府及其相关职能部门的引导和推动下，打破碎片化的基本公共服务供给格局，跨行政区组建城市群基本公共服务供给联盟。而这不仅有助于推动城市群基本公共服务供给规模效应的产生，更有助于提升城市群内部优质基本公共服务资源的共享水平，进而有利于城市群基本公共服务均等化水平的提升。具体来说，城市群基本公共服务供给联盟主要包括城市群基础教育城市联盟、城市群基本医疗和公共卫生城市联盟、城市群公共文化城市联盟等。

1. 城市群基础教育城市联盟。教育是居民获取知识和提升人力资本水平的重要手段，关系到居民的切身利益。基础教育是教育的基础环节和重要组成部分，一个地区基础教育的水平和质量已经成为居民选择居住区位的重要参考指标。近年来，伴随国家对于教育特别是基础教育投入的逐年增加，我国的基础教育硬件设施和基础教育教师队伍建设取得了长足的进步。但同时我们也要看到，我国不同区域之间、同一区域内部的不同地区之间在基础教育水平上的差距依然较大。影响一个地区基础教育水平和质量高低的主要因素是该地方政府的财政实力和优质基础教育资源的配置数量。地方政府的财政实力受到自身经济发展水平和财政收入分配方式等多种因素的影响，各地区在基础教育投入上的差距，可以通过上级政府不断加大对财政实力较弱地区的财政转移支付力度来缩小；而各地区在优质基础教育资源配置上的差距可以通过成立由各地区参与的基础教育城市联盟来化解。例如，可以通过成立城市群基础教育城市联盟来缩小城市群内部各地区在优质基础教育资源配置上的差距，不断提升城市群基础教育均等化水平。

城市群基础教育城市联盟是在城市群上级政府教育部门的牵头下，由城市群区域内各城市政府的教育部门和部分学校参与成立的，旨在推动优质基础教育资源在城市群范围内各地区之间有效的共享，不断优化城市群基础教育资源配置格局的城市联盟。其中，跨省域城市群基础教育城市联盟由中央政府的教育部门负责推动成立，省域内城市群基础教育城市联盟由省级政府的教育部门负责推动成立。通过城市群内部各城市政府教育部门之间的密切协作，城市群基础教育城市联盟可以通过跨地区组建教学共同体、推动校际间电子教学资源共享、加大校际间和城市间教师交流的力度等方式来推动优质基础教育资源在城市群范围内实现均衡的配置，不断提升城市群基础教育的均等化水平。

第一，跨城市组建教学共同体。由于城市群内部基础教育资源的配置不太均衡，城市群内部的各地区在基础教育的水平和质量等方面通常存在一定的差距，我们在推动一个地区内部的不同学校之间通过有效协作来提升该地区基础教育均等化水平的同时，也需要推动城市群内部不同地区的学校之间开展密切的协作。为此，可以考虑跨城市组建以一个或若干个教学质量较高的学校为核心，由一定数量的学校参与的教学共同体，以此来缩小各城市在基础教育水平和质量等方面的差距，推动优质基础教育资源在城市群空间内实现更加均衡的配置。在教学共同体内部，作为教学共同体核心的教学质量较高的学校，可以在教学理念、教学计划和教学内容等方面对其他学校进行有效的引导，以帮助这些学校提升其教学质量。

第二，推动校际间电子教学资源共享。伴随电子信息技术的快速发展，充分利用优质的电子教学资源来提升基础教育的水平和质量已经成为比较可行的手段。在基础教育中，不仅优质的教师资源是有限的，优质的电子教学资源也是有限的。扩大优质电子教学资源共享的范围，提高优质电子教学资源的利用效率，不仅是充分利用电子教学资源的需要，也是提高部分学校教学水平和教学质量的重要手段。在城市群基础教育城市联盟内部，要实现校际间电子教学资源的共享，用优质电子教学资源的共享来弥补很多学校在优质师资配备上的不足，以此来推动城市群基础教育水平实现整体提升的目的。

第三，加大校际间和城市间教师交流的力度。教师队伍建设是提升一个地区基础教育水平和质量的根本。一个各地区所拥有的优质教师队伍的规模，是决定一个地区基础教育水平和质量高低的重要因素。城市群内部的大城市与中小城市和小城镇之间在教师队伍的建设水平上存在一定的差距，通过加大校际间和城市间教师交流的力度，实现优质教师资源在城市群内部的合理流动和均衡配置，是推动城市群基础教育均等化水平不断提升的重要保障。现有的教师交流主要局限于同一城市内部的不同学校之间。伴随城市群一体化进程的加快，推动教师特别是优质教师跨城市交流，对于城市群基础教育均等化目标的实现非常重要。

2. 城市群基本医疗和公共卫生服务城市联盟。基本医疗和公共卫生是基本公共服务中非常重要的类型，直接关系到居民的身体健康和公共卫生安全。从我国大多数城市群现有的基本医疗和公共卫生资源配置格局来看，优质的医疗和公共卫生资源主要集中在城市群的中心城市，不同城市间的基本医疗和公共卫生供给水平和质量差距相对较大。以城市群为单位，组建城市群基本医疗和公共卫生城市联盟，可以实现城市群范围内的基本医疗和公共卫生资源的有序流动和合理配置，缩小城市间基本医疗和公共卫生服务供给水平和质量上的差距，实现城市群基本医疗和公共卫生服务均等化的目标。城市群基本医疗和公共卫生服务城市联盟，是在中央政府或省级政府的卫生和健康部门的推动下，在城市群区域内各城市政府的卫生和健康部门的共同参与下，通过组建跨城市的医疗共同体、加大城市间基本医疗和公共卫生服务人员的交流力度、推动城市间基本医疗和公共卫生资源共享、建设城市群一体化的医疗结算体系等方式来实现城市群基本医疗和公共卫生服务均等化的目标。其中，跨省域城市群基本医疗和公共卫生服务城市联盟由中央政府的卫生和健康部门负责推动成立，省域内城市群基本医疗和公共卫生服务城市联盟由省级政府的卫生和健康部门负责推动成立。

3. 城市群公共文化服务城市联盟。公共文化是政府提供的用于满足人民群众基本书化生活需求的基本公共服务类型。在日渐增大的财政支出压力和内在晋升动机的驱动下，地方政府的主要官员通常选择将有限的财政资金投入生产型公共服务和公共物品的供给，而在公共文化服务等消费型公共服务和公共物品方面的投入相对较少，进而使得公共文化等消费型公共服务的供给难以满足人民群众的基本需求。近些年来，伴随我国经济社会的快速发展，人民群众对于文化生活的需求不断增加，政府的公共文化服务供给与居民的公共文化服务需求之间的矛盾日渐凸显。同时，一定区域内公共文化资源配置的不均衡，也进一步加剧了政府的公共文化服务供给与居民的公共文化服务需求之间的矛盾。例如，在一个城市群范围内，图书馆、文化馆、博物馆、歌剧院、舞剧院等文化设施主要集中在城市群的中心城市和大城市，而中小城市、小城镇和乡村地区配置的公共文化资源数量非常有限，城市群公共文化资源的配置处于失衡的格局。建立城市群公共文化服务城市联盟是优化城市群公共文化资源配置格局、实现城市群协调发展的内在要求和重要保障。城市群公共文化服务城市联盟，是在中央政府或省级政府文化部门的推动下，在城市群区域内各城市政府文化部门的共同参与下，通过整合城市群区域内各地区的图书馆、文化馆、剧院等公共文化设施而组建的城市联盟，以此来实现公共文化资源在城市群内部各地区间共享，不断提升城市群公共文化服务均等化水平的目的。其中，跨省域城市群公共文化服务城市联盟由中央政府的文化部门负责推动成立，省域内城市群公共文化服务城市联盟由省级政府的文化部门负责推动成立。例如，在国家有关部门的推动下，京津冀城市群成立了京津冀图书馆联盟等5个协同发展平台，在公共文化服务、群众文化活动、演出艺术发展等领域实现了资源互通和共享。[1]

二、建立和健全城市群基本公共服务标准体系

一个地区基本公共服务实施标准的高低，直接影响到该地区基本公共服务的供给水平和供给质量。在我国现有的基本公共服务供给体制下，城市群内部的各地方政府通常是各自行政区域内基本公共服务实施标准的制定者，城市群层面尚缺乏统一的基本公共服务实施标准。城市群内部的各地方政府因财政能力和基本公共服务供给意识上的差距，各地区在基本公共服务的实施标准上通常存在一定的差异，进而影响到城市群基本公共服务的均等化水平。为了建立和健全基本公共服务标准体系，不断提升我国基本公共服务的均等化水平，2018年，中共中央办公厅和国务院办公厅联合印发了《关于建立健全基本公共服务标准体系的指导意见》。该意见提出，要从国家、行业、地方、基层服务机构4个层面来建立和健全我国的基本公共服务标准体系。其中，在国家层面，要以幼有所育、学有所教、劳有所得、病有所医、老有所养、住有所居、弱有所扶等为统领，制定国家基本公共服务标准。而在地方层面，地方政府在执行基本公共服务标准时，要将国家基本公共服务标

---

① 王海亮：《京津冀公共文化服务实现资源互通》，https：//item. btime. com/04invrrnop15eebvki1tf509lu8？page＝2，访问日期：2019年5月8日。

准、各行业领域标准规范与本地实际相结合，制定本地区具体实施标准。地方政府结合本地区经济发展、人口结构等因素，制定本地区基本公共服务具体实施标准。同时，鼓励京津冀、长三角、珠三角等有条件的地区，积极探索开展区域性基本公共服务标准体系协作联动，促进区域内基本公共服务设施配置、人员配备以及服务质量水平有效衔接。①

伴随我国经济发展格局由行政区经济向城市群经济的转变，我国经济社会发展的空间结构正发生着深刻变革，城市群内部的各地区在基本公共服务实施标准上的不一致，已经成为影响人口和生产要素在城市群空间内合理流动和均衡配置的重要因素，制约了城市群协调发展水平的不断提升，构建统一的城市群基本公共服务标准体系的重要性日渐凸显。在市场机制发育较为成熟、内部各地区之间经济社会协调发展水平相对较高的城市群，城市群内部各地方政府之间的协作联动将有助于推动城市群基本公共服务标准体系的构建；而在市场机制发育不太成熟、内部各地区之间经济社会协调发展水平相对较低的城市群，城市群内部各地区之间的协作联动水平相对较低，由城市群上级政府对城市群内部各地区的基本公共服务实施标准进行有效的整合，推动构建城市群基本公共服务标准体系，有利于缩小城市群内部各地区在基本公共服务供给标准上的差距，进而更加有效地化解碎片化的基本公共服务供给体制给城市群基本公共服务均等化水平的提升所带来的阻碍。

三、强化城市群上级政府在城市群基本公共服务供给上的职责

城市群公共服务资源配置格局的优化和城市群内部各地区基本公共服务实施标准的整合，有助于缩小城市群内部各地方政府在基本公共服务供给能力和各地区在基本公共服务供给标准上的差距，进而为城市群

---

① 《中共中央办公厅、国务院办公厅关于建立健全基本公共服务标准体系的指导意见》，http://www.gov.cn/xinwen/2018-12/12/content_5348159.htm，访问日期：2019年10月16日。

基本公共服务均等化水平的不断提升提供较为坚实的保障。但是，由于城市群内部的各地方政府在基本公共服务供给能力上的差距依然客观存在，要想最终实现城市群基本公共服务均等化的目标，还需要在不断优化城市群公共服务资源配置格局和推动城市群基本公共服务实施标准整合的基础上，不断提升城市群基本公共服务的统筹层次，强化城市群上级政府在城市群基本公共服务供给上的财政事权和统筹职责。一方面，要适度强化城市群上级政府在城市群基本公共服务供给上所承担的财政事权。作为跨省域城市群上级政府的中央政府，推动跨省域城市群基本公共服务均等化水平的不断提升是其重要的职责之一，中央政府应该要在跨省域城市群基本公共服务的供给上承担更多的财政事权和支出责任。而作为省域内城市群上级政府的省级政府，其在省域内的财政事权和支出责任亦同。《国务院关于推进中央与地方财政事权和支出责任划分改革的指导意见》（国发〔2016〕49号）指出，要适度加强中央政府在维护全国统一市场、体现社会公平正义和推动区域协调发展等方面的财政事权，要将部分适宜由更高一级政府承担的基本公共服务职能上移，明确省级政府在保持区域内经济社会稳定、促进经济协调发展、推进区域内基本公共服务均等化等方面的职责。为此，需要将应该由或者适宜由城市群上级政府来供给的基本公共服务的供给职责上移，以此来不断提升城市群基本公共服务的均等化水平。

另一方面，要不断提升城市群基本公共服务的统筹层次，不断缩小城市群内部各地区在基本公共服务供给水平上的差距，提升城市群基本公共服务的均等化水平。我国城市群基本公共服务不均等问题的存在，与我国现有的基本公共服务统筹层次相对较低密切相关。城市群基本公共服务统筹层次的提升，有助于弱化城市群内部各地方政府在基本公共服务供给能力上的差距给城市群基本公共服务均等化水平提升所带来的不利影响。具体来说，在跨省域城市群的基本公共服务供给上，可以由中央政府及其相关职能部门来负责统筹；在省域内城市群的基本公共服务供给上，可以由省级政府及其相关职能部门来负责统筹，不断提升城市群基本公共服务的均等化水平。

本 章 小 结

　　城市群是一个包含多个行政区的经济区，人口和生产要素在城市群空间内的合理流动和均衡配置是实现城市群协调发展的基本前提和重要保障。但是，城市群内部地区间政策壁垒的存在，阻碍了人口和生产要素在城市群空间内的合理流动和均衡配置，进而制约了城市群协调发展格局的形成。同时，我国纵向政府间基本公共服务事权配置不合理，致使城市群基本公共服务的统筹层次相对较低；加之城市群空间内公共服务资源配置的不均衡，使得城市群基本公共服务均等化水平较低，进一步加剧了城市群内部人口和生产要素空间配置失衡的格局，不利于城市群协调发展水平的提升。地区间政策壁垒的破除和城市群基本公共服务均等化水平的提升，除了可以依靠城市群内部各地方政府之间的府际协作来推动外，也可以通过由城市群上级政府对城市群内部各地方政府所拥有的与城市群协调发展密切相关的部分事权进行适度的整合，以构建有利于城市群协调发展的事权运行格局来实现。作为城市群纵向府际整合治理主要内容之一的城市群地方政府事权整合，是由城市群上级政府对城市群内部各地方政府所拥有的、与城市群协调发展密切相关的部分事权进行适度的整合，不断强化城市群上级政府在推动城市群协调发展方面的事权，以此弱化各地方政府制造政策壁垒和开展无序竞争的能力，不断提升城市群基本公共服务均等化水平，进而推动人口和生产要素在城市群范围内的合理流动和均衡配置，实现城市群协调发展目标的整合治理举措。城市群地方政府事权整合的手段包括城市群地方政府规划权限整合、城市群内部省际或市际交界地区管理权限整合、城市群区域性公共事务治理权限整合、城市群基本公共服务供给整合等。

　　由于城市群范围内的各地方政府是理性的具有一定利益诉求的经济人，地区利益最大化是各地方政府决策和行为所遵循的基本逻辑。城市群地方政府事权整合虽然有利于弱化各地方政府制造政策壁垒和开展无序竞争的能力，但并没有对各地方政府制造政策壁垒和开展无序竞争的动机进行有效的弱化。城市群内部的各地方政府在决策和行为上采取何种动机，与城市群上级政府和城市群内部各地方政府之间的财权划分格局以及由此塑造的府际利益分配格局密切相关。我们在推动城市群地方政府事权整合的同时，如果不对城市群内部各地方政府所拥有的与城市群协调发展密切相关的部分财权进行必要的整合，那么各地方政府制造政策壁垒和开展无序竞争的动机将难以被弱化，城市群地方政府事权整合的效果也将难以呈现。因此，我们在推动城市群地方政府事权整合的同时，也需要积极地推动城市群地方政府财权整合，以弱化各地方政府制造政策壁垒和开展无序竞争的动机，以此来不断提升城市群协调发展的水平和质量。

第五章　城市群地方政府财权整合：
构建有利于城市群协调
发展的财权运行格局

　　"地方政府之间的关系首先是利益关系。"[①]如何协调好城市群内部各地方政府之间的利益关系，不断弱化各地方政府制造政策壁垒和开展无序竞争的动机，推动各地方政府之间的关系格局从无序竞争和消极合作向有序竞争和积极合作转变，是实现城市群协调发展的内在要求和重要保障。"利益是区域合作的原动力，财政是调控区域发展的重要手段。"[②]伴随我国经济发展格局由行政区经济向城市群经济的转变，我国现有的与行政区经济相适应的地方政府财权运行格局已经越来越难以适应城市群经济发展的需要，对城市群内部各地方政府的部分财权进行必要的整合，构建有利于城市群协调发展的城市群地方政府财权运行格局的重要性正日渐凸显。作为城市群纵向府际整合治理的主要内容之一，城市群地方政府财权整合是由城市群上级政府对城市群内部各地方政府所拥有的部分财税政策制定权限和财税收入分配权限进行适度的整合，以此来弱化各地方政府制造政策壁垒和开展无序竞争的动机，不断缩小城市群内部各地区财力上的差距，进而构建起有利于城市群协调发展的地方政府财权运行格局的整合治理举措。

---

　　① 李文星、朱凤霞：《论区域协调互动中地方政府间合作的科学机制构建》，载《经济体制改革》2007 年第 6 期。
　　② 李文星、朱凤霞：《论区域协调互动中地方政府间合作的科学机制构建》，载《经济体制改革》2007 年第 6 期。

第一节　城市群地方政府财权整合的缘起

政府财权是指一级政府所拥有的制定财税政策以及占有、支配和使用一定数量财税收入等方面的权限。拥有一定限度的财权，是确保一级政府能够切实履行好自身所承担的事权的重要保障。在单一制国家，地方政府所能获取的财税政策制定权限的大小和财税收入的多少及其对财税收入支配权限的大小，通常取决于纵向政府间的财权划分格局。如何在中央政府与地方政府之间、省级政府与省级以下地方政府之间合理地划分财权，不仅关系到央地之间和省级政府与省级以下地方政府之间的利益分配格局，而且也会对地方政府的决策动机和行为策略产生深刻影响，进而塑造出特定的地方政府间关系格局，并由此对经济社会发展格局产生重要的影响。新中国成立到改革开放之前，我国实行的是由中央政府高度集权的财政管理体制，央地之间在财税政策制定和财税收入分配等财政权限上没有明确的划分，中央政府统收统支的财政管理体制使得各级地方政府缺乏财政管理的自主权，地方政府之间横向上的经济联系相对较少，纵向的"条条管理"主导着国民经济的运行过程。改革开放以后，由中央政府统收统支的财政管理体制被逐渐打破，央地之间的财政收入划分日渐明晰，有关央地之间财政事权和支出责任划分等方面的改革也在不断推进，地方政府拥有的财政管理自主权限日渐增多。地方政府财政管理自主权限的扩大，在调动地方政府发展经济的主动性、积极性和创造性的同时，也引发了各地方政府制造政策壁垒和开展无序竞争的动机，阻碍了人口和生产要素跨行政区的合理流动和均衡配置，使得区域协调发展的格局难以形成。20 世纪 90 年代以来，伴随区域经济一体化进程的不断加快，城市群的出现及其在国民经济和社会发展中重要性的日渐凸显，我国的经济发展格局正逐步从行政区经济向城市群经济转变，城市群内部碎片化的财税管理权限运行格局日渐成为城市群协调发展格局形成的障碍。通过由城市群上级政府对城市群内部各地方政府所拥有的部分财税政策制定权限和财税收入分配权限进行必要的整合，弱化各地方政府构筑政策壁垒和开展无序竞争的动机，不断缩小城市群内部各地区在财力上的差距，以推动城市群协调发展的重要性日渐凸显。

一、碎片化的财税管理权限给城市群协调发展带来的阻碍

改革开放以后，中央政府给地方政府财政分权的力度逐步加大，地方政府开始拥有了一定的财税管理自主权。地方政府财税管理自主权限的扩大，在调动地方政府发展经济的主动性、积极性和创造性的同时，也引发了各地方政府利用财税管理权限进行无序竞争和税基争夺的动机，地区间的利益藩篱开始构筑并成型，阻碍了人口和生产要素在城市群区域内的合理流动和均衡配置，日渐强化的行政区经济现象阻碍了城市群的协调发展。具体来说，碎片化的财税管理权限运行格局给城市群协调发展带来的阻碍主要表现在城市群内部的部分地方政府利用不正当的财税优惠政策开展无序竞争、城市群内部的部分地方政府为防止税源流失而阻碍产业在城市群内部各地区间有序的转移和城市群内部各地区在财税收入上的差距不断拉大等方面。

（一）城市群内部部分地方政府利用不正当的财税优惠政策开展无序竞争

作为理性的具有特定利益诉求的经济人，地区利益最大化是城市群内部各地方政府决策和行为的根本动机。1994年分税制改革实施后，中央政府与地方政府在财政收入上有了较为明确的划分，地方政府拥有的财税政策制定和财税收入分配权限逐渐增多，为各地方政府能够因地制宜地发展本地区的经济提供了较大的施政空间，有利于提升地方经济发展的水平和质量。但与此同时，面对以地区生产总值和地方财政收入等为核心指标的政绩评价标准，各地方政府之间开展了激烈的竞争，而利用优惠的财政补贴政策和税收政策来引进更多的外部资本和项目，以实现在较短时期内推动地区生产总值快速提升的目标逐渐成为各地方政府的决策动机和行为策略。为了能够引进更多的资本和项目，很多地方政府不惜采用以免除土地出让金或一定期限内的税收、给予入驻的项目

以高额的财政补贴等手段来开展竞争，地方政府间的无序竞争所导致的地区间产业同构和重复建设等问题日渐凸显，阻碍了城市群协调发展格局的形成。

（二）城市群内部部分地方政府为防止税源流失而阻碍产业在城市群内部有序的转移

城市群是以 1 个或 1 个以上的国家级中心城市或区域性中心城市为核心，包括一定数量的大中小城市和小城镇的城镇密集区域。城市群内部各地区在产业上的合理分工与密切协作，是推动城市群协调发展目标实现的内在要求和重要保障。由于各地区在产业结构上存在一定的差异，伴随各地区产业结构的不断升级，推动部分产业在各地区之间进行有序的转移，有利于不断完善城市群的产业分工与协作体系，进而增强城市群的整体竞争力。但是，由于产业的转移也意味着税源的流失，很多地方政府为了防止税源流失，在产业转移上表现得较为消极和被动，阻碍了城市群产业分工与协作体系的形成和发展。

（三）城市群内部各地区在财税收入上的差距不断拉大

一个地区财税收入的多少，与一个地区所集聚的人口和生产要素的规模密切相关。城市群内部包含一定数量的不同等级、不同规模的城市和城镇，这些城市和城镇在能级上存在一定的差异，城市群中心城市、次中心城市和重要节点城市所集聚的人口和生产要素的规模要多于一般类型的城市和小城镇。伴随城市群内部人口和生产要素不断向城市群中心城市、次中心城市和重要节点城市集聚，越来越多的税源也开始向这些城市集中，导致城市群内部各地区在财税收入上的差距不断拉大。同时，城市群空间内的税源和税收分离现象的存在，也在一定程度上拉大了城市群内部各地区在财税收入上的差距。依据《中华人民共和国企业所得税法》第五十条的规定，除税收法律、行政法规另有规定外，居民企业以企业登记注册地为纳税地点。城市群中心城市和次中心城市通常是城市群空间内企业总部较为集中的地区，这些总部位于中心城市和次中心城市的企业，其生产和制造基地通常分布在城市群空间内的其他地区。依据企业登记注册地为纳税地点的原则，城市群中心城市和次中心城市的政府获取了这些企业所缴纳税收的主要份额，而这些企业的生产和制造基地所在地的地方政府虽拥有税源，却无法获得或者只能获得少量份额的税收。城市群空间内的税源和税收相分离现象的存在，使得城市群中心城市和次中心城市与城市群内部的其他城市在财力上的差距不断拉大，不利于城市群内部各地区之间的协调发展。

二、城市群地方政府财权整合的缘起

城市群是一个包含多个行政区的经济区，城市群协调发展目标的实现以城市群内部各地方政府间的有序竞争和积极协作为基本前提和重要保障。但是，财政分权改革的实施和以地区经济增长速度为核心指标的政绩评价标准，激发了各地方政府开展产业同构与无序竞争的动机，地方政府间的竞合关系也由此呈现出竞争无序和合作不足的格局，阻碍了城市群协调发展目标的实现。2013 年 11 月，党的十八届三中全会通过的《关于全面深化改革若干重大问题的决定》中明确指出，要"完善发展成果考核评价体系，纠正单纯以经济增长速度评定政绩的偏向，加大资源消耗、环境损害、生态效益、产能过剩、科技创新、安全生产、新增债务等指标的权重，更加重视劳动就业、居民收入、社会保障、人民健康状况"[1]。党的十八届三中全会以后，以地区经济增长速度为政绩主要评定依据的状况得到了很大程度的改变，但是各地方政府间无序竞争和消极合作的府际关系格局并未得到根本的转变，我们在推动构建多元化的政绩评价指标体系的同时，也需要对城市群内部碎片化的财税权限运行格局进行必要的整合。伴随行政区经济向城市群经济的转变，现有的与行政区经济相适应的地方政府财税权限运行格局已经越来越难以适应城市群经济发展的需要。由城市群上级政府对城市群内部各地方政府所拥有的部分财税政策制定权限和财税收入分配权限进行必要的整合，

---

① 《中共中央关于全面深化改革若干重大问题的决定》，http：//cpc.people.com.cn/n/2013/1115/c64094-23559163.html，访问日期：2019 年 12 月 5 日。

不断强化城市群上级政府在推动城市群协调发展上的统筹与协调能力，进而构建有利于城市群协调发展的地方政府财权运行格局，既是弱化各地方政府开展无序竞争的动机以推动城市群协调发展的重要手段，又是适应我国经济发展格局从行政区经济向城市群经济转变的内在要求。同时，城市群地方政府财权整合也是确保城市群地方政府事权整合成效得以有效发挥的重要保障。

（一）城市群地方政府财权整合是弱化各地方政府开展无序竞争的动机，推动城市群协调发展的重要手段

"中国经济增长的实现是由地区间的经济增长竞赛来支撑，而地区的经济增长很大程度上取决于本地的固定资本投资量和投资项目水平，于是在官员晋升锦标赛下的政治竞争迅速联结渗透到经济领域，不可避免地演变成为地方政府间不计代价地争夺资源流入和投资项目的竞争。"[①]城市群作为一个包含多个行政区的经济区，各地区之间经济联系的程度和深度要强于一般类型的区域。城市群协调发展格局的形成，需要城市群区域内的各地区在产业上开展有效的分工与积极的协作，以形成合理的区域产业布局，不断提升城市群的竞争力。在市场机制发育较为成熟的城市群，城市群内部的各地方政府在产业分工与协作上的主动性较强，市场机制在推动城市群协调发展水平的提升等方面发挥着重要的作用。但是，在市场机制发育不太成熟的城市群，地方政府间为增长而竞争的府际关系格局的存在，使得城市群内部的各地方政府在推动城市群产业分工与协作体系的构建上缺乏主动性和积极性，进而影响到城市群协调发展水平和质量的提升。城市群协调发展目标的实现，除了可以依靠各地方政府之间的沟通和协调外，也可以由城市群上级政府对城市群内部各地方政府拥有的部分财税政策制定权限和财税收入分配权限进行必要的整合，以此弱化各地方政府开展无序竞争的动机，推动城市群内部各地区间产业转移和产业承接的顺利推进，进而实现城市群协调

---

① 白雪洁、于志强：《晋升博弈、竞争冲动与区域性产能过剩》，载《经济与管理研究》2018 年第 1 期。

发展的目标。

（二）城市群地方政府财权整合是适应我国经济发展格局从行政区经济向城市群经济转变的内在要求

改革开放特别是 20 世纪 90 年代以来，伴随区域经济一体化进程的不断加速和城市群的兴起及快速发展，我国经济发展的格局发生了深刻变革。"从经济发展的地理格局来看，经济增长的主体正在从改革开放以来由省、市行政单位主导下的'点状'转变为以城市群为载体多元主体参与的区域板块集群优势下的'块状、面状'"①，城市群经济正逐步取代行政区经济成为我国经济的主流形态。行政区经济向城市群经济的转变，不仅是我国经济发展格局的重大变革，也催生出对我国纵向政府间财权配置结构进行变革的需求。改革开放以来，中央政府给地方政府的财政分权改革激发了地方政府发展经济的主动性、积极性和创造性，为我国经济在较长时期内保持高速增长提供了强大的动力支撑；但同时也使得我国经济发展呈现出明显的行政区经济格局。伴随行政区经济向城市群经济的转变，我国城市群内部碎片化的财政权力运行格局已经越来越难以适应城市群经济发展的需要。由城市群上级政府对城市群内部碎片化的财政权力运行格局进行必要的整合，是适应行政区经济向城市群经济转变趋势的内在要求，有利于更好地推动城市群协调发展格局的形成。

（三）城市群地方政府财权整合是巩固城市群地方政府事权整合成效的重要保障

城市群地方政府事权整合和城市群地方政府财权整合是运用纵向府际整合治理模式来推动城市群协调发展的两大基本路径，二者之间存在着密切的关联。城市群地方政府事权整合是城市群地方政府财权整合的基本前提，城市群地方政府财权整合是城市群地方政府事权整合成效的重要保障。城市群地方政府事权整合的实施，有助于改变城

---

① 王玉海、宋逸群：《共享与共治：中国城市群协同治理体系建构》，载《开发研究》2017 年第 6 期。

市群内部与城市群协调发展密切关联的部分事权运行碎片化的问题，有利于弱化各地方政府制造政策壁垒和开展无序竞争的能力和空间。但是，由于城市群内部的各地方政府是理性的具有特定利益诉求的经济人，如果仅仅推动城市群地方政府事权整合，而不对各地方政府拥有的部分财税管理权限进行的必要整合，那将难以弱化各地方政府制造政策壁垒和开展无序竞争的动机，自利动机强烈的各地方政府会想尽办法冲破城市群地方政府事权整合对其决策权限和行为空间所构成的规范和约束，城市群地方政府事权整合的成效也将难以得到有效的呈现。城市群地方政府财权整合的实施，则有利于弱化各地方政府制造政策壁垒和开展无序竞争的动机，推动城市群范围内各地方政府之间形成有序竞争的府际关系格局，进而使得城市群地方政府事权整合的成效能够得到有效的发挥，为城市群协调发展目标的实现提供较为坚实的保障。

第二节　城市群地方政府财权整合的基本逻辑和主要手段

城市群协调发展是一个内部动力和外部力量共同作用的过程。城市群内部的各地方政府是推动城市群协调发展的内在动力，各地方政府之间的有序竞争和积极合作是推动人口和生产要素在城市群空间内实现合理流动和均衡配置的重要保障。同时，城市群协调发展目标的实现也需要外部力量的有效推动，特别是在各地区间利益藩篱较为牢固和地区间发展差距较大的城市群，城市群上级政府在城市群协调发展目标的实现中需要发挥重要的调节和推动作用。而城市群地方政府财权整合正是基于由城市群上级政府对城市群内部各地方政府的部分财税权限进行必要的整合，以此来弱化各地方政府制造政策壁垒和开展无序竞争的动机，不断缩小各地区在财力上的差距，进而实现城市群协调发展目标的逻辑而实施的整合治理举措。

一、城市群地方政府财权整合的基本逻辑

作为城市群纵向府际整合治理的主要内容之一，城市群地方政府财权整合是由城市群上级政府来主导的，以弱化各地方政府制造政策壁垒和开展无序竞争的动机、不断缩小各地区在财力上的差距为主要目的，以城市群内部各地方政府拥有的、部分与城市群协调发展密切关联的财税政策制定权限和财税收入分配权限为整合对象，中央政府或省级政府及其相关职能部门是推动城市群地方政府财权整合的主体。

（一）城市群地方政府财权整合是由作为城市群上级政府的中央政府或省级政府来主导的

城市群协调发展格局的形成和城市群协调发展水平的不断提升，一方面需要协调好城市群内部各地区之间的利益关系，避免地区间产业同构和无序竞争等问题的激化；另一方面，也需要作为城市群上级政府的中央政府或省级政府不断加大对城市群内部发展较为落后地区的扶持力度，不断缩小城市群内部各地区在财力上的差距。我国采用的是单一制的国家结构形式，中央政府在央地之间的财权划分上拥有决定权，省级政府在其与省级以下地方政府之间的财权划分上拥有一定限度的决定权。作为城市群纵向府际整合治理主要内容之一的城市群地方政府财权整合，就是由作为城市群上级政府的中央政府或省级政府来主导实施的。其中，跨省域城市群内部各地方政府的财权整合，是由作为跨省域城市群上级政府的中央政府及其相关部门来主导实施；而省域内城市群内部各地方政府的财权整合，是由作为省域内城市群上级政府的省级政府及其相关部门来主导实施。

（二）城市群地方政府财权整合以弱化各地方政府制造政策壁垒和开展无序竞争的动机，不断缩小各地区在财力上的差距为主要目的

城市群范围内的各地方政府是具有一定自主决策权限和特定利益诉求的经济人，在决策和行为上具有一定的自主性。各地方政府之间既可以为了共同的利益诉求而达成府际合作的集体行动，又可以为了特定的增长目标而展开激烈的府际竞争，而各地方政府拥有的财政税收政策制

定权限就是其用于开展府际竞争的重要工具。城市群地方政府财权整合的主要目的之一，就是要通过对各地方政府拥有的部分财税政策制定权限和财税收入分配权限进行必要的整合，以此弱化各地方政府制造政策壁垒和开展无序竞争的动机，进而实现引导人口和生产要素在城市群空间内合理流动的目的。同时，财政和税收调节是世界各国中央政府缩小区域间和区域内部各地区间发展差距，进而推动区域协调发展的重要经济工具。例如，在美国，"从罗斯福'新政'开始，美国政府采取了一系列政策措施以加快落后地区的经济发展，十分注重利用财政政策手段，在税收上还针对不同经济发展水平地区实行不同的累进税制和税收优惠。从 20 世纪 30 年代起，美国联邦政府对北部发达地区多征税，把增量部分转移支付给落后地区；对落后地区多留资金，实行低税率，积极培养其良性循环能力。在财政支出上，建立较为完善的转移支付制度，对落后地区进行直接补贴，平衡各地区的公共服务水平，实现基本公共服务均等化"①。在我国的城市群特别是协调发展水平较低的城市群，城市群协调发展目标的实现也需要由城市群上级政府对城市群内部各地方政府的财税收入分配权限进行必要的整合，不断缩小城市群内部各地区在财力上的差距，进而实现城市群协调发展的目标。

（三）城市群地方政府财权整合以城市群内部各地方政府所拥有的、与城市群协调发展密切关联的部分财税政策制定权限和财税收入分配权限为整合对象

政府间关系所包含的内容较为广泛，"但从决定政府间关系的基本格局和性质的因素来看，政府间关系主要由三重关系构成：权力关系、财政关系和公共行政关系"②。其中，"政府之间关系的内涵首先应该是利益关系"③。1998 年，"中央明确提出建设公共财政，让地方政府把

---

① 陈瑞莲、刘亚平等：《区域治理研究：国际比较的视角》，中央编译出版社 2013 年版，第 78 页。

② 林尚立：《国内政府间关系》，浙江人民出版社 1998 年版，第 77~78 页。

③ 谢庆奎：《中国政府的府际关系研究》，载《北京大学学报（哲学社会科学版）》2000 年第 1 期。

自己的职能转到公共服务、提供公共产品方面来。而他们的行为方面，实际上往往是更多地把自己的职能定位在政策倾斜和生产经营的投资活动方面"①。为了能够在短期内引进更多的项目，各地方政府主要以税收优惠、税收返还、减免土地出让金、财政补贴等方式招揽项目，各地区之间在项目争夺上的竞争异常激烈。这种激烈的府际竞争态势，是推动我国经济总量在短期内实现快速增长的重要动力。但是，伴随区域一体化进程的不断加速，这种激烈的府际竞争态势，特别是部分地方政府间的无序竞争已经成为城市群协调发展目标实现的主要障碍。作为化解地区间利益藩篱和推动城市群协调发展的重要治理举措，城市群地方政府财权整合就是以城市群内部各地方政府所拥有的、与城市群协调发展密切关联的部分财政税收权限为整合对象，试图通过城市群上级政府对城市群内部碎片化的财税政策制定权限和财税收入分配权限进行适度的整合，以此来弱化各地方政府制造政策壁垒和开展无序竞争的动机，推动地方政府间关系格局从无序竞争向有序竞争转变，进而实现城市群协调发展的目标。

(四) 中央政府或省级政府及其相关职能部门是推动城市群地方政府财权整合的主体

作为一种由城市群上级政府主导推动的城市群治理模式，中央政府或省级政府及其相关职能部门是推动城市群地方政府财权整合的主体。具体来说，在跨省域城市群地方政府财权整合的实践中，作为跨省域城市群上级政府的中央政府及其相关职能部门是地方政府部分财权整合的主体。在省域内城市群地方政府财权整合的实践中，作为省域内城市群上级政府的省级政府及其相关职能部门是地方政府部分财权整合的主体。例如，在跨省域城市群内部各地方政府财税政策制定权限的整合上，中央政府的财政和税务部门就是整合的主体。

---

① 贾康：《财政的扁平化改革和政府间事权划分——改革的反思与路径探讨》，载《财政与发展》2008 年第 8 期。

二、城市群地方政府财权整合的主要手段

作为城市群纵向府际整合治理的主要内容之一，城市群地方政府财权整合的主要手段包括城市群地方政府的财税政策制定权限整合、城市群地方政府财税收入分配权限整合等。

（一）城市群地方政府财税政策制定权限整合

1994年分税制改革的实施，不仅使得中央政府与地方政府之间的财政收入有了较为明确的划分，也使得地方政府拥有了一定的自主制定和执行财政税收政策的空间。在以地区经济总量和地区经济增速等为核心指标的绩效考核机制面前，地方政府虽然没有税收立法权，但是大部分的地方政府会选择通过实施较低的税率，或者通过不合理的税收返还、免除土地出让金和高额财政补贴等优惠政策来吸引外来投资。这不仅造成了政府税收的严重流失，而且也引发了各地区之间的无序竞争，地区间的利益壁垒也由此形成并日渐牢固。同时，财税政策也是城市群上级政府用以缩小城市群内部各地区间发展差距，推动城市群协调发展的重要手段，而财税政策制定权限的分散不利于财税政策在推动城市群协调发展上作用的发挥。对此，需要对城市群内部各地方政府的财税政策制定权限进行必要的整合，建立健全城市群地方政府财税优惠政策制定和执行备案制度，为城市群内部经济社会发展较为落后的地区制定专项财税优惠政策。

（二）城市群地方政府财税收入分配权限整合

在现有的财税分配体制下，城市群内部的各地方政府拥有支配其行政区域内财税收入的权限。城市群是一个跨越多个行政区的经济区，地区间的产业分工与协作是推动城市群形成和发展的重要动力，而推动产业在城市群内部各地区间有序的转移和承接，是提升地区间产业分工与协作水平、推动城市群协调发展的内在要求和重要保障。但是，产业的转移也意味着税源的流失，这就使得城市群内部的很多城市不愿意将部分产业转移到周边地区，进而影响到城市群产业布局的优化。同时，面对不断增大的财政支出压力，城市群内部的各地方政府拥有争夺税收的

强烈动机，税收的争夺使得地区间的产业同构和重复建设等问题日渐凸显，阻碍了城市群协调发展格局的形成。因此，有必要对城市群内部各地方政府的财税收入分配权限进行必要的整合，建立健全城市群地方政府间税收分享制度，以此来弱化各地方政府开展税收争夺的动机，推动产业在城市群内部各地区间的有序转移。

此外，城市群内部各地区在财税收入上的差距，也是影响和制约城市群协调发展不断水平提升的重要因素。当前，我国的城市群特别是中西部地区城市群内部各地区财力上不协调的问题较为突出。作为城市群上级政府的中央政府或省级政府，推动城市群协调发展是其重要的职责。为此，城市群上级政府在不断加大自身在推动城市群协调发展上支出责任的同时，也需要对城市群内部各地方政府的财政收入分配权限进行适度的整合，通过成立城市群协调发展基金和推动横向政府间财政转移支付等手段，不断缩小城市群内部各地区在财力上的差距，进而不断提升城市群协调发展的水平。

第三节　城市群地方政府财税政策制定权限整合

"当前中国的社会主义市场经济具有典型的'地方政府主导型'特征，实现区域经济一体化的目标，有赖于区域内各行政单位间的良性竞争与紧密协作。"[1]城市群内部的各地方政府是拥有一定财税管理权限并具有特定利益诉求的经济人，面对以地区生产总值和地方财政收入等为核心指标的绩效考核机制以及不断凸显的财政支出压力，地方政府通常会选择将竞争而非合作作为自身决策和行为的基本逻辑，而税率优惠、税收返还、财政补贴等是各地方政府在激烈的府际竞争中用以吸引人口和产业时所采用的主要手段。为了能在短期内实现经济快速增长的目标，部分地方政府不惜滥用财税优惠政策来吸引人口和产业的集聚。同

---

① 石忆邵：《市场、企业与城镇的协同发展》，同济大学出版社2003年版，第6页。

时，财税政策也是城市群上级政府用以缩小城市群内部各地区间发展差距，推动城市群协调发展的重要手段，而财税政策制定权限的分散不利于财税政策在推动城市群协调发展上作用的发挥。因此，为了有效弱化各地方政府利用税率优惠、税收返还和财政补贴等手段来展开无序竞争的动机，发挥财税优惠政策在推动城市群协调发展上的重要作用，由城市群上级政府对城市群内部各地方政府的财税政策制定权限进行必要的整合，推动形成有利于城市群协调发展的财税政策制定权限运行格局，对于推动城市群协调发展目标的实现非常重要。

一、地方政府利用财税政策制定权限进行无序竞争的主要手段

改革开放以来，中央政府给地方政府财政分权改革力度的不断加大，激发了地方政府发展经济的主动性和积极性，利用税率优惠、税收返还和财政补贴政策等财税手段来进行资本和项目的争夺逐渐成为很多地方政府的习惯性策略。"地方政府为了吸引资本尤其是外资，自行制定各种税收优惠政策，包括减免地方所得税、增值税地方分成部分返还等，甚至直接采用财政补贴的形式来规避中央政府部门对税收优惠政策的检查"[1]，地方政府间的关系也由此而陷入了为增长而无序竞争的状态，阻碍了区域协调发展格局的形成。

（一）税率优惠

税率优惠是指地方政府在征收税收时，给特定的纳税人在适用的具体税率上以一定程度的优惠，以吸引更多的资本和项目进入本地区的措施。1994 年分税制改革实施后，地方政府虽没有独立开征税种的权限，但是地方政府拥有了在地方税税率上给予特定的纳税人以一定限度的优惠等方面的权限，通过实行一定程度的税率优惠以吸引更多的资本和项目的进入，成为地方政府实现经济快速增长的重要策略。税率优惠是一

---

① 尹来盛、冯邦彦：《从城市竞争到区域合作——兼论我国城市化地区治理体系的重构》，载《经济体制改革》2014 年第 5 期。

种正常的税收政策，也是国家鼓励的。例如，国家税务总局在 2012 年时曾做出规定，对于符合国家产业调整和产业指导目录范围内的企业在征收企业所得税时按照 15%的税率征收。[①] 国家制定或允许地方政府制定各种类型的税率优惠政策的初衷是为了吸引更多的外商投资，鼓励和推动高新技术产业发展，地方政府在具体的实施过程中需要严格遵守国家制定的相关标准和实施细则，不能违反相关规定来实施。但是，地方政府通过实施税率优惠可以吸引到更多的资本和项目，不仅有利于实现地区生产总值增加和经济增速提升的目的，也有利于增加地方政府的财政收入并为地方政府主要官员的晋升提供政绩支撑，这就使得地方政府和地方政府的主要官员拥有了较为强烈的制定和实施税率优惠政策的冲动。很多地方政府在制定和执行税率优惠政策时，往往在享受税率优惠条件对象的资格认定上过于宽松，很多根本不具备享受税率优惠资格的企业也被认定为税率优惠对象。同时，在税率的优惠幅度上，很多地方政府存在放大执行优惠幅度的问题，突破了国家规定的税率优惠底线。

（二）税收返还

"自 1994 年分税制改革后，地方政府虽然没有税收立法权，但是通过为企业提供税收优惠、财政返还和免税期等方式进行税收竞争，以增加地方财政收入"[②]逐渐成为地方政府的行为策略，税收返还也由此成为各地方政府在开展项目和资本争夺时所使用的重要手段之一。税收返还是指地方政府在征收有关税种时，不给予纳税人以税率的优惠，而是采取在税收征收时或税收征收完毕后给纳税人返还其所缴纳税额的部分或者全部的税收优惠措施。税收返还的形式主要有先征后返、即征即返等形式。税收返还从本质上来说是地方政府给予特定类型的纳税人的一

---

① 《关于深入实施西部大开发战略有关企业所得税问题的公告》（国家税务总局公告 2012 年第 12 号）第三条：在《西部地区鼓励类产业目录》公布前，企业符合《产业结构调整指导目录》（2005 年版）、《产业结构调整指导目录》（2011 年版）、《外商投资产业指导目录》（2007 年修订）和《中西部地区优势产业目录》（2008 年修订）范围的，经税务机关确认后，其企业所得税可按照 15%税率缴纳。

② 崔伟、平易：《中国地方政府"为增长而竞争"问题探析》，载《安徽行政学院学报》2019 年第 4 期。

种税收补贴，主要适用于那些国家重点扶持和鼓励发展的产业和项目。但是，地方政府在执行税收返还的过程中，为了吸引更多的企业入驻本地区，通常对于那些不符合税收返还资格的企业也给予返还。同时，在返还的幅度上也存在过于宽松的问题，部分地区存在突破政策底线进行返还的问题。税收返还措施的乱用，严重干扰了正常的市场秩序，会引发一定区域内各地方政府之间的无序竞争，不利于区域治理水平和区域协调发展质量的提升。

(三) 财政补贴

"中国财政分权改革使得地方官员为获得政治晋升优势，设立大量的产业集聚区来发展经济，争夺流动性资本(税基)。而地方政府对财政收入的剩余控制权，使其可提供税收减免等财务激励手段，导致地方政府采取策略性互动行为，陷入'竞次'形式的税率竞争，加剧地方经济增长不平衡，最终形成一种恶性循环。"①为了有效地规范各级地方政府制定的税率优惠和税收返还等税收优惠政策，推动统一的区域市场体系和全国市场体系的形成，国务院于2014年出台了《国务院关于清理规范税收等优惠政策的通知》(国发〔2014〕62号)。该通知明确规定，要坚持税收法定原则，除依据专门税收法律法规和《中华人民共和国民族区域自治法》规定的税政管理权限外，各地区一律不得自行制定税收优惠政策；未经国务院批准，各部门起草其他法律、法规、规章、发展规划和区域政策都不得规定具体税收优惠政策。②《国务院关于清理规范税收等优惠政策的通知》(国发〔2014〕62号)出台后，税收政策制定权限逐步统一到国家层面，地方政府滥用税率优惠和税收返还来开展无序竞争的问题得到了一定程度的规范和约束，财政补贴逐渐成为各地方政府利用财税政策制定权限来进行府际竞争的重要手段。

---

① 吴斌、徐雪飞、孟鹏等：《产业集聚、税收竞争与企业税负》，载《东南大学学报(哲学社会科学版)》2019年第1期。
② 国务院：《国务院关于清理规范税收等优惠政策的通知》(国发〔2014〕62号)，http://www.gov.cn/zhengce/content/2014-12/09/content_9295.htm，访问日期：2019年12月15日。

作为理性的具有特定利益诉求的经济人，各地方政府除了利用税收优惠政策来进行项目和资本的争夺外，还利用减免国有土地使用权出让金、给予财政补贴等手段来吸引资本和项目的进驻。国有土地使用权出让金是归地方政府所有的财政收入。长期以来，我国工业用地的价格一直很低，远低于同类地区的住宅和商业用地的价格。"为招商引资及鼓励企业扩张产能，地方政府低地价甚至零地价向企业供地。"①这不仅导致了国有土地使用权出让收入的大规模流失，也进一步强化了各地方政府利用较低的工业用地价格来进行无序竞争的动机。同时，给予部分产业或企业以高额的财政补贴以推动特定产业的发展和吸引特定企业的入驻，也是各地方政府在府际竞争时所采用的重要手段。利用财政补贴来推动高新技术产业等重点产业的发展，是各级政府的重要职责所在，但是如果城市群内部各地方政府不顾自身的比较优势都通过财政补贴来发展同一类型的产业时，这种财政补贴带来的后果将是地区间的产业同构问题日渐凸显，投资的分散将难以推动产业集聚效应和规模效应的产生。以机器人产业为例，2014年以来，伴随我国工业机器人需求量的不断增加，机器人产业开始成为很多地方政府重点发展的产业，围绕着机器人产业的地方财政补贴大战也随之开启。以长三角城市群为例，浙江省政府出台了《浙江省"机器人＋"行动计划》，对购买工业机器人的企业给予其购置费用10%的财政补贴。安徽省制定了《安徽省机器人产业发展规划(2018—2027年)》和《支持机器人产业发展若干政策》，对于在安徽省内新建或在建的机器人产业项目最高给予500万元的财政补助；对于企业购买工业机器人的，按照购置金额的一定比例给予补贴，最高补贴100万元；对于工业机器人五大关键零部件生产企业的新建或在建项目给予一定的财政补贴。同时，江苏省出台了《关于加强智能制造生态体系建设的若干措施》，对于围绕工业机器人等工业企业智能化技术改造、培育智能制造支撑主体和构建智能制造创新体制等方面的行

---

① 白雪洁、于志强：《晋升博弈、竞争冲动与区域性产能过剩》，载《经济与管理研究》2018年第1期。

为，给予 5 万元到 5000 万元不等的财政奖励。①

二、城市群地方政府财税政策制定权限整合的主要措施

城市群是一个跨越多个行政区的经济区，人口和生产要素在城市群空间内的合理流动和均衡配置是实现城市群协调发展的基本前提和重要保障。城市群内部的各地方政府在税率优惠、税收返还、财政补贴等财税政策上的不尽一致，阻碍了统一开放、竞争有序的城市群市场体系的形成，不利于各地区间的协调发展。同时，财税政策也是城市群上级政府用以缩小城市群内部各地区之间经济发展差距的重要手段，而城市群内部财税政策制定权限的分散不利于财税政策在推动城市群协调发展上作用的发挥。为此，由城市群上级政府对城市群内部各地方政府拥有的财税政策制定权限进行适度的整合，以推动形成有利于城市群协调发展的财税政策体系非常重要。城市群地方政府财税政策制定权限整合的主要手段包括建立健全城市群地方政府财税优惠政策制定和执行备案制度，和为城市群内部经济发展较为落后的地区制定专项财税优惠政策两个方面，以此来化解各地区利用财政优惠政策开展无序竞争的难题，并利用特定的财税优惠政策来提升城市群内部经济社会发展较为落后地区的发展水平。

(一) 建立健全城市群地方政府财税优惠政策制定和执行备案制度

税率优惠、税收返还和财政补贴是地方政府在制定和执行财税政策时经常使用的财税优惠手段。地方政府在国家法律和政策允许的范围内，严格执行国家制定的税率优惠政策，合理使用税收返还和财政补贴，通过不断改善地区营商环境来开展有序的税收竞争，不仅不应该禁止，反而有利于推动各地区经济发展水平和质量的不断提升。但是，如果城市群内部的各地方政府滥用税率优惠、税收返还和财政补贴等财税

---

① 中国智能制造网：《我国各大省市机器人产业相关政策补贴一览》，https：//www.gkzhan.com/news/detail/115530.html，访问日期：2019 年 12 月 15 日。

政策制定权限，不仅会导致国家财政收入的大量流失，也会引发地方政府之间的激烈竞争，使得城市群内部各地区之间的产业同构、重复建设和无序竞争等问题不断凸显，不利于城市群协调发展目标的实现。

当前，伴随我国经济发展格局逐步从行政区经济向城市群经济的转变，作为承载发展要素主要空间形式的城市群在国民经济和社会发展中的重要性日渐凸显。城市群内部各地方政府在税率优惠、税收返还和财政补贴等方面的无序竞争，已经成为城市群协调发展格局形成的重要障碍之一。2014年，《国务院关于清理规范税收等优惠政策的通知》（国发〔2014〕62号）出台后，地方政府在税率优惠和税收返还方面的决策权限得到了有效的规范和约束。但是，各地方政府依然存在违规制定税收优惠政策的冲动，并且各地区在利用财政补贴等财政支出手段来争夺人才和产业等方面的竞争也日趋激烈。对此，城市群上级政府需要对城市群内部各地方政府的财税政策制定权限进行必要的整合，建立健全地方政府财税优惠政策制定和执行备案制度。地方政府财税优惠政策制定和执行备案制度实施后，城市群内部的各地方政府在制定和执行本行政区域内的财税优惠政策时，需要向城市群上级政府进行备案。其中，跨省域城市群内部的地方政府所制定的财政优惠政策和所实际执行的税收优惠政策需要分别在中央政府的财政部门和税务部门备案，省域内城市群内部的地方政府所制定的财政优惠政策和所实际执行的税收优惠政策需要分别在省级政府的财政部门和省级税务部门备案。城市群地方政府财税优惠政策制定和执行备案制度建立后，有助于弱化部分地方政府滥用财税优惠政策来开展无序竞争的能力，推动城市群内部的各地方政府将工作的重心转移到改善本地区的营商环境、提升本地区的基本公共服务供给水平和供给质量上来，以此来吸引更多的人口和产业，进而有利于提升城市群协调发展的水平和质量。

（二）为城市群内部发展较为落后的地区制定专项财税优惠政策

城市群是一个包含多个行政区的经济区，各地区在地理区位、自然资源禀赋等方面通常存在一定的差异，由此导致各地区在人口和生产要素的集聚能力和集聚规模上也会存在一定的差距，从而导致城市群内部各地区之间发展的不协调。财税政策是城市群上级政府用以缩小城市群内部各地区间经济发展差距，不断提升城市群协调发展水平的重要手段。制定向城市群内部经济发展较为落后地区倾斜的财税政策，将有利于推动更多的人口和生产要素向城市群内部经济发展较为落后地区集聚，以此优化城市群内部人口和生产要素的空间配置格局，不断缩小城市群内部各地区之间经济发展的差距。为此，城市群上级在建立健全城市群地方政府财税优惠政策制定和执行备案制度，以确保城市群内部各地区财税优惠政策大体一致的同时，城市群上级政府也需要为城市群内部经济发展较为落后的地区制定专项财税优惠政策，以帮助这些地区吸引到更多的人口和产业，从而加快这些地区的经济增长速度，缩小城市群内部各地区之间的发展差距，助力城市群协调发展格局的塑造。

第四节　城市群地方政府财税收入分配权限整合

财税收入是财政收入和税收收入的总称。其中，财政收入是政府为了履行职能、提供公共物品和公共服务而筹集的一切资金的总和。财政收入主要包括一般公共预算收入、政府性基金预算收入、国有资本经营预算收入和其他收入等。通常所说的财政收入指的是政府的一般公共预算收入，包括税收收入和非税收入两种类型，其中税收收入是政府一般公共预算收入的主要来源。例如，2019 年，我国一般公共预算收入为190382 亿元。其中，税收收入为 157992 亿元，非税收入为 32390 亿元。[①] 在我国现有的财税分配体制下，城市群范围内的各地方政府拥有较为独立的财税收入权限。出于防止现有税源流失的考虑，各地方政府在本地区的产业向其他地区的转移上表现得较为消极，而在税收的争夺上则表现得非常积极，妨碍了城市群协调发展格局的形成。同时，城市群内部的各地区在人口和生产要素集聚规模上的差异，使得各地区在财

---

① 财政部：《2019 年财政收支情况》，http：//gks. mof. gov. cn/tongjishuju/202002/t20200210_3467695. htm，访问日期：2020 年 2 月 15 日。

税收入上的差距较为明显，各地区财力上的不协调，制约了城市群协调发展水平的提升。为此，城市群上级政府需要对城市群内部各地方政府的财税收入分配权限进行必要的整合，通过建立健全城市群内部地方政府间税收分享制度、设立城市群协调发展基金和推动横向政府间财政转移支付等手段，来弱化各地方政府开展税收争夺的动机，缩小各地区财力上的差距，以推动城市群协调发展格局的形成。

一、建立健全城市群内部地方政府间税收分享制度

1994 年分税制改革实施后，地方政府拥有了相对较为独立的税收征管权限，地方政府间的税收争夺也由此产生。适度有序的税收竞争，有利于调动地方政府发展经济的主动性和积极性。但是，过度的、无序的税收竞争，会使得府际合作难以有效达成，不利于城市群协调发展格局的塑造。而要想破除城市群内部各地区间的利益藩篱，改变城市群内部各地方政府在府际竞合关系上的重竞争、轻合作的行为策略，除了要对城市群内部各地方政府的财税政策制定权限进行必要的整合外，还需要对城市群内部各地方政府的税收收入分配权限进行必要的整合，打破完全以行政区为单位划分地方政府税收收入的做法，推动部分税收收入在城市群范围内由部分地方政府按照一定的比例或原则来分享，以此来弱化各地方政府因争夺税收而开展无序竞争的动机，推动部分产业在城市群内部各地区间有序的转移和承接，不断提升城市群协调发展的水平和质量。

（一）建立城市群内部地方政府间税收分享制度的必要性

城市群地方政府间税收分享是指通过打破现有的以行政区为单位划分地方政府税收收入的做法，推动部分地方政府税收收入归属城市群内部的一定数量的地方政府，由它们依据一定的原则和比例分享，以此弱化和消除各地方政府制造政策壁垒和开展无序竞争的动机，不断提升城市群协调发展水平的整合措施。跨省域城市群内部的部分地方政府间税收分享由中央政府的税务部门负责推动，省域内城市群内部的部分地方政府间税收分享由省级的税务部门负责推动。城市群地方政府间税收分

享制度的实施，有助于弱化城市群内部各地方政府开展无序竞争的动机，推动城市群内部各地区间产业转移与产业承接的有序开展，缩小城市群内部各地区在财政收入上的差距，进而为城市群协调发展提供有力的支撑。

1. 弱化城市群内部各地方政府开展无序竞争的动机。税收是地方政府财政收入的主要来源，也是影响地方政府决策动机和行为策略的重要因素之一。在税率一定的情况下，税收收入的多少与税基规模的大小密切相关。税基规模越大，一个税种所创造的税收收入就越多。相反，税基规模越小，一个税种所创造的税收收入就越少。1994 年分税制改革实施后，营业税、国内增值税和企业所得税等税种成为地方政府财政收入的主要来源。其中，营业税主要归地方政府所有，而国内增值税、企业所得税则由中央政府和地方政府按照一定的比例来分享。在 1994 年分税制改革实施后的很长一段时期内，中央政府与地方政府在增值税上的分享比例为 75%：25%。在"营改增"改革实施之后，地方政府逐渐失去了营业税这一主要的税收来源。为了有效缓解地方政府的财政支出压力，中央政府对中央与地方在增值税上的分享比例进行了调整。依据 2016 年 4 月份国务院印发的《关于全面推开营改增试点后调整中央与地方增值税收入划分过渡方案的通知》规定，中央政府和地方政府在增值税上的分享比例由之前的 75%：25%调整为 50%：50%。

分税制改革的实施改变了央地之间的财政收入分配格局，地方政府的财政收入占全国财政收入的比重不断下降。与此同时，地方政府承担的财政事权却越来越多，地方政府财政收入与财政支出之间失衡的矛盾不断凸显，增加税收收入、获取更多的国有土地使用权出让金和发行地方债等成为地方政府应对财政支出压力的重要手段。但由于地方政府在地方债的发行上受到的约束和限制较多，完全依靠发行地方债来弥补地方政府财政收入与财政支出之间的缺口不太现实。而且，依靠发行地方债来实现地方政府财政收支的平衡，也容易引发地方政府债务危机。在此背景下，面对日渐增大的财政支出压力，地方政府的土地财政模式开始兴起，地方政府间的税收争夺也日趋激烈。为了增加更多的税收收入，增加产业类型、扩大产业规模、追求产业结构上的小而全或大而全等做法逐渐成为地方政府的理性选择。将部分地方政府拥有的部分税收收入在一定数量的地方政府间分享，有助于弱化各地方政府因争夺税收而开展无序竞争的动机。

2. 推动城市群内部各地区间产业转移与产业承接的有序开展。城市群是一个包含一定数量行政区的经济区，产业链是将城市群内部各行政区串联起来、推动城市群不断发展壮大的重要因素。如何在城市群内部各地区间进行合理的产业分工，推动形成有序的产业协作体系，是决定城市群协调发展目标能否实现的重要一环。城市群内部的各城市在产业结构上通常存在一定的差异，处于产业链中高端的城市有向处于产业链中低端的城市转移产业的内在需求，而处于产业链中低端的城市更具有承接产业转移的强烈动机。推动产业在城市群内部各地区间有序的转移与承接，有利于推动城市群产业链的不断完善和城市群整体竞争力的不断提升。但是，产业的转移也意味着企业的搬迁和税源的流失。作为理性的具有特定利益诉求的经济人，城市群内部的各地方政府在选择向外部地区转移产业时，通常会采取将企业总部保留、将生产基地搬迁出去的做法，以此来避免税源的流失；而且搬迁的企业大多属于高污染、高能耗的类型。而作为产业承接地的地方政府，因为搬迁进来的并非其所期望的产业类型，而且也难以获得相应的税收收入，这就使得承接，地政府在承接产业转移上的态度较为消极，导致城市群内部各地区间的产业转移呈现出部分地区要转出的产业无地愿意承接，而部分地区想要承接的产业无地愿意转出的困境。

如果能够将城市群内部部分地方政府拥有的部分税收收入由城市群内部一定数量的地方政府依据一定的原则和比例来分享，那么各地方政府在将部分产业转移出去的同时，税源也不会出现较大规模的流失，产业承接地的地方政府也因能够获得一定的税收收入，而在承接产业转移上表现出较强的主动性和积极性，这样就可以较为有效地改变城市群内部要转出的产业无地愿意承接，而想承接的产业无地愿意转出的困境，推动城市群内部各地区间产业转移与产业承接的有序开展，进而为不断优化城市群内部各地区的产业结构和提升城市群产业竞争力提供较为坚实的保障。例如，为了有效推动京津冀三地协同发展，促进资源要素在京津冀城市群内部跨行政区合理流动，也为了协调好京津冀三地在产业转移过程中的府际利益关系，财政部、国家税务总局于 2015 年 6 月 3 日发布了《京津冀协同发展产业转移对接企业税收收入分享办法》（财预〔2015〕92 号）（以下简称《办法》）。《办法》将京津冀三地参与分享的税种、分享企业的范围和分享的方式等进行了明确。其中，分享的税种包括增值税、企业所得税、营业税三税地方分成部分（以下简称三税）。分享的企业范围为由迁出地区政府主导、符合迁入地区产业布局条件、且迁出前三年内年均缴纳三税大于或等于 2000 万元的企业。分享的方式以迁出地区分享"三税"达到企业迁移前三年缴纳的"三税"总和为上限，达到分享上限后，迁出地区不再分享。①

3. 缩小城市群内部各地区在财政收入上的差距。在城市群特别是协调发展水平较低的城市群内部，各地区在经济社会发展水平和财政收入上通常存在较为明显的差距，城市群协调发展面临的压力相对较大。推动部分地方政府的部分税收收入在城市群范围内由一定数量的地方政府依据一定的比例和原则来分享，除了有利于弱化城市群内部各地方政府开展无序竞争的动机、推动城市群内部各地区间产业转移与产业承接的有序开展外，也有助于缩小城市群内部各地区在财政收入上的差距，进而有助于缩小地区间发展差距，推动城市群协调发展水平和质量的不断提升。

（二）城市群内部地方政府间税收分享的方式

城市群地方政府间税收分享是要打破现有的以行政区为单位划分地方政府税收收入的做法，推动部分地方政府的部分税收收入在一定数量的地方政府间分享。明确城市群内部需要分享的税收收入的类型和地方

---

① 财政部：《京津冀协同发展产业转移对接企业税收收入分享办法》，http://yss.mof.gov.cn/zhengwuxinxi/zhengceguizhang/201506/t20150623_1259817.html，访问日期：2019 年 11 月 25 日。

政府间税收分享的基本方式，是有效实施城市群地方政府间税收分享制度的基本前提和重要保障。

1. 适合在城市群地方政府间分享的税收类型

1994 年分税制改革实施后，营业税成为地方政府的主体税种。2016 年，"营改增"改革开始在全国全面实施，失去了营业税后的地方政府开始缺乏主体税种。为了缓解营业税全面改征增值税后地方政府主体税种缺乏的困境，国务院于 2019 年 10 月 9 日出台了《实施更大规模减税降费后调整中央与地方收入划分改革推进方案》，提出了要后移消费税征收环节并稳步将消费税下划地方的改革措施，消费税的存量部分由地方上解中央，增量部分原则上将归属地方，以确保中央与地方既有财力格局的大体稳定。从目前我国地方政府税收收入的来源结构来看，在营业税改增值税之后，增值税[①]、企业所得税中归地方分成的部分逐渐成为地方政府的主要税收来源。以 2018 年我国的财政收入为例，当年我国除进口增值税外的增值税收入为 61529 亿元，企业所得税为 35323 亿元。其中，增值税作为中央政府与地方政府的分享税种，除了由海关负责征收的进口环节的增值税全部归中央政府所有外，中央政府与地方政府在增值税上的分享比例为 50%∶50%。企业所得税在 1994 年分税制改革时属于地方税，2002 年时被划归为中央与地方分享税，中央与地方的分享比例为 50%∶50%。2003 年时国家又对企业所得税的中央与地方分享比例进行了调整，央地分享比例由原来的 50%∶50% 变成了 60%∶40%。

"学术界对我国横向税收竞争的研究显示，地方政府间在增值税、企业所得税、个人所得税等多个税种上均存在显著的税收竞争。"[②]相应地，适合在城市群地方政府间分享的税收类型主要是增值税、企业所得税和个人所得税等税种中归地方分成的部分。在城市群上级政府的推动

---

① 由海关负责征收的归中央政府所有的进口环节的增值税除外。

② 吴斌、徐雪飞、孟鹏等：《产业集聚、税收竞争与企业税负》，载《东南大学学报(哲学社会科学版)》2019 年第 1 期。

下，通过对增值税、企业所得税和个人所得税归地方分成的部分进行必要的整合，由一定数量的地方政府来分享一定数量的税收收入，将有助于缓解各地方政府间较为激烈的税收争夺，推动人口和生产要素在城市群内部的合理流动和均衡配置，进而实现城市群协调发展的目的。

2. 城市群内部地方政府间税收分享的方式

作为城市群地方政府财权整合的重要手段之一，城市群地方政府间税收分享的方式主要包括两个地方政府间税收收入分享、多个地方政府间税收收入分享、全部地方政府参与的税收收入分享等，而具体的分享原则和分享比例等可以在城市群上级政府的推动下，由各地方政府之间通过沟通和协调来确定。

(1) 两个地方政府间税收收入的分享。两个地方政府间税收收入分享是指部分税收收入在两个地方政府间共享。这种税收收入分享类型主要适用于企业迁出地政府与企业迁入地政府之间、企业总部迁出地政府和企业总部迁入地政府之间以及合作共建产业园区的地方政府之间。推动产业在城市群内部各地区间实现有序的转移与承接，既有利于优化产业迁出地地区的产业结构，又有利于带动产业迁入地地区的经济发展。但是，企业的搬迁也意味着税收的流失。如果企业迁出地政府和企业迁入地政府之间能够依据一定的比例和原则来分享搬迁企业所缴纳的归地方所有的增值税和企业所得税等税收收入，将非常有利于城市群产业布局的优化。同时，两个地方政府间税收收入的分享也适合在企业总部迁出地政府和企业总部迁入地政府之间来展开。总部经济现在是各地方政府着力打造的一种经济形态，对于一个地区来说，入驻的企业总部数量的增加不仅会带来就业机会的增加，而且会给地方政府带来更多的税收。在总部经济这种经济形态中，企业总部的所在地与企业的生产基地通常是分离的，将企业总部设立在城市群的中心城市，而将生产基地设立在城市群内部人工成本和土地成本相对较低的其他地区成为很多企业的理性选择。例如，在长三角城市群内部，越来越多的企业倾向于将总部放在上海，而将生产和制造基地放在地价和用工成本相对较低的中小城市。这种企业总部与生产制造基地相分离的情况使得税收和税源发生了分离，企业的税收会伴随企业总部的搬迁而流向城市群的中心城市，出现了有税源的地方没有税收和有税收的地方无税源并存的现象，城市群内部各地区在税收上的差距逐步拉大。如果可以在企业总部迁出地政府和企业总部迁入地政府之间进行一定限度的税收收入分享，不仅可以有序地推动企业总部在城市群内部合理的迁移，不断提升城市群的产业集聚度和城市群的产业竞争力，同时也可以在一定程度上缩小城市群内部各地区在税收收入上的差距。此外，在两个合作共建产业园区的地方政府之间实行税收收入分享，有助于推动合作双方共建产业园区的主动性和积极性，更好地推动合作园区的发展。例如在深圳和汕头合作共建的深汕特别合作区，合作区的部分税收收入由深圳市和汕头市分享。

（2）多个地方政府间税收收入的分享。多个地方政府间税收收入分享是指由城市群内部的多个地方政府就部分税收收入进行分享的方式。这种分享方式主要适用于城市群内部多个行政区的交界地区。在城市群内部的省际或市际交界地区，城市群上级政府可以推动相邻的各地方政府之间通过实行合作区域内的税收收入按一定比例和原则由各地方政府共同分享的方式，来推动地区间府际合作行动的达成。

（3）全部地方政府参与的税收收入分享。全部地方政府参与的税收收入分享是指由城市群内部的所有地方政府来分享某种税收收入。由于这种税收分享方式涉及的地方政府数量较多，城市群上级政府在推动实施的过程中很难就各地方政府之间的利益应该如何协调等问题达成一致，这种税收收入分享方式在城市群治理和城市群发展实践中的实施难度较大，因而地方政府间的税收收入分享主要以两个地方政府间或多个地方政府间的税收收入分享为主。

二、由中央政府或省级政府推动设立城市群协调发展基金

在一个区域内部，由于各地区所处的地理区位和所拥有的自然资源禀赋通常会存在一定的差异，进而会导致各地区在经济社会发展水平出现一定的差距。区域协调发展目标的实现，不仅需要依赖于区域内部各地区之间的密切协作，也需要区域上级政府在推动区域协调发展上加大

政策供给和资金投入的力度，进而为缩小区域内部各地区之间的发展差距和提升区域协调发展水平提供较为坚实的制度支撑和资金保障。通过设立一定形式的区域发展基金来缩小地区间的发展差距、推动区域协调发展水平和质量的不断提升，是区域发展中一个比较重要的治理工具，已经被很多国家在区域治理和区域发展实践中加以应用，并取得了较好的发展成效。例如，"欧盟干预区域发展的经济方式，集中体现在设计精细的多种扶持基金上面。这些扶持基金主要有结构基金、聚合基金、团结基金和预备接纳基金……总体上看，欧盟借助于上述扶持基金的组合使用，落实了区域政策，使落后区域追赶发达区域，重构那些败的老工业区域，振兴萧条的农村区域，扶持城市或国家跨界地区的滞涨区域"[1]。同时，美国联邦政府也注重通过拨付专款设立经济开发区等形式来加快一定区域内部落后地区的经济社会发展速度。"（经济）开发区（包括一些再开发区）由多个县或州组成，同时兼容一个'增长中心'，以促进先进和落后地区相互促进、取长补短。联邦财政为此特设专款，拨付贫困地区，用于受援区的交通设施建设、污染治理、兴建科学园区等。"[2]

不断缩小区域内部各地区间的发展差距、推动区域协调发展水平不断提升是作为跨省区域上级政府的中央政府和作为省内次区域上级政府的省级政府的重要职责。改革开放以来，中央政府在缩小区域之间和区域内部不同地区之间经济社会发展的差距上投入了很多的人力、物力和财力，西部开发、中部崛起和东北振兴等区域发展总体战略的实施，为我国区域之间和区域内部不同地区之间发展差距的缩小起到了很大的推动作用。但是，在我国的区域发展实践中，"就区域经济协调的政策手段或政策工具而言，我国没有欧盟那种结构基金、聚合基金、团结基金等设计精细的类似政策工具，有的只是一些扶贫资金、支农资金和西部

---

[1]　陈瑞莲、刘亚平等：《区域治理研究：国际比较的视角》，中央编译出版社2013年版，第50~51页。

[2]　陈瑞莲、刘亚平等：《区域治理研究：国际比较的视角》，中央编译出版社2013年版，第76~77页。

开发转移资金等，同时我国还没有设立专门的区域开发基金，区域金融政策在国有大银行(包括政策性银行)改制中，大多已经不复存在。由于政策瞄准对象有时不到位、不具体，即使投入了大笔资金也收不到预期的效果"①。

20世纪90年代以来，伴随区域一体化进程的不断加快和城市群的兴起及其快速发展，作为承载发展要素主要空间形式的城市群在国民经济和社会发展中的重要性正日渐凸显，城市群协调发展的水平和质量已经成为决定我国区域协调发展战略目标能否顺利实现的重要因素。城市群协调发展水平的提升，需要城市群上级政府通过制定相应的城市群发展规划和设立相应的城市群协调发展基金来推动。近年来，我国在城市群发展规划的编制和实施上取得了明显的进步，作为跨省域城市群上级政府的中央政府编制了一定数量的跨省域城市群发展规划，例如《长江三角洲城市群发展规划》《长江中游城市群发展规划》等。同时，作为省域内城市群上级政府的省级政府也编制了一定数量的省域内城市群发展规划。这些城市群发展规划的编制和实施，为城市群内部各城市功能定位的明确和城市群产业布局的优化提供了很好的指导作用，进而为城市群协调发展水平的提升提供了有力的政策保障。但我国城市群协调发展基金的设立工作并没有取得明显的进展，现有的少数推动区域协调发展和加速区域一体化进程的区域发展基金主要是由城市群等区域内部的各地方政府自发设立的，由作为跨省域城市群上级政府的中央政府和作为省域内城市群上级政府的省级政府推动设立的城市群协调发展基金非常少。目前，我国在以推动城市群等区域协调发展和加速区域一体化进程为主要目的的区域发展基金的设立上，大体只有长三角地区一体化发展投资基金正在推进之中，该投资基金由长三角地区的三省一市政府联合相关金融机构共同发起设立，计划用于长三角区域内的基础设施、环境保护、生态治理和科技创新等方面的一些跨区域的重点项目。面对当前

---

① 陈瑞莲、刘亚平等：《区域治理研究：国际比较的视角》，中央编译出版社2013年版，第97页。

我国的城市群特别是中西部地区城市群内部各地区在经济社会发展水平上的差距较为明显等制约城市群协调发展的难题，通过设立城市群协调发展基金来不断缩小城市群内部各地区间的发展差距，进而推动城市群协调发展水平不断提升的重要性正日渐凸显。

城市群协调发展基金既可以由城市群内部的各地方政府联合设立，又可以由作为跨省域城市群上级政府的中央政府和作为省域内城市群上级政府的省级政府负责推动设立。在市场机制发育较为成熟、区域内部各地方政府的合作意识较为强烈的城市群，城市群协调发展基金可以由城市群内部的各地方政府联合设立，城市群上级政府给予必要的引导。但是，由于我国绝大多数城市群的市场机制发育不太成熟，由各地方政府来推动设立城市群协调发展基金的难度较大，城市群协调发展基金的设立应主要依靠城市群上级政府的推动。为此，城市群上级政府在编制和完善城市群发展规划的同时，也需要对城市群内部各地方政府的财政收入分配权限进行必要的整合，通过从各地方政府的财政收入中提取一定数量的资金来推动设立城市群协调发展基金。具体来说，城市群协调发展基金的资金来源可以由以下四个部分构成：一是由中央政府按照一定比例，从城市群区域内各地方政府每年上交的增值税增量部分中提取；二是从中央政府在城市群区域内各地方政府的一般性转移支付资金中按照一定比例提取；三是由中央政府或省级政府设立城市群协调发展专项资金；四是城市群区域内各地方政府依据各自的经济总量和财政收入状况按照一定比例交纳的资金，其中财政收入状况较好的地方政府可以承担较大的比例，而那些基本依靠财政转移支付资金来维系政府运转的地区可以免于交纳。同时，也可以鼓励城市群范围内具有较强经济实力的国有资本、民营企业和外资等参与城市群协调发展基金的出资和运行。在城市群协调发展基金的设立和管理上，可以由中央政府的财政部门负责跨省域城市群协调发展基金的设立和管理工作，由省级政府的财政部门负责省域内城市群协调发展基金的设立和管理工作。城市群协调发展基金主要通过基础设施建设、人才培养、提升基本公共服务供给水平和供给质量等方式来扶持城市群内部经济社会发展水平较为落后的地区，帮助提升这些地区的经济社会发展水平和质量，缩小城市群内部各地区之间的发展差距，不断提升城市群协调发展水平。为了保证城市群协调发展基金使用的公开透明，提高城市群协调发展基金的使用效率，可以由中央政府或省级政府的审计部门或委托第三方审计机构来对城市群协调发展基金的运行情况进行定期的审计，审计结果在城市群范围内公开。

三、推动实施城市群内部地方政府间横向财政转移支付

城市群内部包含一定数量的不同规模和不同等级的城市，各城市在功能定位和发展能级上存在一定的差异，城市群中心城市和大城市拥有的企业总部数量相对较多，城市群空间内的人口和生产要素不断地向中心城市和大城市集聚；而城市群内部的中小城市对人口和生产要素的集聚能力及其所集聚的规模相对较为有限，拥有的企业总部数量也因此相对较少。相应地，在现有的财政收入分配体制下，由于在企业总部的数量、人口和生产要素集聚规模等方面存在一定的差距，城市群的中心城市、大城市与中小城市之间在财政收入上的差距也较为明显。在城市群特别是协调发展水平较低的城市群，各地区在财政收入上的差距相对较大，制约了各地区间的协调发展。如何不断缩小城市群内部各地区在财力上的差距，推动城市群内部横向财政收入分配格局从不均衡走向适度均衡，是实现城市群协调发展目标要解决的重要难题之一。为此，城市群协调发展目标的实现，除了要通过对各地方政府的财税政策制定权限和税收收入分配权限进行必要的整合以弱化各地方政府制造政策壁垒和开展无序竞争的动机外，也需要对城市群内部各地方政府的财政收入分配权限进行必要的整合，以不断缩小城市群内部各地区在财政收入上的差距，以城市群内部各地区财力上的适度协调来推动城市群协调发展水平和质量的不断提升。

党的十九大报告中提出，要建立权责清晰、财力协调、区域均衡的中央和地方财政关系。其中，财力协调就是要在明确中央和地方权责的基础上，依据财政事权和支出责任相对应的原则，推动形成中央与地方

合理的财力格局。区域均衡就是要着力增强财政较为困难地区地方政府的财政兜底能力，不断提升区域间的基本公共服务均等化水平。这一央地财政关系构建目标的提出，不仅为当前及今后很长一段时期内我国央地财政关系的变革明确了具体的方向和相应的任务，也为我国城市群内部各地区之间协调发展目标的实现提供了很好的启示。城市群内部各地区在财力上的差异，使得各地区在基本公共服务的供给水平和供给质量等方面存在一定的差距，加剧了城市群内部各地区发展不平衡的格局；推动城市群内部各地区财力保持适度的均衡，是实现城市群协调发展目标的内在要求和重要保障。城市群内部各地区财力适度均衡目标的实现，除了要不断加大中央政府和省级政府的财政转移支付力度外，也需要不断增强中央政府和省级政府对城市群内部各地方政府财政收入的统筹力度，推动实施城市群内部地方政府间横向财政转移支付。

财政转移支付是由中央政府对地方政府、省级政府对省级以下地方政府转移一部分财政收入，以实现各级政府财力协调目标的重要手段，可以分为一般性财政转移支付和专项财政转移支付两种类型。对于一般性财政转移支付资金，地方政府拥有较大的自主使用权限；而对于专项财政转移支付资金，地方政府只能依据特定的用途来使用。近些年来，中央政府在逐步明晰中央与地方之间的财政事权和支出责任的同时，不断加大了对地方政府财政转移支付的力度，央地之间的财力协调水平和区域间的财力均衡程度得到了较为明显的提升。2018年中央对地方的财政转移支付规模为6.22万亿元，比2017年增长9%，增幅为2013年以来最高。中央对地方的一般性财政转移支付规模为3.9万亿元，比2017年增长10.9%，其中西部地区1.71万亿元，占比44.4%，中部地区1.65万亿元，占比42.8%，有力地增强了中西部地区的财力，提高了基本公共服务均等化水平。① 但是，由于我国现有的财政转移支付中专项财政转移支付占比相对较高，很多专项财政转移支付资金的使用需

---

① 赵建华：《2018年中国中央财政加大对地方转移支付力度》，http://m.people.cn/n4/2019/0104/c1500-12141594.html，访问日期：2019年12月16日。

要以各级地方政府提供一定数量的项目配套资金为基本前提，这就使得城市群内部财力较弱的地区在专项财政转移支付资金的获取上处于弱势，影响了中央财政转移支付和省级财政转移支付在缩小城市群区域内部各地区财力差距上的效果的发挥。为了更好地实现城市群内部各地区间财力适度协调的目标，我们在不断提升中央政府财政转移支付和省级政府财政转移支付中一般性财政转移支付资金占比的同时，也需要在城市群内部推动实施地方政府间横向财政转移支付。

与中央政府对地方政府的财政转移支付和省级政府对省级以下地方政府的财政转移支付不同，城市群内部各地方政府之间的财政转移支付是在没有隶属关系的各地方政府之间展开的，是在中央政府或省级政府的主导或引导下，由经济社会发展水平和质量较高地区的地方政府通过一定的形式，将部分财政收入转移给经济社会发展水平和质量较低地区地方政府的财政转移支付方式。其中，跨省域城市群的地方政府间横向财政转移支付由中央政府的财政部门负责推动和协调，省域内城市群的地方政府间横向财政转移支付由省级政府的财政部门负责推动和协调。

参照中央政府给地方政府的财政转移支付模式，城市群内部各地方政府间的横向财政转移支付可以分为一般性横向财政转移支付和专项横向财政转移支付两种形式。其中，一般性横向财政转移支付所涉及的资金可以由接受转移支付的城市群内部经济发展水平较为落后的地区自行支配；而专项横向财政转移支付主要以项目的形式来实施，涉及的项目可以有对口援建产业园区、合作共建产业园区、对口援建教育、医疗、道路等基础设施等。为了提高资金的使用效益，城市群内部地方政府间的横向财政转移支付因主要以专项横向财政转移支付为主。

城市群范围内地方政府间横向财政转移支付的实施，在一定程度上有利于改变城市群范围内各地方政府间财力不均衡、不协调的格局，为城市群范围内发展较为落后地区的经济社会发展提供了一定的财力保障，有利于提升城市群协调发展的水平和质量。但是，由于这种地方政府间的横向财政转移支付涉及财政收入转出地地方政府的切身利益，中央政府和省级政府在推动实施城市群内部各地方政府间横向财政转移支付时，需要协调好各地方政府之间的利益关系，横向财政转移支付的实施可以结合地区间产业的转移和地区间的税收分享等来统筹安排，在不断缩小城市群内部各地区财力上的差距的同时，也要兼顾到财政收入转出地地方政府的切身利益。

本 章 小 结

"地方政府之间的关系首先是利益关系。"[1]如何协调好城市群内部各地方政府之间的利益关系，不断弱化各地方政府制造政策壁垒和开展无序竞争的动机，推动各地方政府之间的关系格局从无序竞争和消极合作向有序竞争和积极合作转变，是实现城市群协调发展的内在要求和重要保障。"利益是区域合作的原动力，财政是调控区域发展的重要手段。"[2]伴随我国经济发展格局由行政区经济向城市群经济的转变，我国现有的与行政区经济相适应的地方政府财权运行格局已经越来越难以适应城市群经济发展的需要，对城市群内部各地方政府的部分财权进行必要的整合，构建有利于城市群协调发展的城市群地方政府财权运行格局的重要性正日渐凸显。作为城市群纵向府际整合治理的主要内容之一，城市群地方政府财权整合是由城市群上级政府对城市群内部各地方政府所拥有的部分财税政策制定权限和财税收入分配权限进行适度的整合，以此来弱化各地方政府制造政策壁垒和开展无序竞争的动机，不断缩小城市群内部各地区财力上的差距，进而构建起有利于城市群协调发展的地方政府财权运行格局的整合治理举措。城市群地方政府财权整合的主要手段包括城市群地方政府财税政策制定权限整合和城市群地方政府财税收入分配权限整合。

由于城市群纵向府际整合治理是在我国现有的纵向政府间职责划分

---

① 李文星、朱凤霞：《论区域协调互动中地方政府间合作的科学机制构建》，载《经济体制改革》2007 年第 6 期。

② 李文星、朱凤霞：《论区域协调互动中地方政府间合作的科学机制构建》，载《经济体制改革》2007 年第 6 期。

格局下推动实施的，现有的纵向政府间的职责划分格局会对城市群纵向府际整合治理的运行成效产生一定的影响。同时，城市群纵向府际整合治理模式在实践中的应用，也会对城市群内部各地方政府之间的利益分配格局产生一定的冲击，各地方政府间的府际争议可能难以避免，这也会影响到城市群纵向府际整合治理运行成效的发挥。为此，我们需要依据经济社会发展格局的变化来不断变革和优化我国纵向政府间的职责划分格局，构建规范化的城市群府际争议解决机制，推动实施以城市群为单位对地方政府部分类型的政绩进行考核，以此来不断提升城市群纵向府际整合治理能力，进而为城市群协调发展水平和质量的不断提升提供坚实的治理工具支撑。

第六章　城市群纵向府际整合治理能力的提升

城市群纵向府际整合治理为我国城市群协调发展困境的化解和城市群协调发展水平的提升提供了较为坚实的治理工具支撑，不断提升城市群纵向府际整合治理能力是提高城市群协调发展水平的重要保障。由于城市群纵向府际整合治理是在我国现有的纵向政府间职责划分格局下推动实施的，现有的纵向政府间职责划分格局会对城市群纵向府际整合治理的运行成效产生一定的影响，顺应我国经济社会发展格局和经济发展空间结构变化的需要来对现有的纵向政府间职责划分格局进行一定程度的变革和优化，是提升城市群纵向府际整合治理能力和提高城市群协调发展水平的内在要求。同时，城市群纵向府际整合治理模式在实践中的推进，会对城市群内部各地方政府之间现有的利益分配格局产生一定的影响，府际争议的出现可能难以避免，构建规范化的府际争议解决机制也是提升城市群纵向府际整合治理能力和提高城市群协调发展水平的重要路径。此外，城市群内部各地方政府的决策动机和行为策略与城市群上级政府所采用的政绩考核机制密切相关，推动实施以城市群为单位对地方政府部分类型的政绩进行考核，有助于激发城市群内部各地方政府参与城市群纵向府际整合治理的主动性和积极性，不断提升城市群纵向府际整合治理的能力。

第一节　不断变革和优化我国纵向政府间职责划分格局

不同层级的政府在国家治理中所扮演的角色和所承担的职责存在一

定的差异，建立和健全政府职责体系是推动国家治理体系和治理能力现代化的内在要求和重要保障。朱光磊教授认为，"现在我国央地关系的调整，已经既不是简单地'放'，也不是笼统地'集'，而是逐步走向'健全政府职责体系'"①。如何划分不同层级政府的职责，不仅关系到国家政治大局的稳定，也会对经济发展格局产生深刻的影响。同时，经济发展格局的变化也会催生出对既有的与经济发展格局不相适应的纵向政府间职责划分格局进行变革的需求。当前，我国的经济发展格局正逐步从传统的省域经济、市域经济等行政区经济向城市群经济转变，承载发展要素主要空间形式的城市群在推动区域协调发展中的重要性日渐凸显，现有的纵向政府间职责划分格局已经越来越难以适应城市群经济发展的要求，阻碍了城市群协调发展水平的提升。为此，我们需要依据各级政府在国家治理中的功能定位来合理划分各级政府的职责，不断强化中央政府在跨省区域治理和区域协调发展上的统筹与协调职责，以及省级政府在省内跨地级市区域治理和区域协调发展上的统筹与协调职责。同时，要逐步减少纵向政府间共同财政事权的数量并规范共同财政事权的行使，不断提升我国纵向政府间职责划分的法治化水平，并建立依据经济社会发展格局的变化来对纵向政府间职责划分格局进行动态调整的机制。

一、依据各级政府在国家治理中的功能定位来划分各级政府职责

由于不同层级的政府在国家治理中的功能定位存在一定的差异，不同层级的政府在国家治理中所扮演的角色也不尽相同，科学合理地划分不同层级政府的职责，不断优化政府职责体系，是推动国家治理体系和治理能力现代化的内在要求和重要保障。2019 年党的十九届四中全会提出，要优化政府职责体系，完善政府经济调节、市场监管、社会管

① 朱光磊：《全面深化改革进程中的中国新治理观》，载《中国社会科学》2017 年第 4 期。

理、公共服务、生态环境保护等职能。依据不同层级的政府所承担的职责是否存在一定的差异，可以将纵向政府间的职责划分模式分为职责同构、职责异构和职责混构三种类型。我国是一个采用单一制国家结构形式的社会主义国家，中央政府在央地之间的职责划分上拥有决定权。在我国央地之间的职责划分上，中央政府采用了不同层级的政府拥有大体相同或相似的权限、职责并设置大体相同的机构的模式，即职责同构模式。"所谓'职责同构'，是指在政府间关系中，不同层级的政府在纵向间职能、职责和机构设置上的高度统一、一致。通俗地讲，就是在这种政府管理模式下，中国每一级政府都管理大体相同的事情，相应地在机构设置上表现为'上下对口，左右对齐'。"①与职责同构模式不同，职责异构是指不同层级的政府各自承担不同的职责，并据此来配置相应的职权和设置相应的政府机构。在职责异构的模式之下，中央政府和各级地方政府分别设置不同类型的机构，各自行使不同的权力，处理不同类型的事务。一般来说，职责异构模式主要适用于联邦制国家或者具有分权传统的国家。作为一种政府职责划分模式，"职责异构是适应地方高度自治的传统，防止中央权力过度干涉地方利益和地方自主的职责结构选择，是在央地分权传统下的独立责任的现实体现"。但是，"在实践中，职责异构也仍然面临着诸如政策统一性受阻和地方保护主义等问题。因此，在政策体系并不完善的国家或地区，职责异构将难以克服地方层级割据和外部排斥，增加中央政策执行的成本，降低行政效率"。②与职责同构模式和职责异构模式不同，职责混构模式是指中央政府的职责与地方政府的职责之间既存在相同之处，又存在一定的差异，而在部分事务的管理上实行不同层级政府间职责同构，而在部分事务的管理上又实行不同层级政府间职责异构的政府职责划分模式。职责混构模式可以说是职责同构模式与职责异构模式的混合。

---

① 朱光磊、张志红：《"职责同构"批判》，载《北京大学学报（哲学社会科学版）》2005年第1期。

② 邹宗根：《职责旋构：纵向间政府关系的新思考》，载《长白学刊》2013年第5期。

当前，职责同构的纵向政府间职责划分模式已经越来越难以适应我国经济发展格局变化的需要，推动职责同构模式向职责混构模式转变，依据各级政府在国家治理中功能定位的不同来合理划分各级政府职责的重要性正日渐凸显。"具体而言，高层政府，即中央政府的主要职责是负责国家治理的顶层设计和国家经济社会发展的重大决策，统筹国家发展中的各类事务处理和资源调配等，同时承担对各级地方政府行政管理的指导与监督职责。而以省级政府和大部分市级政府为代表的中层政府的主要职责是承担中央政府交付的行政任务，负责本区域内经济社会发展的总体规划和诸如生态环境、社会保障等行政事务的运行工作，并且负责对下级政府进行联系和监督等。以部分市级政府、县级政府与乡镇政府为代表的基层政府则主要负责本地区的公共服务与基本行政事务，如户籍管理、社会治安、基础社会保障和防险救灾、义务教育、生态环境监督等。"[1]同时，要顺应我国经济发展格局由行政区经济向城市群经济转变的需要，不断强化中央政府在推动跨省域城市群协调发展上的统筹与协调职责以及省级政府在推动省域内城市群协调发展上的统筹与协调职责。

二、减少纵向政府间共同财政事权数量并规范共同财政事权运行

由于不同层级的政府在国家治理中所承担的职责通常存在一定的差异，因而不同层级的政府所承担的财政事权也不尽相同。在不同层级政府之间合理划分财政事权和支出责任，有助于明确不同类型财政事权的责任主体，进而推动各项财政事权得到较为有效的履行。在不同层级政府之间划分财政事权的基本原则应该是一级政府、一级财政事权。但是，伴随经济社会事务复杂性的不断增强，由某一层级的政府来单独履

---

① 邱实：《探索优化政府职责体系路径》，http：//www.cssn.cn/skjj/skjj_jjgl/cgfb/201912/t20191216_5059645.shtml？COLLCC=1274758448&，访问日期：2019 年 12 月 20 日。

行部分财政事权的难度越来较大，由不同层级的政府来共同承担部分财政事权成为必然趋势。同时，由于我国地域较为辽阔，各地区之间的经济社会发展水平差距相对较大，在不同层级政府之间保持一定数量的共同财政事权也是必要的。例如，国务院办公厅在 2018 年 1 月 27 日印发的《关于基本公共服务领域中央与地方共同财政事权和支出责任划分改革方案的通知》（国办发〔2018〕6 号）中，就将义务教育、学生资助、基本就业服务、基本养老保险、基本医疗保障、基本卫生计生、基本生活救助和基本住房保障等八类 18 项基本公共服务事权确定为中央与地方的共同财政事权。但是，在共同财政事权的行使上，如果承担共同财政事权的政府之间在具体的支出责任上缺乏明确的划分，政府之间存在相互推诿的可能，上级政府可能会凭借自身行政层级的优势而将主要的职责推给下级政府，最终导致共同财政事权难以得到有效的行使。而且，财政事权与支出责任是相对应的，由于不同层级的政府和不同地区的政府在财力上通常存在一定的差距，中央政府与地方政府、省级政府与省级以下地方政府的共同财政事权在行使过程中，可能会出现中央政府或省级政府的支出责任履行到位而省级以下地方政府的支出责任难以履行到位的情况，这就会导致某一共同财政事权在不同地区的履行效果存在较大的差距，进而对各地区的经济社会发展水平产生一定的影响，特别是那些体现社会公平正义的基本公共服务类型，例如义务教育、基本养老保障、基本医疗保障、公共卫生和公共文化等。如果将其划归为中央政府与地方政府或者省级政府与省级以下地方政府的共同财政事权的话，势必会导致各地区在基本公共服务供给数量、供给水平和供给质量等方面存在较大的差异。这不仅会影响到社会公平正义的实现程度和广大居民的获得感，也会对人口和生产要素的流动方向和配置格局带来较大的影响，导致人口和生产要素呈现出从基本公共服务供给水平较低的地区向基本公共服务供给水平较高的地区单向流动的格局，进而使得区域内部各地区经济社会发展水平上的差距不断拉大。

为此，在划分中央政府与地方政府、省级政府与省级以下地方政府的财政事权时，要尽可能减少纵向政府间共同财政事权的数量。例如，在类似于保障广大人民群众基本生存和发展需要的义务教育、基本养老保障、基本医疗保障、公共卫生和公共文化等基本公共服务的供给上，应逐步提升基本公共服务的统筹层次，将其由中央政府与地方政府或省级政府与省级以下地方政府的共同财政事权上提为中央政府或省级政府的财政事权。同时，对于那些确实需要保留的中央政府与地方政府之间或省级政府与省级以下地方政府之间的共同财政事权，在行使过程中要加以严格的规范，需要明确各级政府所要承担的支出责任的比例，以确保不同层级政府间的共同财政事权能够得到切实有效的履行。并且，对于那些地方政府财力与支出责任不相称的经济社会发展水平较为落后的地区，中央政府或省级政府在共同财政事权的履行过程中应该要承担更多的支出责任，以确保中央政府与地方政府之间或省级政府与省级以下地方政府之间的共同财政事权能够得到切实有效的履行。

三、不断提升我国纵向政府间职责划分的法治化水平

不断提升纵向政府间职责划分的规范化和法治化水平，是确保行政运行效率不断提高和国家治理能力不断提升的内在要求。"合理划分中央与地方之间的职责权限，用法律和制度保障中央政府的权威性和地方政府的自主性"①，是在维护中央统一领导的前提下发挥中央与地方两个积极性，推动国家治理体系和国家治理能力现代化的重要保障。目前，我国中央政府与地方政府之间以及省级政府与省级以下地方政府之间职责划分的规范化水平正不断提升，但是中央政府与地方政府之间以及省级政府与省级以下地方政府之间职责划分的法治化水平还有待提高。国务院于 2016 年印发的《国务院关于推进中央与地方财政事权和支出责任划分改革的指导意见》（国发〔2016〕49 号），明确了中央政府与地方政府之间的财政事权和支出责任划分的基本原则，并要求省级政府要参照中央做法并结合当地实际，按照财政事权划分原则来合理确定省

---

① 王晓燕、方雷：《地方治理视角下央地关系改革的理论逻辑与现实路径》，载《江汉论坛》2016 年第 9 期。

级以下各级地方政府的财政事权。这一指导意见的出台，有利于提升我国纵向政府间职责划分的规范化水平。但是，由于该指导意见属于政府文件性质，缺乏法律法规的权威性和稳定性；同时该文件的表述也过于笼统，大多是关于央地之间的财政事权和支出责任应该如何划分的原则性规定，并未对央地之间财政事权和支出责任的划分给出相对较为具体的规定。为此，在不断提升我国纵向政府间职责划分的规范化水平的同时，也需要在现有的法律框架内对中央政府与地方政府之间的职责划分问题以及省级政府与省级以下地方政府之间的职责划分问题予以明确，并用法律的形式加以确认，以不断提升中央政府与地方政府之间以及省级政府与省级以下地方政府之间职责划分的法治化水平。

四、建立纵向政府间职责划分格局动态调整机制

作为国家政治生活中的重要制度安排，纵向政府间职责划分格局不仅关系到国家政局的稳定，而且也会对经济社会发展格局产生重要的影响。同时，经济社会发展也有其内在的运行逻辑，经济社会发展格局的变化也会催生出对既有的与经济社会发展格局不相适应的纵向政府间职责划分格局进行变革的需求。经济社会发展格局处于不断地变革之中，因而纵向政府间的职责划分格局不能一经确定就长期保持不变，需要依据经济社会发展格局的变化来不断调整。为此，需要建立依据经济社会发展格局的变化来对纵向政府间职责划分格局进行动态调整的机制，以确保中央政府与地方政府之间、省级政府与省级以下地方政府之间的职责划分格局能够主动适应经济社会发展格局变化的需要，用科学合理的纵向政府间职责划分格局来推动国家经济社会发展水平和质量的不断提升。20世纪90年代以来，伴随区域经济一体化和城镇化进程的不断加快，我国的经济发展格局开始从行政区经济向城市群经济转变，城市群协调发展的重要性日渐凸显。相应地，中央政府在推动跨省域城市群协调发展方面的职责需要随之不断强化，省级政府在推动省域内城市群协调发展方面的职责也需要不断增强。

第二节　构建规范化的城市群府际争议解决机制

城市群上级政府通过对城市群内部各地方政府的部分事权和财权进行适度的整合，有助于弱化各地方政府制造政策壁垒和开展无序竞争的能力与动机，进而有利于化解各地方政府之间既有的府际争议。但是，城市群上级政府对城市群内部各地方政府的部分事权和财权的整合，也可能会对既有的府际利益分配格局产生一定的冲击，进而可能引发新的府际争议。城市群内部各地方政府间府际争议的存在，会对城市群纵向府际整合治理的运行成效产生一定的影响。对此，为了更好地提升城市群纵向府际整合治理能力，需要构建规范化的城市群府际争议解决机制来化解各地方政府之间的争议，以此来推动城市群协调发展水平和质量的不断提升。由于城市群内部各地方政府之间的争议大多属于利益上的分歧，为此，可以参照民事争议的解决路径，构建以地方政府间的谈判、上级政府及其有关职能部门主导下的调解、仲裁和诉讼等为主要内容的城市群府际争议解决机制，化解城市群内部各地方政府之间的争议，不断提升城市群纵向府际整合治理能力。

一、谈判

城市群内部的各地方政府是理性的、具有一定自主决策权限和特定利益诉求的经济人，追求地区利益最大化是各地方政府决策和行为时所遵循的基本逻辑，而具有不同利益诉求的两个或多个地方政府之间通常会因为利益上的争夺而产生一定的府际争议。例如，伴随城市群区域性公共事务的日渐增多，参与区域性公共事务治理的各地方政府在治理成本的分担和治理收益的分享等问题上就非常容易产生府际争议。"区域治理中存在的主要问题和障碍，往往在于各地方政府以自己的利益参与区域合作过程，为固守自己的利益而使得区域合作陷入僵局。公共利益是公民经过不断对话、价值分享而形成的，而不是个人自我利益的总和。因此，区域合作中要实现的共同利益也不仅仅是各地方利益的简单加总，这中间的对话、价值分享将是非常关键的。"[①]

谈判是由存在争议的各方就彼此间存在的争议进行不断地磋商和交换意见，以寻求争议解决方案的争议解决机制。在府际争议解决机制的选择上，存在争议的各地方政府之间可以选择通过谈判的方式，来就彼此间的争议进行有效的磋商和不断地交换意见，以最终实现化解府际争议的目的。依据参与谈判的地方政府数量的不同，可以将地方政府间的谈判分为双方谈判和多方谈判；依据参与谈判的各地方政府行政层级的不同，可以将地方政府间的谈判分为同级政府间的谈判和不同层级政府间的谈判。相较于多方谈判而言，双方谈判因参与谈判的地方政府数量较少，可能更加易于达成谈判共识。而在对参与谈判的各地方政府决策和行为的约束力上，双方谈判所达成的共识通常也要比多方谈判所达成的共识具有更强的约束力，为解决府际争议而展开的多方谈判可能会陷入谈而不决、决而难行的困局之中。

相比于由城市群上级政府主导下的调解、仲裁和诉讼等府际争议解决机制，运用谈判来化解城市群内部各地方政府间的府际争议所耗费的成本通常更低。但是，由于运用谈判来解决府际争议需要以存在争议的各地方政府具有较强的参与谈判的意愿并能够自觉遵守谈判所达成的共识等为基本前提和重要保障，如果存在争议的各地方政府缺乏谈判的意愿，那谈判就很难开展。对此，城市群上级政府需要不断地培育和提升地方政府运用谈判来化解府际争议的意识和能力，扩大谈判在城市群府际争议解决中的应用场景，以此来不断改善地方政府间的关系，进而为城市群协调发展营造良好的地方政府间关系格局。

二、调解

城市群府际争议解决机制中的调解，是指在城市群上级政府及其相关职能部门的统筹与协调下，存在争议的两个或多个地方政府就府际争

---

① 陈瑞莲、刘亚平等：《区域治理研究：国际比较的视角》，中央编译出版社 2013 年版，第 22~23 页。

议产生的原因、争论的焦点和争议的化解路径等问题进行沟通和协商，以达成能够被争议各方所接受的争议解决方案的府际争议解决机制。城市群上级政府及其相关职能部门的介入，是确保调解能够在府际争议解决中发挥出一定成效的基本前提和重要保障。依据城市群上级政府及其相关职能部门对府际争议进行调解的主动程度，可以将城市群府际争议解决机制中的调解分为依职权的主动调解和依申请的被动调解两种类型。

依职权的主动调解是指城市群上级政府及其相关职能部门依据自身所拥有的经济社会管理权限来主动地对城市群内部各地方政府之间的争议所进行的调解。我国是单一制的社会主义国家，中央政府和省级政府对于其下级政府所作出的不适当的决定拥有变更和撤销的权力，而依职权的主动调解就是对这一权力的运用。依据我国《宪法》的相关规定，国务院统一领导全国地方各级国家行政机关的工作，规定中央和省、自治区、直辖市国家行政机关的职权的具体划分，有权改变或者撤销地方各级国家行政机关所作出的不适当的决定和命令。同时，依据我国《地方各级人大和地方各级政府组织法》的相关规定，省级政府也有权改变或者撤销其下级政府所作出的不适当的决定和命令。因此，对于城市群内部因部分地方政府所作出的不适当的决定和命令而引发的府际争议，中央政府和省级政府可以主动地参与调解，中央政府和省级政府可以通过变更或撤销部分地方政府所制定的不适当的决定和命令来化解府际争议。而依申请的被动调解是指在城市群内部存在争议的地方政府的申请下，城市群上级政府及其相关职能部门对各地方政府间的府际争议所进行的调解。

三、仲裁

仲裁是指存在争议的当事人之间达成协议，自愿将彼此间的争议交由当事人选定的仲裁机构依据一定的程序和规则来做出裁决的争议解决方式。仲裁的结果对存在争议的当事人具有一定的约束力。仲裁主要包括商事仲裁和劳动仲裁两种类型。由于仲裁是由作为独立的第三方的仲裁机构依据一定的程序和规则来完成的，因而仲裁的公正性相对较强。目前，仲裁已经被很多企业、社会组织等用于彼此间争议的化解方式。在城市群内部各地方政府之间的府际争议的化解上，仲裁也可以发挥非常重要的作用。城市群内部各地方政府之间的府际争议，很多是属于经济利益上的冲突。各地方政府之间因为经济利益上的冲突所引发的府际争议可以交由作为独立第三方的仲裁机构来裁决。利用仲裁来化解城市群内部各地方政府之间的府际争议，既有助于节约城市群上级政府及其相关职能部门在化解府际争议上所投入的资源，又有助于地方政府间的府际争议得到更加公正有效的化解。

目前，仲裁在城市群内部府际争议的化解上应用得还比较少，但是应用前景非常广阔。城市群内部行政协议数量的不断增加，为仲裁手段在府际争议化解上的应用提供了充足的空间。20 世纪 90 年代以来，伴随区域一体化进程的不断加速和城镇化进程的快速推进，城市群内部各地区之间的经济交往和社会联系日渐加深，各地方政府之间签署的有关推动城市群跨域事务治理和城市群协调发展等方面的行政协议数量不断增多。各地方政府在签署行政协议时，可以选择将仲裁作为各方在行政协议履行过程中所产生争议的化解方式。同时，为了更好地发挥仲裁在化解城市群内部各地方政府之间争议上的重要作用，城市群上级政府一方面要不断培育和提升各地方政府选择利用仲裁来化解府际争议的意识，另一方面也要在化解府际争议的仲裁机构的选择和设置上发挥重要作用。考虑到府际争议与一般类型的商事争议和劳动争议不同，在府际争议仲裁的过程中可能会涉及很多的政府信息，由各地方政府自行选择仲裁机构来做出仲裁可能欠妥。为此，可以由城市群上级政府委托城市群中心城市的仲裁机构，或者通过设置专门的城市群府际争议仲裁机构来化解城市群内部各地方政府之间部分类型的府际争议，进而为府际争议的化解提供有力的支撑。

四、诉讼

诉讼是一种在当事人和其他诉讼参与人参加的前提下，由具有管辖权的人民法院依据法定程序来化解当事人之间争议的法律制度。诉讼可以分为公诉机关针对特定的犯罪嫌疑人所提起的刑事诉讼、平等的公民、法人和社会组织之间因民事纠纷而产生的民事诉讼、行政相对人与行政机关之间的行政诉讼三种类型。城市群内部各地方政府之间部分类型的府际争议，也可以通过诉讼手段来加以解决。在城市群府际争议解决机制中所讨论的诉讼类型，主要指的是城市群内部的各地方政府因为经济利益上的争夺而产生的民事诉讼。

城市群内部的各地方政府既是拥有一定经济社会管理权限的行政机关，同时也是具有一定利益诉求的经济人。作为行政机关，城市群内部的各地方政府行使着其行政区域内的经济社会管理权限，地方政府之间因为行政权力的运行而产生的府际争议，需要依靠地方政府之间的谈判或者由城市群上级政府及其相关职能部门主导下的调解来加以化解。而作为具有一定利益诉求的经济人，城市群内部的各地方政府之间存在一定的竞争关系，各地方政府在追求经济利益的过程中所产生的府际争议，除了可以运用谈判、调解和仲裁等手段来化解外，也可以采用民事诉讼的方式加以解决。目前，诉讼这一争议解决手段在城市群府际争议的化解上应用的还较少，城市群内部的各地方政府可以在签署行政协议时选择将诉讼作为彼此间争议化解的方式之一。

第三节　以城市群为单位对地方政府部分类型的政绩进行考核

地方政府政绩考核是由一定的考核主体对地方政府在一定考核周期内的经济社会发展、生态环境保护与治理等方面的政绩所进行的考查和评价。政绩考核不仅是上级政府检验下级政府政绩的重要工具，而且也是上级政府用以影响下级政府的决策动机和行为策略，进而实现特定治理目标的重要治理手段。上级政府在对下级政府的政绩进行考核时采用的政绩考核指标类型、各类型政绩考核指标在政绩考核指标体系中所占权重的大小、政绩考核周期的长短以及所采用的政绩考核标准等都会对各级地方政府的决策动机和行为策略产生重要的影响，进而影响到经济社会发展的速度、水平和质量。当前，我国对地方政府的政绩进行考核的指标体系正逐步从单纯地以地区生产总值和地区经济增速等经济指标为核心向包括经济指标在内的多元化的政绩考核指标体系转变，地方政府政绩考核的科学性和客观性不断增强。但我国现有的地方政府政绩考核机制也面临一些问题，特别是以行政区为基本单位对地方政府的政绩进行考核的做法，已经难以适应我国经济社会发展格局变化的需要。目前，"中国的区域经济发展已经从省域经济向城市群经济转变，城市群逐步突破省域边界，实现跨行政区域协调发展"①。伴随我国经济发展格局正逐步从传统的省域经济、市域经济等行政区经济向城市群经济的转变，我们在推动政府发展成果评价体系不断完善的同时，也需要对地方政府政绩考核的空间单位进行适度的变革，以城市群为基本单位来对城市群内部各地方政府部分类型的政绩进行考核，有利于激发城市群内部各地方政府参与由城市群上级政府主导的城市群纵向府际整合治理的主动性和积极性，不断提升城市群纵向府际整合治理能力。

一、以城市群为单位对地方政府部分类型的政绩进行考核的必要性

改革开放以来，为了充分调动地方政府发展经济的主动性、积极性和创造性，中央政府给地方政府行政分权和财政分权的力度不断加大。与此同时，中央政府对地方政府政绩评价的重心也由改革开放之前的侧重于政治方面转变为改革开放之后的倾向于经济方面，地区生产总值、地方财政收入和地区经济增速等经济指标逐渐成为中央政府考核地方政府政绩和上级政府考核下级政府政绩的核心指标。以经济增长速度等为核心指标的地方政府政绩评价体系的确立，在激发地方政府发展经济的主动性、积极性和创造性，推动我国经济在较长时期内保持高速增长的同时，也激发了地方政府开展无序竞争的动机，不利于经济发展质量的

---

① 张学良：《城市群：中国发展主引擎》，载《中国经济报告》2016 年第 2 期。

提升和地区间协调发展格局的形成。

地方政府政绩考核不仅是检验地方政府政绩的重要工具，更是提升地方政府行政运行效率和提高经济社会发展质量的重要治理手段。地方政府政绩考核指标的选取和考核单位的确立，要与一定时期内国家经济社会发展的重点和经济社会发展的格局相适应。近些年来，伴随我国经济由高速增长阶段向高质量发展阶段的转变，中央政府对地方政府的政绩评价标准正逐步发生变化。2013年11月，党的十八届三中全会通过的《关于全面深化改革若干重大问题的决定》中明确指出：要"完善发展成果考核评价体系，纠正单纯以经济增长速度评定政绩的偏向，加大资源消耗、环境损害、生态效益、产能过剩、科技创新、安全生产、新增债务等指标的权重，更加重视劳动就业、居民收入、社会保障、人民健康状况"①。生态环境保护与治理、社会保障、居民健康状况等考核指标在地方政府政绩考核指标体系中权重的不断上升，推动着我国地方政府政绩考核水平的不断提升。但与此同时，我国地方政府政绩考核的基本单位并没有主动适应我国经济社会发展格局的变化而作出相应的变革，地方政府政绩考核依然以行政区为基本单位来开展，以区域为单位对地方政府部分类型的政绩进行考核的做法相对较少。

以行政区为单位对地方政府的政绩进行考核，有助于强化地方政府的责任意识和主体意识，激发地方政府完成上级政府制定的相关考核标准的主动性。但是，以行政区为单位对地方政府的政绩进行考核的做法，也使得一定区域内的部分地方政府会为了完成上级政府制定的考核标准而不惜采取牺牲区域利益或者相邻地区利益的行为策略，进而给区域治理水平的提升和区域发展质量的提高带来一定的阻碍。20世纪90年代以来，伴随区域经济一体化进程的不断加快和我国城镇化进程的快速推进，我国的经济社会发展格局和经济发展的空间结构发生了深刻变

---

① 《中共中央关于全面深化改革若干重大问题的决定》，http：//cpc.people.com.cn/n/2013/1115/c64094-23559163.html，访问日期：2019年12月5日。

革，传统的省域经济、市域经济等行政区经济形态逐步向城市群经济转变，中心城市和城市群已经成为我国承载发展要素的主要空间形式，城市群正逐渐取代行政区成为经济竞争的基本单元。面对我国经济社会发展格局所发生的深刻变革，现有的以行政区为单位对地方政府的政绩进行考核的做法已经越来越难以适应我国经济社会发展格局的需要，以城市群为单位对地方政府部分类型的政绩进行考核的重要性正日渐凸显。而且，对于地方政府在大气污染防治、水污染治理等具有较强外部性特征的生态环境保护与治理等方面的政绩，以区域为单位来进行考核也更加合理。因此，我们在不断增加经济指标以外的地方政府政绩考核指标的类型并逐步降低经济指标在地方政府政绩考核指标体系中所占权重的同时，也需要尝试以城市群为空间单位来对地方政府部分类型的政绩进行考核。

二、适合以城市群为单位进行考核的地方政府政绩类型

城市群是一个包含多个行政区的经济区，城市群内部各地区之间存在较为紧密的产业上的分工与协作关系，以城市群为单位来对城市群内部各地方政府的经济政绩进行考核，有助于弱化各地方政府开展无序竞争的动机，增强各地方政府参与产业分工与协作体系构建的意识，进而不断提升城市群协调发展的水平。同时，由于生态环境保护和治理具有较强的外部性特征，以城市群为单位对城市群内部各地方政府在生态环境保护和治理方面的政绩进行考核，能够更加客观地反映出城市群生态环境保护与治理所取得的成效。伴随我国城镇化水平的不断提升和城市群一体化程度的不断提高，城市群在我国国民经济和社会发展中的重要性也将不断提升，适合以城市群为单位来进行考核的地方政府政绩类型也将会随之不断增多。

(一)以城市群为单位对城市群内部各地方政府的经济政绩进行考核

以行政区为单位的地方政府经济政绩考核机制，使得一定区域内的各地方政府会选择将本地区经济利益最大化作为自身决策和行为的动

机，产业结构上的小而全、大而全会成为绝大多数地方政府的行为倾向，这也在一定程度上对行政区经济现象起到了强化作用。伴随行政区经济向城市群经济等经济区经济的转变，推动地方政府经济政绩考核的基本单位从传统的行政区转变为城市群等经济区，不仅符合我国经济社会发展格局变化的需要，也有利于推动城市群内部各地方政府的决策动机和行为策略朝着有利于城市群协调发展的方向转变，不断提升城市群纵向府际整合治理能力。以城市群为单位对城市群内部各地方政府的经济政绩进行考核，可以分成省域内城市群经济政绩考核和跨省域城市群经济政绩考核两种类型。由于省域内城市群的地域空间位于一个省级行政区域内部，地域空间尺度通常较为适中，可以直接将整个省域内城市群作为一个经济政绩考核单位来进行考核，省域内城市群的经济政绩就是该城市群内部各地方政府的经济政绩。而由于跨省域城市群的地域空间跨越两个或两个以上的省级行政区划，可以根据跨省域城市群地域空间的大小来决定是将跨省域城市群作为一个经济政绩考核单位来进行考核，还是将其划分为若干个经济政绩考核单位来进行考核。例如，对于类似于京津冀这样的跨省域城市群，其地域空间与一般类型的省域内城市群的地域空间相近，可以将其作为一个经济政绩考核单位来进行考核。而对于像长江三角洲城市群这样的横跨三省一市的城市群，如果将其作为一个考核单位来进行考核，实施难度较大，可以通过跨行政区设置若干个经济政绩考核单位的办法来进行经济政绩考核。跨省域城市群的经济政绩考核主要由中央政府及其相关部门来负责推动和实施，考核的结果作为城市群内部各地方政府的经济政绩。

(二) 以城市群为单位对城市群内部各地方政府在生态环境保护和治理方面的政绩进行考核

城市群是承载发展要素的主要空间形式之一，单位城市群空间内所集聚的人口和生产要素规模要大于一般类型的地区，城市群生态环境保护和治理面临的压力相对较大。由于城市群大气污染防治、城市群跨域江河湖泊的治理等具有很强的外部性特征，城市群内部的部分地方政府在生态环境保护和治理上存在搭便车的心理，致使城市群生态环境保护和治理困境难以得到有效的化解。以城市群为单位对城市群内部各地方政府在生态环境保护和治理方面的政绩进行考核，有助于强化城市群内部各地方政府在生态环境保护和治理方面的责任意识和主体意识，不断提升城市群生态环境保护和治理的成效，进而为城市群协调发展目标的实现提供有力的保障。城市群生态环境保护和治理政绩考核分为省域内城市群生态环境保护和治理政绩考核与跨省域城市群生态环境保护和治理政绩考核两种类型。省域内城市群生态环境保护和治理政绩的考核可以整个城市群为单位来进行，而跨省域城市群生态环境保护和治理政绩的考核则需要依据跨省域城市群地域空间的大小和城市群内部生态环境保护与治理的现状等因素，来确定是将整个城市群作为一个考核单位来进行考核，还是将城市群划分成若干个跨行政区的考核单位来进行考核。城市群生态环境保护和治理政绩考核由中央政府或省级政府负责推动实施，具体的考核结果作为城市群内部各地方政府在生态环境保护和治理方面的政绩。

本 章 小 结

城市群上级政府对城市群内部各地方政府所拥有的与城市群协调发展密切关联的部分事权和财权的适度整合，有助于弱化各地方政府制造政策壁垒和开展无序竞争的能力与动机，推动人口和生产要素在城市群内部的合理流动和均衡配置，进而为城市群协调发展目标的实现提供了有力的支撑。不断提升城市群纵向府际整合治理能力，是提高城市群协调发展水平的重要保障。由于城市群纵向府际整合治理是在我国现有的纵向政府间职责划分格局下推动实施的，现有的纵向政府间职责划分格局会对城市群纵向府际整合治理的运行成效产生一定的影响，顺应我国经济社会发展格局和经济发展空间结构变化的需要来对现有的纵向政府间职责划分格局进行一定程度的变革和优化，是提升城市群纵向府际整合治理能力和提高城市群协调发展水平的内在要求。同时，城市群纵向府际整合治理在实施过程中，会对城市群内部各地方政府之间现有的利

益分配格局产生一定的影响，府际争议的出现可能难以避免，构建规范
化的府际争议解决机制也是提升城市群纵向府际整合治理能力和提高城
市群协调发展水平的重要路径。此外，城市群内部各地方政府的决策动
机和行为策略与城市群上级政府所采用的政绩考核机制密切相关，推动
实施以城市群为单位对地方政府部分类型的政绩进行考核，有助于激发
城市群内部各地方政府参与城市群纵向府际整合治理的主动性和积极
性，进而有利于不断提升城市群纵向府际整合治理能力。

结　　论

　　城市群是城镇化发展到高级阶段的产物。城市群的出现及其快速发展，推动着我国经济社会发展格局发生着深刻变革，传统的省域经济、市域经济等行政区经济正逐步向城市群经济转变，以中心城市引领城市群发展、以城市群带动区域发展已经成为我国区域发展的新模式。不过，我们在看到我国城市群的快速发展及其在国民经济和社会发展中的重要性不断提升的同时，也要注意到我国城市群协调发展所面临的一些困境。府际关系是影响城市群协调发展的重要因素。当前我国城市群协调发展困境的生成，与我国 20 世纪 90 年代以来由中央政府主导实施的行政分权改革和财政分权改革所引发的地方政府间关系格局的深刻变革、纵向政府间基本公共服务事权配置的不合理以及城市群上级政府在推动城市群协调发展上的统筹力度不足等因素密切相关。如何选择合适的城市群治理模式来化解我国城市群协调发展所面临的困境，不断提升城市群协调发展水平，是当前我国城市群治理和城市群发展面临的重要任务。纵向府际整合治理作为一种由区域上级政府主导实施的区域治理模式，可以为我国的城市群特别是市场机制发育不太成熟、各地方政府参与府际协作治理的意愿相对较弱的城市群的协调发展提供一个较为可行的治理路径。同时，城市群纵向府际整合治理作为一种由城市群上级政府主导实施的城市群治理模式，其在城市群治理实践中的应用必然会对城市群内部各地方政府参与城市群治理的主动性和积极性产生一定程度的影响。为此，在应用城市群纵向府际整合治理模式的过程中，城市群上级政府对城市群内部各地方政府的部分事权和财权整合的力度要适度，整合的时机要适当，要注意保护好各地方政府参与城市群治理的主动性和积极性，并且要注意推动城市群纵向府际整合治理与城市群府际协作治理的有机结合，以构建起推动城市群协调发展的双重治理机制，进而为城市群的协调发展提供有力的支撑。

首先，府际关系是影响城市群协调发展的重要因素，当前我国城市群协调发展困境的生成，与我国20世纪90年代以来由中央政府主导实施的行政分权改革和财政分权改革所引发的地方政府间关系格局的深刻变革、纵向政府间基本公共服务事权配置的不合理以及城市群上级政府在推动城市群协调发展上的统筹力度不足等因素密切相关。府际关系的实质是政府间的权力配置和利益分配关系。[①] 纵向政府间的权力配置和利益分配格局，会对地方政府所拥有的决策权限、决策动机及其所采取的行为策略产生深刻的影响，并由此塑造出特定的地方政府间关系格局，进而影响到城市群协调发展的水平。地方政府经济社会管理和财政管理自主权限的扩大，激发了地方政府发展经济的主动性和积极性，进而为我国经济在较长时期内保持高速增长提供了强大的动力支撑。但同时，面对以经济增长速度为核心指标的政绩评价标准和日渐增大的地方财政支出压力，行政分权改革和财政分权改革力度的不断增强，使得作为理性的利益主体的地方政府不仅具备了制造政策壁垒和开展无序竞争的能力，更拥有了制造政策壁垒和开展无序竞争的强烈动机。地区间政策壁垒的形成和无序竞争问题的日渐凸显，阻碍了人口和生产要素在城市群内部的合理流动和均衡配置，进而制约了城市群协调发展格局的形成。同时，我国纵向政府间基本公共服务事权配置的不合理致使我国基本公共服务供给的统筹层次相对较低，进而影响到城市群基本公共服务均等化水平的提升。城市群基本公共服务的不均等，加剧了城市群内部人口和生产要素空间配置失衡的格局。此外，城市群上级政府在提升城市群基本公共服务均等化水平、缩小城市群内部各地区财力上的差距等方面统筹力度的不足，也阻碍了城市群协调发展水平的提升。因此，破

---

① 谢庆奎：《中国政府的府际关系研究》，载《北京大学学报（哲学社会科学版）》2000年第1期。

除城市群内部地区间的政策壁垒和无序竞争，不断提升城市群基本公共服务均等化水平并不断强化城市群上级政府在推动城市群协调发展上的统筹与协调能力，是实现城市群协调发展目标的内在要求和重要保障。

其次，在选择推动城市群协调发展的治理路径时，要注意结合城市群市场机制发育的成熟程度和各地方政府参与城市群府际协作治理意愿的强弱等因素来综合考虑，纵向府际整合治理为我国市场机制发育不太成熟、各地方政府参与城市群府际协作治理的意愿相对较弱的城市群的协调发展提供了一个较为可行的治理路径。城市群治理是化解城市群协调发展所面临的困境和推动城市群协调发展水平不断提升的重要动力。如何选择合适的城市群治理模式来有效化解城市群内部地区间的政策壁垒和无序竞争等难题，不断提升城市群基本公共服务的均等化水平是当前我国城市群治理面临的重要任务。目前，我国城市群治理所采用的主要治理模式是以城市群内部的各地方政府为核心治理主体的城市群府际协作治理，而对于以城市群上级政府为核心治理主体的城市群治理模式的探究相对较少。由于城市群内部的各地方政府参与府际协作治理的意愿和动机不尽一致以及部分地方政府在府际协作中可能会采取机会主义的行为策略，致使府际协作治理在推动城市群协调发展上的成效的发挥存在一定程度的不确定性。城市群协调发展目标的实现，不仅需要依靠城市群内部各地方政府的共同推动，也需要充分发挥城市群上级政府的重要作用。为此，在推动城市群协调发展的治理路径的选择上，我们在注重运用以城市群内部的各地方政府为核心治理主体的城市群府际协作治理模式来化解城市群协调发展困境的同时，也要注重运用以城市群上级政府为核心治理主体的城市群纵向府际整合治理模式，通过城市群府际协作治理和城市群纵向府际整合治理的有机结合，来共同推动城市群协调发展格局的形成和城市群协调发展水平的不断提升。特别是在市场机制发育不太成熟、各地方政府参与府际协作治理的意愿较弱、地区间协调发展水平较低的城市群中，将纵向府际整合治理模式应用于城市群治理中，通过城市群上级政府对城市群内部各地方政府的部分事权和财权进行必要的整合，强化城市群上级政府在推动城市群协调发展上的统筹与协调能力，有助于弱化各地方政府制造政策壁垒和开展恶性竞争的能力与动机，不断提升城市群基本公共服务均等化水平，进行实现推动城市群协调发展水平不断提升的目的。

最后，城市群纵向府际整合治理作为一种由城市群上级政府主导实施的城市群治理模式，其在城市群治理实践中的应用必然会对城市群内部各地方政府参与城市群治理的主动性和积极性产生一定程度的影响。因此，为了更好地推动城市群纵向府际整合治理模式在城市群治理实践中的运行成效的发挥，城市群上级政府对城市群内部各地方政府的部分事权和财权的整合要适度，城市群上级政府对城市群内部各地方政府的部分事权和财权的整合要适时，并且要注意推动城市群纵向府际整合治理与城市群府际协作治理的有机结合，以构建起推动城市群协调发展的双重治理机制，进而为城市群的协调发展提供有力的支撑。而这些问题也将推动对城市群纵向府际整合治理模式的研究进一步深入。

一是城市群上级政府对城市群内部各地方政府的部分事权和财权的整合要适度，要确保地方政府发展经济的主动性和积极性不降低，形成城市群上级政府统筹有力和城市群内部各地方政府间竞争有序的、有利于城市群协调发展的府际关系格局。城市群内部的各地方政府是推动城市群协调发展的内在动力，城市群上级政府对城市群内部各地方政府的事权和财权的整合可能会影响到地方政府发展经济的主动性和积极性。因此，在运用城市群纵向府际整合治理模式来推动城市群协调发展的治理实践中，城市群上级政府对城市群内部各地方政府的事权和财权的整合要适度，重点是要整合与城市群协调发展密切关联的部分事权和财权，以此来不断强化城市群上级政府在推动城市群协调发展上的统筹与协调能力，进而推动形成城市群上级政府统筹有力和城市群内部各地方政府间竞争有序的有利于城市群协调发展的府际关系格局。

二是城市群上级政府对城市群内部各地方政府的部分事权和财权的整合要适时。城市群纵向府际整合治理模式主要适用于市场机制发育不太成熟、内部各地区间经济社会发展水平差距较大、各地方政府参与府际协作治理的意愿较弱的城市群。当城市群府际协作治理模式难以在推动城市群协调发展等方面发挥较为明显的成效时，我们需要及时地将纵向府际整合治理模式运用于城市群治理中，由城市群上级政府对城市群内部各地方政府所拥有的、与城市群协调发展密切相关的部分事权和财权进行及时的整合，以此来弱化各地方政府制造政策壁垒和开展恶性竞争的能力和动机，不断提升城市群基本公共服务均等化水平，进而实现城市群协调发展的目标。

三是要注意推动城市群纵向府际整合治理与城市群府际协作治理的有机结合，以构建起推动城市群协调发展的双重治理机制。城市群协调发展是一个内部动力和外部动力共同作用的过程。因此，在化解城市群协调发展所面临的困境和推动城市群协调发展水平不断提升的城市群治理实践中，要注意将以城市群内部的各地方政府为核心治理主体的城市群府际协作治理和以城市群上级政府为核心治理主体的城市群纵向府际整合治理进行有机的结合，以此来构建起推动城市群协调发展的双重治理机制，进而为城市群的协调发展提供有力的支撑。

参 考 文 献

一、著作及译著类

1. 陈瑞莲、刘亚平等：《区域治理研究：国际比较的视角》，中央编译出版社 2013 年版。

2. 顾朝林：《中国城市地理》，商务印书馆 1999 年版。

3. 邹军、张京祥、胡丽娅：《城镇体系规划》，东南大学出版社 2002 年版。

4. 董树军：《城市群府际博弈的整体性治理研究》，中央编译出版社 2019 年版。

5. 林尚立：《国内政府间关系》，浙江人民出版社 1998 年版。

6. 楼继伟：《中国政府间财政关系再思考》，中国财政经济出版社 2013 年版。

7. 刘增容：《城镇密集区发展演化机制与整合》，经济科学出版社 2003 年版。

8. ［美］刘易斯·芒福德：《城市文化》，宋俊岭等译，中国建筑工业出版社 2009 年版。

9. 李国平、陈红霞等：《协调发展与区域治理：京津冀地区的实践》，北京大学出版社 2012 年版。

10. ［美］曼瑟尔·奥尔森：《集体行动的逻辑》，陈郁等译，上海人民出版社 1995 年版。

11. ［美］曼瑟尔·奥尔森：《权利与繁荣》，苏长和等译，上海人民出版社 2018 年版。

12. 马海龙：《京津冀区域治理：协调机制与模式》，东南大学出版社 2014 年版。

13. 毛新雅：《区域城市化与城市群经济发展》，人民出版社 2016 年版。

14. 唐亚林：《区域治理的逻辑：长江三角洲政府合作的理论与实践》，复旦大学出版社 2019 年版。

15. ［法］皮埃尔·卡蓝默：《破碎的民主：试论治理的革命》，庄晨燕译，生活·读书·新知三联书店 2005 年版。

16. 石忆邵：《市场、企业与城镇的协同发展》，同济大学出版社 2003 年版。

17. ［英］特里克·格迪斯：《进化中的城市——城市规划与城市研究导论》，李浩等译，中国建筑工业出版社 2012 年版。

18. ［美］乔纳森·S. 戴维斯(Jonathan S. Davies)、［美］戴维·L. 英布罗肖(David L. Imbroscio)：《城市政治学理论前沿(第二版)》，何艳玲译，格致出版社 2013 年版。

19. ［美］乔尔·科特金：《全球城市史(典藏版)》，王旭等译，社会科学文献出版社 2014 年版。

20. 王枫云：《和谐共进中的政府协调——长三角城市群的实证研究》，中山大学出版社 2009 年版。

21. ［美］文森特·奥斯特里姆等：《美国地方政府》，井敏等译，北京大学出版社 2004 年版。

22. 许学强等：《城市地理学》，高等教育出版社 1996 年版。

23. 叶必丰、何渊、李煜等：《行政协议：区域政府间合作机制研究》，法律出版社 2010 年版。

24. 于洪俊、宁越敏：《城市地理概论》，安徽科学技术出版社 1983 年版。

25. 姚士谋、陈振光、朱英明：《中国城市群》，中国科学技术大学出版社 2006 年版。

26. 姚尚建：《流动的公共性：区域政府研究》，北京大学出版社

2012 年版。

27. 叶林等：《中国新型城镇化发展与城市区域治理创新》，中央编译出版社 2017 年版。

28. 张京祥：《西方城市规划思想史纲》，东南大学出版社 2005 年版。

29. 张紧跟：《当代中国地方政府间横向关系协调研究》，中国社会科学出版社 2006 年版。

30. 张紧根：《当代中国政府间关系导论》，社会科学文献出版社 2009 年版。

31. 郑艳婷：《中国的城市群——时空过程及作用机理》，经济日报出版社 2019 年版。

32. 赵永茂等：《府际关系》，台湾元照出版公司 2001 年版。

33. 陈瑞莲主编：《区域公共管理导论》，中国社会科学出版社 2006 年版。

34. 公丕祥主编：《区域治理与法治发展》，法律出版社 2017 年版。

35. 浦兴祖主编：《当代中国政治制度》，复旦大学出版社 2011 年版。

36. [美]盖伊·彼得斯：《理性选择理论与制度理论》，载何俊志主编：《新制度主义政治学译文精选》，何俊志等译，天津人民出版社 2007 年版。

二、期刊类

1. 薄文广、陈飞：《京津冀协同发展：挑战与困境》，载《南开学报（哲学社会科学版）》2015 年第 1 期。

2. 陈瑞莲、杨爱平：《从区域公共管理到区域治理研究：历史的转型》，载《南开学报（哲学社会科学版）》2012 年第 2 期。

3. 陈宪：《长三角一体化需进一步明确核心区域规划》，载《学术前沿》2019 年第 2 期（下）。

4. 陈群元、喻定权：《中国城市群的协调机制与对策》，载《现代城市研究》2011 年第 3 期。

5. 曹现强：《山东半岛城市群建设与地方公共管理创新——兼论区域经济一体化态势下的地方合作机制建设》，载《中国行政管理》2005 年第 3 期。

6. 曹海军、刘少博：《京津冀城市群治理中的协调机制与服务体系构建的关系研究》，载《中国行政管理》2015 年第 9 期。

7. 曹海军、张毅：《统筹区域发展视域下的跨域治理：缘起、理论架构与模式比较》，载《探索》2013 年第 1 期。

8. 蔡岚：《缓解地方政府合作困境的合作治理框架构想——以长株潭公交一体化为例》，载《公共管理学报》2010 年第 4 期。

9. 崔晶：《都市圈地方政府府际协作治理：一个文献综述》，载《重庆社会科学》2014 年第 4 期。

10. 崔晶：《区域地方政府跨界公共事务整体性治理模式研究：以京津冀都市圈为例》，载《政治学研究》2012 年第 2 期。

11. 程栋、周洪勤、郝寿义：《中国区域治理的现代化：理论与实践》，载《贵州社会科学》2018 年第 3 期。

12. 程玉鸿、罗金济：《城市群协调发展研究述评》，载《城市问题》2013 年第 1 期。

13. 崔功豪：《都市区规划——地域空间规划的新趋势》，载《国外城市规划》2001 年第 5 期。

14. 丁国峰、毛豪乾：《论我国城市群协调发展的法律保障机制——以滇中城市群为例》，载《学术探索》2016 年第 6 期。

15. 丁元竹：《扩大内需的结构和体制约束因素：社会基本公共服务供给不足》，载《公共管理评论》2006 年第 2 期。

16. 杜春林、张新文：《乡村公共服务供给：从"碎片化"到"整体性"》，载《农业经济问题》2015 年第 7 期。

17. 方创琳：《中国城市群形成发育的新格局与新趋向》，载《地理科学》2011 年第 9 期。

18. 方创琳：《中国城市群研究取得的重要进展与未来发展方向》，

载《地理学报》2014 年第 8 期。

19. 方创琳：《城市群空间范围识别标准的研究进展与基本判断》，载《城市规划学刊》2009 年第 3 期。

20. 复旦发展研究院课题组：《关于上海圈形成战略的构想》，载《财经研究》1993 年第 9 期。

21. 巩丽娟：《长三角区域合作中的行政协议演进》，载《行政论坛》2016 年第 1 期。

22. 高薇：《德国的区域治理：组织及其法制保障》，载《环球法律评论》2014 年第 2 期。

23. 谷玉辉、吕霁航：《长江中游城市群协调发展存在的问题及对策探析》，载《经济纵横》2017 年第 12 期。

24. 官华、唐晓舟、李静：《粤港澳大湾区建设中的区域治理体系研究》，载《港澳研究》2018 年第 3 期。

25. 顾朝林：《长江三角洲城市连绵区发展战略研究》，载《城市研究》2000 年第 1 期。

26. 顾朝林：《城市群研究进展与展望》，载《地理研究》2011 年第 5 期。

27. 高汝熹、阮红：《论中国的圈域经济》，载《科技导报》1990 年第 4 期。

28. 丘杉：《粤港澳大湾区城市群发展路向选择的维度分析》，载《广东社会科学》2017 年第 4 期。

29. 覃成林、周姣：《城市群协调发展：内涵、概念模型与实现路径》，载《城市发展研究》2010 年第 12 期。

30. 钱海梅：《长三角经济一体化与区域公共服务供给——基于区域公共服务供给模式的分析》，载《政治与法律》2008 年第 12 期。

31. 齐晶晶：《十大城市群发展水平及其不平衡度测度分析》，载《经济研究参考》2015 年第 28 期。

32. 祁敖雪、杨庆媛、毕国华等：《我国三大城市群生态环境与社会经济协调发展比较研究》，载《西南师范大学学报(自然科学版)》2018

年第 12 期。

33. 乔俊峰：《社会权利、偏向制度安排与城乡基本公共服务均等化》，载《河南师范大学学报(哲学社会科学版)》2014 年第 3 期。

34. 韩兆柱、张丹丹：《整体性治理理论研究——历程、现状及发展趋势》，载《燕山大学学报(哲学社会科学版)》2017 年第 1 期。

35. 韩兆柱、单婷婷：《基于整体性治理的京津冀府际关系协调模式研究》，载《行政论坛》2014 年第 4 期。

36. 韩兆柱、杨洋：《整体性治理理论研究及应用》，载《教学与研究》2013 年第 6 期。

37. 胡象明、唐波勇：《整体性治理：公共管理的新范式》，载《华中师范大学学报(人文社会科学版)》2010 年第 1 期。

38. 黄妍妮、高波等：《中国城市群空间结构分布与演变特征》，载《经济学家》2016 年第 9 期。

39. 黄滔：《整体性治理理论与相关理论的比较研究》，载《福建论坛(人文社会科学版)》2014 年第 1 期。

40. 何雨羲、斯琴：《西部地区城市群协调发展现状评价与实现机制分析》，载《财政理论研究》2017 年第 5 期。

41. 胡娟、陈挺：《财政分权、地方竞争与土地财政——基于一般均衡框架》，载《安徽师范大学学报(人文社会科学版)》2019 年第 3 期。

42. 胡序威：《对城市化研究中某些城市与区域概念的探讨》，载《城市规划》2003 年第 4 期。

43. 贾康：《财政的扁平化改革和政府间事权划分——改革的反思与路径探讨》，载《财政与发展》2008 年第 8 期。

44. 金太军、张开平：《论长三角一体化进程中区域合作协调机制的构建》，载《晋阳学刊》2009 年第 4 期。

45. 金太军、汪波：《中国城市群治理：摆脱"囚徒困境"的双重动力》，载《上海行政学院学报》2014 年第 2 期。

46. 金太军：《从行政区行政到区域公共管理——政府治理形态嬗变的博弈分析》，载《中国社会科学》2007 年第 6 期。

47. 姜流、杨龙：《制度性集体行动理论研究》，载《内蒙古大学学报(哲学社会科学版)》2018 年第 7 期。

48. 江曼琦：《对城市群及其相关概念的重新认识》，载《城市发展研究》2013 年第 5 期。

49. 靖学青：《西方国家大都市区组织管理模式——兼论长江三角洲城市群发展协调管理机构的创建》，载《社会科学》2002 年第 12 期。

50. 寇丹：《整体性治理：政府治理的新趋向》，载《东北大学学报(社会科学版)》2012 年第 3 期。

51. 卢文超：《京津冀一体化进程中的基本公共服务标准化》，载《人民论坛·学术前沿》2017 年第 17 期。

52. 李建平：《粤港澳大湾区协作治理机制的演进与展望》，载《规划师》2017 年第 11 期。

53. 李文星、朱凤霞：《论区域协调互动中地方政府间合作的科学机制构建》，载《经济体制改革》2007 年第 6 期。

54. 李月起：《新时代成渝城市群协调发展策略研究》，载《西部论坛》2018 年第 3 期。

55. 李胜：《超大城市突发环境事件管理碎片化及整体性治理研究》，载《中国人口·资源与环境》2017 年第 12 期。

56. 刘士林：《关于我国城市群规划建设的若干重要问题》，载《江苏社会科学》2015 年第 5 期。

57. 刘志彪：《长三角区域高质量一体化发展的制度基石》，载《学术前沿》2019 年第 2 期(下)。

58. 刘西忠：《跨区域城市发展的协调与治理机制》，载《南京社会科学》2014 年第 5 期。

59. 刘玉亭、王勇、吴丽娟：《城市群概念、形成机制及其未来研究方向评述》，载《人文地理》2013 年第 1 期。

60. 刘君德：《都市区概念辨析与行政地域都市区类型的划分》，载《中国方域》2003 年第 4 期。

61. 刘乃全、东童童：《我国城市群的协调发展：问题及政策选择》，载《中州学刊》2013 年第 7 期。

62. 罗明义：《论城市圈域经济的形成规律及特点》，载《思想战线》1998 年第 4 期。

63. 罗勇：《粤港澳区域合作与合作规划的耦合演进分析》，载《城市发展研究》2014 年第 6 期。

64. 吕丽娜、赵小燕：《中国城市群府际合作治理困境与对策——基于元治理的视角》，载《武汉理工大学学报（社会科学版）》2017 年第 5 期。

65. 吕德文：《属地管理与基层治理现代化——基于北京市"街乡吹哨、部门报到"的经验分析》，载《云南行政学院学报》2019 年第 3 期。

66. 吕文静：《我国城市群协调发展的政策演变、规律总结及发展趋势》，载《开发研究》2019 年第 3 期。

67. 马龙：《区域治理：内涵及理论基础探析》，载《经济论坛》2007 年第 19 期。

68. 马迎贤：《资源依赖理论的发展和贡献评析》，载《甘肃社会科学》2005 年第 1 期。

69. 倪星、王锐：《从邀功到避责：基层政府官员行为变化研究》，载《政治学研究》2017 年第 2 期。

70. 宁越敏、施情、查志强：《长江三角洲都市连绵区形成机制与跨区域规划研究》，载《城市规划》1998 年第 1 期。

71. 宁越敏：《国外大都市区规划评述》，载《世界地理研究》2003 年第 12 期。

72. 年福华、李新：《长江三角洲城市群区域协调发展研究》，载《苏州科技学院学报》2005 年第 3 期。

73. 任维德、乔德中：《城市群内府际关系协调的治理逻辑：基于整体性治理》，载《内蒙古师范大学学报（哲学社会科学版）》2011 年第 3 期。

74. 沈立人：《为上海构造都市圈》，载《财经研究》1993 年第 2 期。

75. 石佑启：《论区域合作与软法治理》，载《学术研究》2011 年第

6 期。

76. 锁利铭：《面向府际协作的城市群治理：趋势、特征与未来取向》，载《经济社会体制比较》2016 年第 6 期。

77. 锁利铭：《城市群地方政府协作治理网络：动机、约束与变迁》，载《地方治理研究》2017 年第 2 期。

78. 孙旭宁：《基本公共服务均等化法治体系建构与民生底线保障》，载《中国行政管理》2014 年第 8 期。

79. 孙志建：《论整体性政府的制度化路径与本土化策略》，载《广东行政学院学报》2009 年第 5 期。

80. 史育龙、周一星：《关于大都市带（都市连绵区）研究的争论及近今进展述评》，载《国外城市规划》1997 年第 2 期。

81. 史云贵、周荃：《整体性治理：梳理、反思与趋势》，载《天津行政学院学报》2014 年第 5 期。

82. 唐琦、夏庆杰、李实：《中国城市居民家庭的消费结构分析：1995—2013》，载《经济研究》2018 年第 2 期。

83. 唐亚林：《当代中国大都市治理的范式建构及其转型方略》，载《行政论坛》2016 年第 4 期。

84. 涂人猛：《大城市圈及其范围研究》，载《区域经济研究》1993 年第 2 期。

85. 谭成文、李国平：《我国首都圈发展的三大战略》，载《地理科学》2001 年第 1 期。

86. 陶希东：《20 世纪美国跨州大都市区跨界治理策略与启示》，载《国外规划研究》2016 年第 8 期。

87. 陶希东：《跨省区域治理：中国跨省都市圈经济整合的新思路》，载《地理科学》2005 年第 5 期。

88. 邬晓霞、卫梦婉：《城市治理：一个文献综述》，载《经济研究参考》2016 年第 30 期。

89. 魏勇强、张振宇：《长三角城市群协同发展机制研究》，载《现代管理科学》2019 年第 3 期。

90. 武廷海、卢庆强、周文生等：《论国土空间规划体系之构建》，载《城市与区域规划研究》2019年第1期。

91. 万鹏飞：《伦敦城市群跨域府际协作治理制度研究》，载《公共管理评论》2016年第3期。

92. 王佃利、王玉龙、苟晓曼：《区域公共物品视角下的城市群合作治理机制研究》，载《中国行政管理》2015年第9期。

93. 王佃利、任宇波：《区域公共物品供给视角下的政府间合作机制探究》，载《中国浦东干部学院学报》2009年第4期。

94. 王勇：《"权力分置"型跨界治理模式探讨——基于河北燕郊、上海洋山港两个案例》，载《经济体制改革》2018年第5期。

95. 王玉海、宋逸群：《共享与共治：中国城市群府际协作治理体系建构》，载《开发研究》2017年第6期。

96. 王玉海、田建国、汪欣欣：《京津冀协同发展下的产业空间再造与有序调整探讨》，载《天津商业大学学报》2019年第2期。

97. 王建新：《在竞争中合作——地方政府间横向关系探析》，载《学术探索》2015年第3期。

98. 王玉珍：《长三角城市群协调发展机制问题新探》，载《南京社会科学》2009年第11期。

99. 王爱辉、刘晓燕、龙海丽：《天山北坡城市群经济、社会与环境协调发展评价》，载《干旱区资源与环境》2014年第11期。

100. 汪伟全：《当代中国地方政府竞争：演进历程与现实特征》，载《晋阳学刊》2008年第6期。

101. 汪伟全：《区域合作中地方利益冲突的治理模式：比较与启示》，载《政治学研究》2012年第2期。

102. 汪伟全：《空气污染的跨域合作治理研究——以北京地区为例》，载《公共管理学报》2014年第1期。

103. 汪波：《中国城市群治理：功能变迁、结构透析与湖泊效应》，载《城市观察》2016年第5期。

104. 汪波：《论城市群生态一体化治理：梗阻、理论与政策工具》，载《武汉科技大学学报(社会科学版)》2015 年第 1 期。

105. 汪阳红、贾若祥：《我国城市群发展思路研究——基于三大关系视角》，载《经济学动态》2014 年第 2 期。

106. 汪阳红：《城市群治理与模式选择》，载《中国城市经济》2009 年第 2 期。

107. 汪阳红：《促进城市群城市间合理分工与发展》，载《宏观经济管理》2014 年第 3 期。

108. 吴良镛、吴唯佳、武廷海：《论世界与中国城市化的大趋势和江苏省城市化道路》，载《科技导报》2003 年第 9 期。

109. 吴培培、朱小川、王伟：《长江经济带十大城市群内部城市间产业联系对经济产出影响研究——基于行业间投入产出引力模型方法》，载《城市发展研究》2017 年第 7 期。

110. 翁士洪：《城市共享单车监管体制的整体性治理创新研究》，载《电子政务》2018 年第 4 期。

111. 解艳波、陆建康：《长三角地区一体化发展思路研究》，载《江苏社会科学》2010 年第 2 期。

112. 邢华：《我国区域合作治理困境与纵向嵌入式治理机制选择》，载《政治学研究》2014 年第 5 期。

113. 谢庆奎：《中国政府的府际关系研究》，载《北京大学学报(哲学社会科学版)》2000 年第 1 期。

114. 徐圣龙：《大数据与民主实践的新范式》，载《探索》2018 年第 1 期。

115. 熊兴、余兴厚、王宇昕：《我国区域基本公共服务均等化水平测度与影响因素》，载《西南民族大学学报(人文社科版)》2018 年第 3 期。

116. 杨宏山：《整合治理：中国地方治理的一种理论模型》，载《新视野》2015 年第 3 期。

117. 易承志：《集中与分散：美国大都市区政府治理的实践历程分析》，载《城市发展研究》2010 年第 7 期。

118. 易承志：《跨界公共事务、区域合作共治与整体性治理》，载《学术月刊》2017 年第 11 期。

119. 易承志：《超越行政边界：城市化、大都市区整体性治理与政府治理模式创新》，载《南京社会科学》2016 年第 5 期。

120. 俞可平：《治理和善治：一种新的政治分析框架》，载《南京社会科学》2001 年第 9 期。

121. 郁鸿胜：《制度合作是长三角区域一体化的核心》，载《中国城市经济》2010 年第 2 期。

122. 叶林：《新区域主义的兴起与发展：一个综述》，载《公共行政评论》2010 年第 3 期。

123. 叶璇：《整体性治理国内外研究综述》，载《当代经济》2012 年第 6 期。

124. 殷洁、罗小龙：《尺度重组与地域重构：城市与区域重构的政治经济学分析》，载《人文地理》2013 年第 2 期。

125. 尹来盛、冯邦彦：《从城市竞争到区域合作——兼论我国城市化地区治理体系的重构》，载《经济体制改革》2014 年第 5 期。

126. 杨爱平、陈瑞莲：《从"行政区行政"到"区域公共管理"——政府治理形态嬗变的一种比较分析》，载《江西社会科学》2004 年第 11 期。

127. 姚士谋、王书国、陈爽等：《区域发展中"城市群现象"的空间系统探索》，载《经济地理》2006 年第 5 期。

128. 姚尚建：《打造基于区域责任的合作治理格局》，载《国家治理》2018 年第 47 期。

129. 阎小培、郭建国、胡宇冰：《穗港澳都市连绵区的形成机制研究》，载《地理研究》1997 年第 2 期。

130. 竺乾威：《从新公共管理到整体性治理》，载《中国行政管理》2008 年第 10 期。

131. 庄士成：《长三角区域合作中的利益格局失衡与利益平衡机制研究》，载《当代财经》2010 年第 9 期。

132. 张明军、汪伟全：《论和谐地方政府间关系的构建：基于府际治理的新视角》，载《中国行政管理》2007 年第 11 期。

133. 张学良、李丽霞：《长三角区域产业一体化发展的困境摆脱》，载《改革》2018 年第 12 期。

134. 张泉、刘剑：《城镇体系规划改革创新与"三规合一"的关系——从"三结构一网络"谈起》，载《城市规划》2014 年第 10 期。

135. 张颢瀚：《长三角一体化中的行政区障碍与协调》，载《中国延安干部学院学报》2010 年第 2 期。

136. 张晏、龚六堂：《分税制改革、财政分权与中国经济增长》，载《经济学（季刊）》2005 年第 1 期。

137. 张紧跟：《新区域主义：美国大都市区治理的新思路》，载《中山大学学报（社会科学版）》2010 年第 1 期。

138. 张紧跟：《新型城镇化中的地方治理结构创新——以珠三角为例》，载《中共福建省委党校学报》2017 年第 8 期。

139. 张京祥：《论都市圈地域空间的组织》，载《城市规划》2001 年第 5 期。

140. 张京祥、沈建法、黄钧尧等：《都市密集地区区域管治中行政区划的影响》，载《城市规划》2002 年第 9 期。

141. 张伟：《都市圈的概念、特征及其规划探讨》，载《城市规划》2003 年第 6 期。

142. 张衔春、吕斌、许顺才等：《长株潭城市群多中心网络治理机制研究》，载《城市发展研究》2015 年第 1 期。

143. 张玉磊：《整体性治理理论概述：一种新的公共治理范式》，载《中共杭州市委党校学报》2015 年第 5 期。

144. 张永姣、方创琳：《空间规划协调与多规合一研究：评述与展望》，载《城市规划学刊》2016 年第 2 期。

145. 张雨：《长三角一体化中的制度障碍及其对策》，载《南京社会科学》2010 年第 11 期。

146. 张衔春、许顺才、陈浩等：《中国城市群制度一体化评估框架构建——基于多层级治理理论》，载《城市规划》2017年第8期。

147. 张衔春、胡映洁、单卓然等：《焦点地域·创新机制·历时动因——法国复合区域治理模式转型及启示》，载《经济地理》2015年第4期。

148. 张尚武：《长江三角洲地区城镇空间形态协调发展研究》，载《城市规划汇刊》1999年第3期。

149. 朱江丽、李子联：《长三角城市群产业—人口—空间耦合协调发展研究》，载《中国人口·资源与环境》2015年第2期。

150. 赵永革：《论中国都市连绵区的形成、发展及意义》，载《地理学与国土研究》1995年第1期。

151. 赵瑞芬：《财政关系整合治理：中国区域治理的一种新模式》，载《经济研究参考》2017年第34期。

152. 赵峰、姜德波：《长三角区域合作机制的经验借鉴与进一步发展思路》，载《中国行政管理》2011年第2期。

153. 赵磊、余家凤、陈元芳：《关注中西部省域经济发展中一城独大现象》，载《企业导报》2014年第21期。

154. 赵曦、王金哲：《金融资源空间整合的城市群协调发展效应研究——基于2005—2015年全国12个城市群面板数据的研究》，载《经济问题探索》2019年第1期。

155. 赵曦、司林杰：《城市群内部"积极竞争"与"消极合作"行为分析》，载《经济评论》2013年第5期。

156. 赵怡虹、李峰：《中国基本公共服务地区差距影响因素分析——基于财政能力差异的视角》，载《山西财经大学学报》2009年第8期。

157. 赵新峰、袁宗威：《津冀协同发展背景下雄安新区整体性治理的制度创新研究》，载《行政论坛》2019年第3期。

158. 赵永平：《中国城镇化演进轨迹、现实困境与转型方向》，载《经济问题探索》2016年第5期。

159. 周一星：《关于明确我国城镇概念和城镇人口统计口径的建

议》，载《城市规划》1986 年第 3 期。

160. 周黎安：《行政发包制》，载《社会》2014 年第 6 期。

161. 周黎安：《中国地方官员的晋升锦标赛模式研究》，载《经济研究》2007 年第 7 期。

162. 周克瑜：《"都市圈"建设模式与中国空间经济组织创新》，载《战略与管理》2000 年第 2 期。

163. 郑先武：《新区域主义理论：渊源、发展与综合化趋势》，载《欧洲研究》2006 年第 1 期。

164. 臧雷振、翟晓荣：《区域府际协作治理壁垒的类型学分析及其影响——以京津冀为例》，载《天津行政学院学报》2018 年第 5 期。

165. 踪家峰、杜慧滨：《区域治理结构优化研究》，载《华中科技大学学报（城市科学版）》2007 年第 1 期。

三、学位论文类

1. 刘德平：《大珠江三角洲城市群协调发展研究》，华中农业大学博士学位论文，2006 年。

2. 裴玮：《成都平原城市群经济协调发展研究》，四川大学博士学位论文，2007 年。

3. 阳彩平：《昌九城市带协调发展研究》，江西师范大学博士学位论文，2008 年。

4. 王娟：《中国城市群演进研究》，西南财经大学博士学位论文，2012 年。

5. 董树军：《城市群府际博弈的整体性治理研究》，湖南大学博士学位论文，2016 年。

四、报纸类

张学良、杨朝远：《发挥中心城市和城市群在区域协调发展中的带动引领作用》，载《光明日报》2020 年 1 月 14 日第 11 版。

五、中文网站类

1. 马海涛：《财税体制 30 年改革与发展进程》，http://theory.people.com.cn/GB/40557/134502/136151/index.html，访问日期：2019年5月8日。

2.《中国共产党第十三次全国代表大会报告》，http://cpc.people.com.cn/GB/64162/64168/64566/65447/4526369.html，访问日期：2019年8月7日。

3.《国家新型城镇化规划（2014—2020）》，http://www.gov.cn/gongbao/content/2014/content_2644805.htm，访问日期：2019年8月18日。

4. 生态环境部：《2018年5月和1—5月重点区域和74个城市空气质量状况》，http://www.mee.gov.cn/gkml/sthjbgw/qt/201806/t20180613_443082.html，访问日期：2019年5月8日。

5. 国家发展和改革委员会：《长江三角洲城市群发展规划》，https://www.ndrc.gov.cn/xxgk/zcfb/ghwb/201606/t20160603_962187.html，访问日期：2019年9月10日。

6.《"十三五"推进基本公共服务均等化规划》，http://www.gov.cn/zhengce/content/2017-03/01/content_5172013.htm，访问日期：2019年9月10日。

7.《生态文明体制改革总体方案》，http://www.gov.cn/gongbao/content/2015/content_2941157.htm，访问日期：2019年9月25日。

8. 中国政府网：《京津冀"十三五"发展目标确定》，http://www.gov.cn/xinwen/2016-02/08/content_5040272.htm，访问日期：2019年9月26日。

9. 中国城市规划网：《城市规划应承担引领城市发展历史责任》，http://www.planning.org.cn/news/view? cid = 0&id = 6157，访问日期：2019年10月8日。

10. 邱实：《探索优化政府职责体系路径》，http://www.cssn.cn/

skjj/skjj＿jjgl/cgfb/201912/t20191216＿5059645，shtml？COLLCC＝1274758448&，访问日期：2019 年 12 月 20 日。

六、外文论著类

1. Peter Hall，Kathy Pain. The Polycentric Metropolis：Learning from Mega-City Regions in Europe，Earthscan Publications，2006.

2. M. Barlow. Metropolitan Government，Routledge，1991.

七、外文论文类

1. Anderies John M，Economic development，Demographics and Renewable Resources：a Dynamical Systems Approach，Environment and Development Economics，2003（2）.

2. Alice Walker，Intergovernmental Cooperation，Metropolitan Equity and the New Regionalism，Wash. L. Rev，2000（9）.

3. Chris Taylor，Intergovernmental Cooperation：An Analysis of Cities and Counties in Georgia，Public Administration Quarterly，2009.

4. Christensen，Collaborative Mechanisms in Interlocal Cooperation：A Longitudinal Examination，State and Local Government Review，1999（8）.

5. Donald，MilWaukee，A Public Management for All Seasons？，Public Administration，2006（1）.

6. Hans Joachim，Cultural Clusters and the Post-industrial City：Towards the Remapping of Urban Cultural Policy，Urban Studies，2013（3）.

7. Hicks P，Toward Holistic Covernance：The New Reform Agenda，Public Productivity and Management Review，2002（4）.

8. G. M. Grossman，A. B. Krueger，Environmental Impacts of a North American Free Trade Agreement，Woodrow Wilson School，Princeton，NT. 1992.

9. G. M. Grossman，A. B. Krueger，Economic Growth and the Environment，The Quarterly Journal of Economics，1995（2）.

10. Jean Gottmann, Megalopolis or the Urbanization of the Northeastern Seaboard, Economic Geography, 1957(30).

11. Nott, Intergovernmental Cooperation, Metropolitan Equity and the New Regionalism, Wash. L. Rev, 2006(7).

12. Pollitt, The United Government, Public Management Review, 2003 (5).

13. Paul Domeier, Enviornmental Management and Governance: Intergovermental Approaches to Hazards and Sustainability, Psychology Press, 2008.

14. Richard C. Feiock, The Institutional Collective Action Framework, Policy Studies Journal, 2013(41).

15. Scott A J, Regional Motors of the Global Economy, Future, 1996 (5).

16. Shafik, Nemat, Economic Development and Environmental Quality: an Econometric Analysis, Oxford Economic Papers, 1994(46).

17. Stevenson, Poxson, Varieties of City Regionalism and the Quest for Political Cooperation: a Comparative Perspective, Urban Research and Practice, 2007(2).

18. Vincent Ostrom, Local Government in the United States, Ics Press, 2008.

19. Vincent Ostrom, Charles M. Tiebout and Robert Warren, The Organization of Government in Metropolitan Areas: A Theoretical Inquiry, American Political Science Review, 1996(55).

20. William Anderson, Progress in International Relations Theory: Appraising the Field, MIT Press, 2009.

21. Young-Seok Moon, Productive Energy Consumption and Economic Growth: An Endogenous Growth Model and its Empirical Application, Resource and Energy Economics, 1996(2).

后　记

　　2017 年 9 月，时隔 10 年有余，我再次以学生的身份踏进校园。典雅、古朴的华东政法大学长宁校区给我提供了一个安静的学习氛围。在这里，我有幸聆听了公共管理专业各位老师的教导，各位老师深厚的学术功底、严谨的学术态度、高尚的学术品格让我受益终身，在此向各位老师表示深深的敬意。

　　本书是在博士学位论文的基础上修改完成的。博士学位论文是博士学习生涯中最为重要的一课。在论文的选题和写作阶段，得到了导师姚尚建教授以及导师组张明军教授、吴新叶教授、汪伟全教授、高奇琦教授等老师认真细致的指导，在此向各位老师致以深深的谢意。

　　在工作多年之后重返校园学习，心中的感触颇多。在这三年时间里，学习、工作和家庭的事情常常交织在一起，非常感谢导师姚尚建教授和各位任课老师的理解和支持。同时，也要感谢家人的理解和支持。三年的华政时间虽然很短暂，但给我留下的记忆非常深刻，"笃行致知，明德崇法"的华政精神也将指引我在今后的学术道路上继续前行。

　　感谢安徽师范大学和芜湖市社会治理研究院在本书的出版上所给予的大力支持。感谢武汉大学出版社各位编辑老师的辛勤付出。

陈　鹏

2023 年 8 月于芜湖